UN COMENTARIO

SOBRE LAS

Epístolas del Nuevo Testamento

POR

DAVID LIPSCOMB

EDITADO, CON ANOTACIONES ADICIONALES,

POR

J.W. SHEPHERD

Traducción: Lionel M. Cortez

VOLUMEN I.
Segunda Edición—Revisada y Aumentada

Romanos

Gospel Advocate Co.
Nashville, Tenn.
1967

Romanos
Comentarios del Nuevo Testamento

Derechos de Autor por (copyright by) Gospel Advocate Company
Nashville, Tennessee, 1943, 1967

Derechos de Autor – Version en Español por Gospel Advocate Company,
Nashville, Tennessee, 1999

Spanish Translation, © 2001, Gospel Advocate Company

Published by Gospel Advocate Co.
P.O. Box 150, Nashville, TN 37202
www.gospeladvocate.com

ISBN: 0-89225-399-1 (paper)

ISBN: 0-89225-510-2 (stamped cloth)

ISBN: 0-89225-498-X (laminated case)

AGRADECIMIENTOS

A continuación mencionamos algunas de las personas, iglesias y organizaciones que han colaborado en el logro de la traducción y publicación de algunos de estos comentarios hasta este momento.

Primeramente agradecemos a **Neil Anderson** del **Gospel Advocate** quien reconoció la proyección de la obra y autorizó la publicación de la traducción de los comentarios.

Forrest Park Church of Christ en Valdosta, Georgia hizo el contacto inicial con los hermanos en **Northside Church of Christ de Harrison, Arkansas** quienes aportaron un fondo para la traducción. Este fondo sirvió de estímulo para los traductores, a pesar de que, con el fin de tener más cantidad de volúmenes traducidos con la cantidad especificada, no era gran cosa lo que ofrecíamos a estos colaboradores.

Randolph Church of Christ en Universal City, Texas sostuvo a **Lionel Cortez** como evangelista cuya labor incluía también la traducción de los comentarios. El hermano Cortez no sólo traducía sino que también supervisaba la obra de los demás traductores. Estamos muy agradecidos a los hermanos de Randolph Church of Christ, por su gran apoyo en la traducción de los comentarios por catorce años.

Otros traductores que lograron terminar por lo menos con un volumen son: **Pedro Gonzales** de Dimmitt, Texas (Volumen de I Corintios); **Miriam Messer** de New Braunfels, Texas (Volumen que contiene 1 & 2 de Tesalonicenses, 1 & 2 de Timoteo, Tito y Filemón); **Rolando Romero** de San Antonio, Texas (Volúmenes de Hechos, Lucas y Juan). Estos hermanos trabajaron en base a mucho sacrificio y fuerza de voluntad.

Bob Shirley, también de San Antonio, Texas, contribuyó enormemente a nuestro programa al insistir en el uso de computadoras en la congregación de Randolph para toda la obra en general, pero en especial para los comentarios. El contribuyó no solo con su conocimiento de computación sino que también financieramente. El pudo ver que este viejo evangelista no podría lograr todo lo necesario con una máquina de escribir IBM y comprobó que un viejo predicador es capaz de aprender nuevos trucos.

Una gran ayuda también fue **Marion Earwood**, la secretaria de Randolph, con estos comentarios. Su conocimiento de computadoras y su espíritu dulce y disposición para ayudar nos ayudaron mucho cuando encontramos dificultades en el camino. Aunque Lionel ya no está en Randolph, él sabe que puede aún contar con **Marion Earwood** y **Bob Shirley**; ¡Ellos mismos se lo han dicho!

James y John Holland creyeron en el valor y beneficio al cristianismo de este gran proyecto y contribuyeron con fondos para el mismo.

Los que hasta ahora hemos nombrado han tenido parte con los primeros ocho volúmenes de los comentarios que se han completado. **Southeast Church of Christ en San Antonio, Texas** tomará parte en esta obra en el futuro, uniéndose así al equipo de **Northside en Harrison, Arkansas** y a **Forrest Park en Valdosta, Georgia**, quien ahora es la congregación que imprimirá estos comentarios.

Gracias a Dios por todos estos hermanos de gran fe y visión y por todos aquellos que, aunque no se mencionan en esta lista, también ayudaron desinteresadamente a la culminación de este proyecto. ¡Todos y cada uno de sus esfuerzos unidos han hecho posible el logro de esta hazaña al permitir que El obre en nosotros! ¡Que todo sea hecho para su gloria y su honra!

Verano de 1997

PREFACIO

David Lipscomb llegó a ser director del Gospel Advocate el 1 de enero de 1866 y continuó con su tarea por casi medio siglo. Toda su vida fue primordialmente dedicada a un estudio sistemático de la Biblia, y sus editoriales fueron eminentemente bíblicos. Expresó sus convicciones con tal vigor como para ganar para sí una amplia reputación e influencia como un pensador original y director agresivo.

Lo que más que nada lo distinguió era su acuerdo completo de lo que practicaba con sus convicciones. Nunca las modificó o las cedió por deferencia a otros. Nunca fue guiado por expedientes al afirmar o practicar lo que él creía estar correcto. Lo que creía, practicaba. Su contención era que entre mayor oposición a lo que él creía ser la verdad, mayor la demanda para defenderla. Absolutamente no hacía acepción de personas cuando él consideraba que la voluntad de Dios estaba en juego. Nunca contaba el costo ni mostraba favor al defenderla.

Al mantener estas convicciones, enseñaba que la iglesia es la única y suficiente institución para el servicio de Dios, y que el que usa cualquier otra institución en cualquier obra religiosa o servicio va fuera de la Biblia para dirección; y, puesto que Dios manda sólo lo que está en la Biblia, el que sirve en otras instituciones además de lo que ella revela deshonra a Dios. El mismo principio lo llevó a enseñar que los cristianos no deben tomar parte activa en los gobiernos políticos y civiles.

Además de su obra editorial, era un contribuidor frecuente a la prensa diaria, escribió y publicó siete volúmenes de "Apuntes Sobre Lecciones de la Escuela Dominical," "Un Comentario Sobre Hechos de los Apóstoles," "Vida de Jesse L. Sewell," y "Origen, Misión, y Destino del Gobierno Civil y la Relación del Cristiano."

Por muchos años había la necesidad de un comentario sobre las Epístolas del Nuevo Testamento y como respuesta a esa demanda dedicó cada momento posible por muchos años en un esfuerzo para producir tal obra. Logró hacer algunos apuntes que después pensaba ampliar. Estas notas cubren las veintiuna Epístolas. Estuvo enfermo por una larga temporada en 1909, y después de recobrarse fue obvio para él, que a causa de su condición debilitada y los achaques de la edad avanzada, le sería imposible para completar la obra en la cual tanto había trabajado. Fue entonces que puso en mis manos sus apuntes incompletos, con el pedido que yo los terminara y los publicara. Fue con mucho titubeo que acepté la responsabilidad de tan importante y ardua tarea; sin embargo, la acepté con el pensamiento animador que, por más insignificante que fuese mi contribución, la obra excelente hecha por el Sr. Lipscomb sería puesta en forma permanente, para que la instrucción contenida en ella pudiese vivir y ser instrumental en quitar dificultades y obstáculos para poder entender y obedecer la verdad, y llevar a una comprensión más clara y una ejecución más fiel a la Voluntad de Dios.

Al ampliar y completar la obra, busqué los archivos del Gospel Advocate (revista en inglés muy conocida entre los hermanos — L.M.C.) y escogí de los editoriales sus comentarios sobre pasajes en las Epístolas y los agregué a sus notas. Esto requirió mucha investigación y ardua labor.

Los apuntes dentro de los corchetes ([ ]) los he agregado yo. No son ni pretenden ser originales. Por muchos años ha sido mi costumbre de tomar apuntes de pensamientos y comentarios que me han impresionado, ya de sermones, conferencias, editoriales, comentarios — en realidad, de cada fuente. Estos apuntes se han usado libremente, teniendo la meta de llevar la información ante el lector.

La división de la Epístola en secciones y párrafos es prácticamente la misma que aprendí mientras que estaba en la universidad.

Espero tener el volumen sobre las Epístolas a los Corintios listo para la publicación cerca del fin del año. Entonces, si la vida y la fuerza y la oportunidad se me conceden, seguirán los volúmenes sobre las otras Epístolas.

J.W. Shepherd.
Lincoln Park, Detroit, Michigan
13 de enero de 1933.

PREFACIO A LA SEGUNDA EDICION

Ningún estudiante de la Biblia negará que la Epístola de Pablo a la iglesia en Roma es difícil de entender. El inspirado apóstol Pedro dijo de los escritos de "nuestro amado hermano Pablo" que en ellos había algunas cosas "difíciles de entender." (2 Pedro 3:15, 16.) Sin embargo, la dificultad de la tarea, no debiera detener a nadie de un estudio fiel de esta gran Epístola.

La ayuda humana más eficiente que uno puede recibir en el estudio de esta o cualquier otra parte de la Biblia es un bosquejo sistemático del libro. Tal bosquejo divide al libro en sus partes mayores o secciones, luego en sus partes menores o párrafos, y finalmente en sus elementos de pensamientos, dando atención a cada pensamiento individual. Tal bosquejo ha admirablemente arreglado el editor. Es superior a cualquier otro análisis del libro de Romanos que he visto jamás. En sí mismo debiera encomendar el volumen a cualquiera que está en busca de la verdad de Dios.

En esta edición revisada el paciente J. W. Shepherd, habiendo tenido a su disposición fuentes que no estaban disponibles cuando se preparó la primera edición, ha añadido material que vale muchas veces más el precio del libro. Para dar sólo un ejemplo, diré que la explicación de las expresiones, "muerto en pecado" y "muerto al pecado," sentidos en los cuales uno es muerto y vivo a la misma vez vale mucho al estudiante serio de este libro. Un distintivo hermoso de este comentario es que apela no sólo al intelecto, sino también a la naturaleza espiritual. No hay ninguna aserción con un espíritu dogmático en todo el volumen. Todo es declarado con el espíritu de Cristo, mientras que el autor permite que la escritura explique a la escritura.

Mucho del material en este estudio consiste de extractos cuidadosamente juntados de los escritos de un período de muchos años del desaparecido David Lipscomb. Probablemente ningún hombre del siglo pasado hizo más que él, especialmente en el Sur, para mantener a las iglesias de Cristo apegada a la enseñanza de las Sagradas Escrituras. De él puede decirse así como de Abel: "Muerto, aún habla." (Hebreos 11:4.) Uno de los medios más potentes de su habla en este tiempo es por medio de sus escritos así como han sido preservados y presentados por el Hermano Shepherd. El hermano Lipscomb, como director del Gospel Advocate, escribió por muchos años sobre temas bíblicos. Un erudito muy profundo de la Biblia, sus escritos sobre cualquier libro del Nuevo Testamento, si estuvieran coleccionados, harían una contribución valiosa a nuestra literatura religiosa.

El Hermano Shepherd está mejor equipado que cualquier otro hombre para editar los escritos del Hermano Lipscomb. El lo conoció íntimamente en vida, habiendo servido por muchos años como director de oficina del Gospel Advocate. Y él ha llegado a conocer sus escritos más íntimamente por medio de años de investigación y compilación paciente. El Hermano Lipscomb lo consideraba como el más indicado para esta obra, y le entregó todos sus apuntes y manuscritos inéditos. Pocos hombres hubieran tomados de sus días, semanas, y meses necesarios para catalogar y juntar todos sus escritos. Con este material escogido del honorable editor, y con sus propios comentarios agregados, el Hermano Shepherd ha producido un comentario que, tengo mucha fe, será tan popular cien años de ahora como en el día que salió de la imprenta.

Un estudio de este libro despertará tu vigor intelectual, estimulando tu más sublime pensamiento y echando luz sobre los pasajes más obscuros. Además profundizará tu discernimiento espiritual, pues respira el espíritu del Maestro. Si este volumen no encuentra una gran demanda, seré desilusionado, y no estoy anticipando desilusión en esa dirección. Para el lector en general o estudiante de la Biblia, dudo que exista en el idioma inglés un comentario sobre Romanos superior a esta edición revisada. Invoco las bendiciones espirituales sobre este volumen valeroso y sobre su editor piadoso y sufrido, y sobre todo aquel que lea sus páginas.

T.G. MARTIN
McMinnville, Tennessee
20 de abril de 1943

CONTENIDO

INTRODUCCION

I. ORIGEN DE LA IGLESIA ROMANA

Nada absolutamente se dice en la Escritura concerniente al origen de la iglesia en Roma y no tenemos manera para saber el tiempo preciso en que el evangelio logró su entrada allí. Parecería, sin embargo, que haya sido años antes de la fecha de esta Epístola, puesto que Pablo escribe a los cristianos allí como si ya estuviesen bien establecidos en la verdad del evangelio, pues dice "...de que se habla de vuestra fe por todo el mundo" (1:8), y que "...vuestra obediencia ha venido a ser bien conocida de todos" (16:19), y les dice que por muchos años deseaba ir a ellos (1:13; 15:23). Tres cosas apuntan a una iglesia con un origen no reciente.

Es muy probable que al mencionar "...y romanos aquí residentes, tanto judíos como prosélitos" (Hechos 2:10), como presentes en Jerusalén en el día de Pentecostés, quienes evidentemente por ser mencionados aquí se juntaron con la multitud en la exclamación "...les oímos hablar en nuestras lenguas las maravillas de Dios" (Hechos 2:11) — que como tales, siendo "hombres devotos," hablarían al regresar a Roma de lo que habían visto y oído; y así una iglesia sería formada allí muy pronto después de su llegada. Esta conclusión es confirmada por Tácito en su registro de la persecución por Nerón de los cristianos. El dice: "El nombre fue derivado de Cristo, quienes en el reinado de Tiberio sufrieron bajo Poncio Pilato, el procurador de Judea. Por ese evento la secta de la cual él fue el fundador recibió un golpe que por algún tiempo detuvo el crecimiento de una superstición peligrosa; pero poco después revivió, y se esparció con vigor reclutador y no sólo en Judea, la tierra que le dio su nacimiento, pero aun en la ciudad de Roma, el artesón común al que todo lo infame y abominable fluye como una torrente de todos los rincones del mundo." ("Anales," xv.44)

Roma siendo el centro del mundo entonces conocido y teniendo comunicación con toda Grecia y las costas del Mediterráneo, muchos griegos y habitantes de Asia y Siria, quienes habían sido obedientes al evangelio bajo la predicación de Pablo, o aquellos que habían trabajado con él, parecen haber hecho un movimiento concertado para ir a Roma y predicar el evangelio a la ciudad capital del mundo.

II. AUTOR

El título de la Epístola en los manuscritos más antiguos es simplemente, "A los Romanos," pero la primera palabra en la Epístola en sí nombra a Pablo como su autor. Ni las sectas judaizantes de antaño, quienes rechazaban las Epístolas paulinas, ni los críticos de tiempos modernos han dudado esto. De la edad apostólica al tiempo presente se le ha hecho referencia y citado por una serie regular de autores, y reconocida como su producción genuina y de autoridad divina.

Los pasajes en los escritores antiguos, en que se hace alusión o se cita la Epístola, son muy numerosos, y se pueden leer en "Credibility," por Lardner, Volumen 2, página 2. La evidencia interna no es menos decisiva en su favor. Es evidentemente la producción de un judío, familiarizado con el texto hebreo en la Versión Septuaginta del Antiguo Testamento, porque el lenguaje y el estilo son tales que nadie podría adoptar puesto que toda la Epístola tiene evidencia de tan íntima familiaridad con opiniones y prejuicios judíos, y Pablo seguramente poseía esta información.

III. OCASIÓN

La ocasión inmediata es claramente pronunciada por Pablo mismo. El había oído de la fe, de la cual se hablaba por doquier, de los cristianos romanos (1:8), y por muchos años había ansiado visitarles (1:11; 15:23); él se había propuesto definitivamente hacerlo (1:13), y muchas veces había sido impedido (15:22). Mientras que estaba en Efeso, un año antes, él "se propuso en espíritu ir a Jerusalén, después de recorrer Macedonia y Acaya, diciendo: Después que haya estado allí, me será necesario ver también a Roma" (Hechos 19:21). El había completado aquella porción de su viaje que lo traía más cerca a Roma, y estaba por regresar de Corinto a Jerusalén, atado en espíritu, y ya viendo de antemano el peligro que le esperaba allí de parte de los judíos incrédulos (15:31). Aun ansiaba y esperaba ver a Roma (12:10), pero ya está viendo más allá de ellos a España. Roma habría de ser, según esperaba, un lugar de descanso en su viaje a España (15:24, 28).

La razón de este cambio en su plan no es declarada, pero probablemente fue causada de su gran conflicto del año anterior contra los judíos y cristianos judaizantes, el registro de los cuales se encuentran en sus Epístolas a los Corintios y Gálatas. Hasta ahora, había predicado el evangelio en todo lugar a los judíos primeramente, pero su rechazo general no era un hecho establecido (9:1-3; 10:3), sobre lo cual él se lamentaba, pero en lo cual vio una intimación de la voluntad de Dios que él debiera ahora dedicarse más extensamente a su propia esfera de labor apostólica e irse lejos a los gentiles (Hechos 15; 26:17).

Su visita a Jerusalén con la ofrenda de los cristianos gentiles consumiría considerable tiempo, y otros obstáculos se podrían levantar que demorarían más su llegada; así que, escribe esta Epístola tanto para darles por escrito lo que anunciaría a ellos oralmente, así como para preparar el camino para aquellas labores personales que él esperaba poner entre ellos en el futuro.

IV. LUGAR DE COMPOSICIÓN

Cuando la Epístola fue escrita, Pablo estaba por viajar a Jerusalén con la ofrenda hecha por las iglesias en Macedonia y Acaya para los santos pobres (15:25-27). Su intención era de viajar entonces por vía de Roma a España (15:28; Hechos 19:21), que apunta a sus últimos tres meses en Acaya (Hechos 20:3). Su propósito era cruzar directamente de Acaya para llegar a Jerusalén, pero fue guiado, debido a una conspiración judía, a ir por Macedonia (Hechos 20:3). Este cambio en el plan de su viaje no había sido hecho cuando escribió esta Epístola; de otra manera, no hubiera faltado en mencionarlo.

Aunque Lucas no menciona alguna ciudad en particular como el escenario de su residencia trimestral de ese tiempo, aun es más probable que pasó la mayor parte de su tiempo en Corinto; pues en Corinto estaba la iglesia principal de aquella región, y a sus ojos preeminentemente importante y preciosa a causa de sus labores anteriores allí. Pero nuestra atención es dirigida a Corinto por lo que dice en las cartas corínticas (I Co. 16:1-7; 2 Co. 9:4; 12:20 a 13:3), de lo cual es seguro que había escogido aquella ciudad como el lugar de su estancia cuando deseaba completar el asunto de la colecta, y de donde la llevaría a Jerusalén.

Se llega a esta conclusión de los siguientes datos: (1) La portadora de la carta fue Febe, un miembro activo de la iglesia en Cencrea, el puerto más cercano a Corinto (16:1). (2) Al tiempo de escribir, Pablo era un huésped de Gayo (16:23), a quien había bautizado en Corinto (1 Co. 1:14). (3) También envió saludos de "Erasto, tesorero de la ciudad" (16:23). La forma en la cual esto se menciona apunta a "la ciudad" como de importancia considerable. Esto apuntaría a Corinto, y en Corinto se nos hace saber que Erasto fue dejado atrás en este último viaje de Pablo (2 Ti. 4:20).

V. FECHA DE COMPOSICIÓN

De los datos ya enumerados es más que seguro que la Epístola fue escrita durante el tiempo que Pablo estuvo en Corinto mientras que estaba en su tercer viaje misionero, y para poder acertar la fecha que escribió es necesario saber la fecha de aquella visita. Para comenzar, tomamos 52 A.D., la fecha del decreto de Claudio César, la expulsión de los judíos de Roma. Aquila y Priscila ya habían llegado a Corinto después del decreto, y Pablo moró con ellos un año y seis meses (Hechos 18:11). No podría haber salido de allí antes de la primavera del 54. Embarcando una nave en Cencrea, navegó hacia Siria (Hechos 18:18) por camino de Efeso y Cesarea. En Efeso, se detuvo brevemente, y, dejando a Aquila y Priscila allí, procedió entonces hacia Cesarea, y, desembarcando, "subió para saludar a la iglesia, y luego descendió a Antioquía," y "después de estar allí algún tiempo" salió en su tercer viaje.

Habrá sido en la primavera del 55 cuando comenzó. Pasando por Galacia y Frigia, llegó a Efeso (Hechos 18:23; 19:1-4), en donde permaneció "dos años," "tres meses," "un tiempo" (19:8, 10, 21, 22). Todos estos períodos parecen ser distintos y sucesivos. No podría haber dejado a Efeso antes de la primavera del 57. Estuvo el próximo verano en Macedonia y Acaya (Hechos 20:1), y vino a Grecia, en donde "estuvo tres meses" (Hechos 20:2, 3). Su estadía de tres meses allí más que probable comenzó a fines del 57, y terminaría consecuentemente en la primera parte del 58. Cuando salió de Corinto, el invierno había pasado, porque se había propuesto ir por mar (Hechos 20:3), pero la primavera no estaba muy avanzada, pues había deseado "estar el día de Pentecostés, si le fuese posible, en Jerusalén" (Hechos 20:16). Era, por lo tanto, el invierno o primera parte de la primavera del 58 cuando la Epístola fue escrita.

VI. UNA EVALUACIÓN DEL CARÁCTER Y OBRA DE PABLO

Las características de Pablo fueron una consciencia penetrante y viva que demandaba primeramente de todos lo que era correcto, luego una devoción abnegada al bien lo guiaban para hacer lo que él consideraba correcto, costara lo que costara en trabajo o sufrimiento. Estas eran sus cualidades marcadas antes de su conversión. Fueron ampliadas y fortalecidas por su fe en Cristo hasta que parece haber sido llenado con la ambición de sufrir como Cristo por la salvación del mundo. Su vida fue una de trabajo, abnegación, y sufrimiento. De sus detractores dijo: "¿Son ministros de Cristo? (Hablo como si hubiera perdido el juicio.) Yo más; en trabajos más abundante; en azotes sin número; en cárceles, mucho más; en peligros de muerte, muchas veces. De los judíos cinco veces he recibido cuarenta azotes menos uno. Tres veces he sido azotado con varas; una vez apedreado; tres veces he padecido naufragio; una noche y un día he estado como náufrago en alta mar; en viajes, muchas veces; en peligros de ríos, peligros de ladrones, peligros de los de mi nación, peligros de los gentiles, peligros en la ciudad, peligros en despoblado, peligros en el mar, peligros entre falsos hermanos; en trabajo y fatiga, en muchas noches pasadas en vela, en hambre y sed, en muchos ayunos, en frío y desnudez; y además de otras cosas, lo que sobre mí se agolpa cada día, la preocupación por todas las iglesias" (2 Co.11:23-28).

No sólo fue más abundante en labores y sufrimientos al viajar y predicar el evangelio, pero escribió más del Nuevo Testamento que cualquier otro escritor. Catorce cartas — Romanos, Primera y Segunda Corintios, Gálatas, Efesios, Filipenses, Colosenses, Primera y Segunda Tesalonicenses, Primera y Segunda Timoteo, Tito, Filemón, y Hebreos son atribuidas a él. La Segunda Epístola a Timoteo fue escrita de Roma durante su segundo encarcelamiento bajo un fuerte sentimiento que el tiempo de su ejecución estaba cerca, y no somos dejados para conjeturar los sentimientos con los cuales esperó esta consumación, puesto que él los expresa con esta sublime expresión de esperanza triunfante: "Porque yo ya estoy siendo derramado, y el tiempo de mi partida es inminente. He peleado la buena batalla, he acabado la carrera, he guardado la fe. Por lo demás, me está guardada la corona de justicia, la cual me dará el Señor, el juez justo, en aquel día; y no sólo a mí, sino también a todos los que aman su venida" (2 Ti. 4:6-8). A pesar de su vida de labor y sufrimiento y de su martirio cercano, sentía que su vida era una de gloria truinfante, y que sería galardonado con una corona de inmortalidad.

[¡Qué poco reconocieron los hombres su grandeza! Aquí está uno a quien ningún hombre que haya vivido, antes o después, podrá suplir un paralelo perfecto. Si lo vemos sólo como un escritor, ¡cuán inmensamente sobrepasa, en sus Epístolas más casuales, a los más grandes escritores de todas las edades! Si vemos al mundo cristiano, el obrero mejor en cada esfera del servicio cristiano presenta sólo un aspecto inferior de sólo una fase de la preeminencia de Pablo con sus facetas múltiples. Si lo vemos como un reformador moral, lo podemos comparar con el más grande de ellos; pero en su control práctico de aun los impulsos más emocionantes — al hacer el espíritu del profeta sujeto al profeta — cuán gran ejemplo les habrá provisto aun al más apasionado de ellos! Ningún otro siervo de Dios alcanzó las mismas alturas en tantas capacidades, o llevó en su cuerpo mortal las marcas tan evidentes del Señor. Durante su vida, no se queda atrás de los apóstoles más importantes, y sobrepasa a los siervos de

Dios más grandiosos quienes se hayan esforzado desde entonces a seguir el ejemplo de su devoción a su Señor.]

COMENTARIO SOBRE LA EPÍSTOLA A LOS ROMANOS

I. INTRODUCCIÓN
1:1-17

1. SALUDOS APOSTÓLICOS
1:1-7

1 Pablo, siervo de Jesucristo, llamado a ser apóstol, apartado para el evangelio de Dios, — Una verdadera traducción del original, sin la necesidad de suplir palabras, sería: "Pablo, un siervo de Jesucristo, un apóstol, llamado, separado para el evangelio de Dios."

Pablo, — Era la costumbre de los antiguos poner el nombre del escritor al principio de la carta en vez de ponerlo al final, y Pablo sigue este estilo. "Pablo" es el nombre por el cual el apóstol era conocido a través de su parte más activa de su vida. Era su nombre propio como apóstol. [No era fuera de lo común para un judío en esa edad, especialmente aquellos que tenían mucha asociación con los extranjeros, ser conocidos entre sus compatriotas por su nombre hebreo, y entre los extranjeros por un nombre diferente; y el hecho que el apóstol fue nacido en una ciudad extranjera y con los derechos de herencia de un ciudadano romano (Hechos 22:28) lo hace probable que ambos nombres le pertenecían desde su juventud.]

siervo de Jesucristo, — Pablo no buscaba un oficio mayor que la dignidad de ser un siervo de Cristo, apartado para la predicación del evangelio. [La palabra "siervo" significa propiamente uno que es atado o sujetado. Antiguamente se aplicaba a personas para denotar que eran esclavos, o que no tenían control sobre sus propios hechos, pero eran continuamente sujetos a la voluntad de otros. Pablo aquí evidentemente se refiere a un servicio que está especialmente conectado con la gran responsabilidad que descansaba sobre él como un apóstol de Jesucristo. Si hubiese sido un mero seguidor de Cristo sin el poder apostólico y autoridad, no podría haber escrito ésta y otras Epístolas. No hubiera tenido la autoridad para dar instrucciones imperativas contenidas en ellas sobre los corazones y conciencias de sus lectores. Es, por lo tanto, como un siervo oficial, y del rango más alto, que escribe a las diferentes iglesias e individuos.]

apóstol, — Literalmente, uno enviado con órdenes. El término es generalmente usado en el Nuevo Testamento como una apelación descriptiva de una clase comparativamente pequeña de hombres a los cuales Jesucristo confió la organización de Su iglesia y con el esparcimiento de la enseñanza entre los hombres. [Las siguientes calificaciones fueron absolutamente necesarias:

(1) Que tendrían que haber visto al Señor después de Su resurrección, y haber sido testigos oculares así como de oído de lo que darían testimonio. (Hechos 1:21, 22; Juan 15:27.) Pablo no es una excepción en este respecto, pues, hablando de aquellos que habían visto a Cristo después que El se levantó de los muertos, él agrega: "Y al último de todos,...se me apareció a mí" (1 Co. 15:8.) Y en una de sus calificaciones apostólicas, él especialmente menciona esto:"¿No soy apóstol? ...¿No he visto a Jesús el Señor nuestro?" (1 Co. 9:1.) Esto fue necesario para ser testigo de lo que vio y oyó (Hechos 22:15.)

(2)Tendrían que haber sido llamados y escogidos directamente por Cristo mismo (Lucas 6:13; Gá. 1:1.)

(3)Tendrían que necesariamente haber sido inspirados para calificarlos para su labor (Juan 14:26; 16:13; I Co. 2:10-15; Gá. 1:11, 12.) No sólo tenían que explicar el verdadero sentido y espíritu del Antiguo Testamento (Lucas 24:47-49; Hechos 17:1-3; 26:22, 23; 28:23), que escondimos de los más educados de los judíos, pero también dar la revelación por medio de Jesucristo, que era el patrón inalterable de fe y práctica hasta el fin del tiempo (1 P. 1:25; I Juan 4:6.) Era, por lo tanto, absolutamente necesario que fueran protegidos contra todo error por la guía inequívoca del Espíritu Santo. De acuerdo a esto, Cristo prometió y les dio el Espíritu Santo para enseñarles todas las cosas, para traerles a la memoria todo lo que les había dicho (Juan 14:26), para guiarlos a toda la verdad, y para mostrarles las cosas venideras (Juan 16:13). Su palabra, por lo tanto debe de ser recibida "no como palabra de hombres, sino según es en verdad, la palabra de Dios" (1 Ts. 2:13), y que por medio de ella conocer "el espíritu de la verdad y el espíritu del error" (1 Juan 4:6).

(4) Tendrían que haber tenido el poder de milagros (Marcos 16:20; Hechos 2:43) tal como hablar en diversas lenguas, haciendo al cojo andar, sanando a los enfermos, levantando a los muertos, discerniendo a los espíritus, y dando estos dones a otros. (I Co. 12:8-11.) Estas fueron las credenciales de su misión divina. Pablo dice: "Con todo, las señales de apóstol han sido efectuadas entre vosotros en toda paciencia, por señales, prodigios y milagros." (2 Co. 12:12.) Los milagros fueron necesarios para

confirmar sus enseñanzas en su primera publicación y para ganar credibilidad en el mundo como revelación de Dios, y por medio de éstos Dios les dio testimonio. (He. 2:4.)

(5) Su misión debe ser universal. Su cargo no fue confinado a una congregación en particular, pero siendo los oráculos de Dios para los hombres, tenían el cuidado de todas las iglesias. (2 Co. 11:28.) Tenían el poder para asentar su fe y orden como modelo a todas las edades futuras, para determinar todas las controversias (Hechos 15:1-29; 16:4), y ejercitar la vara de la disciplina sobre todos los ofensores (1 Co. 5:3-6; 2 Co. 10:8; 13:10.)

Estas calificaciones hicieron de ellos apóstoles en el sentido que los dejó sin antecesores ni sucesores. Sus calificaciones fueron sobrenaturales, y su obra, una vez hecha, permanece como el registro infalible del Nuevo Testamento para la conversión del mundo y para la edificación de la iglesia hasta el fin del tiempo. Son los únicos maestros autorizados de la voluntad de Dios para el hombre a través de Cristo.]

llamado, — Pablo fue llamado al apostolado en el sentido propio y completo, así como los doce a quienes Cristo llamó y nombró. (Juan 15;16, 19; Mateo 10:1; Lucas 6:13.) No llegó a ellos por su propia voluntad o por medio de circunstancias accidentales. [Ningún instrumento humano intervino para echar la menor duda sobre la realidad de la comunicación entre Cristo mismo y Pablo.] Las palabras dichas ante Agripa son una declaración condensada de todo lo que fue revelado a él, tanto en su visión en el camino a Damasco así como después por Ananías en la ciudad: "Yo soy Jesús, a quien tu persigues. Pero levántate y ponte sobre tus pies; porque para esto me he aparecido a ti, para designarte ministro y testigo de las cosas que has visto, y de aquellas en que me apareceré a ti, librándote de tu pueblo, y de los gentiles, a quienes ahora te envío, para que abras sus ojos, a fin de que se conviertan de las tinieblas a la luz, y de la potestad de Satanás a Dios; para que reciban, por la fe que es en mí, perdón de pecados y herencia entre los santificados." (Hechos 26:15-18.)

separado — Fue llamado, y él obedeció, y el acto de obediencia lo separó del mundo y sus ocupaciones. Aun cuando trabajaba haciendo tiendas, lo hizo para poder con más eficacia predicar el evangelio. (1 Co. 9:12.)

para el evangelio de Dios, — [Era llamado "el evangelio de Dios" porque era Su nombramiento; era originado por El y por Su autoridad.]

2 que él había prometido antes — [La promesa del gran Libertador, que atraviesa el Antiguo Testamento, es uno de los fenómenos más grandiosos de la historia. Era tal que sin lugar a duda trajo gran esperanza a Israel a una intensidad aguda poco antes del tiempo del nacimiento y vida de Jesús de Nazaret.]

por medio de sus profetas en las santas Escrituras —— El evangelio de Cristo había sido prometido por Sus profetas en las Escrituras del Antiguo Testamento. [Profetizaron la publicación del evangelio: "Porque de Sión saldrá la ley, y de Jerusalén la palabra de Jehová." (Is. 2:2, 3; Mi. 4:3; véase también Isaías 40:1-10.) "¡Cuán hermosos son sobre los montes los pies del que trae alegres nuevas, del que anuncia la paz, del que trae buenas nuevas, del que publica salvación, del que dice a Sión: Tu Dios reina!" (Is. 52:7.) En un sentido Dios proclamó las buenas nuevas a Abrahán (Gá. 3:8), pero sólo como algo que estaba lejos e indistinguible. Para él y los profetas era sólo una promesa de cosas buenas en el futuro lejano.] Pablo presenta la íntima conexión de los dos convenios. Uno nace del otro. La gran verdad central de las profecías era el profeta y libertador venidero. La verdad central del Nuevo Testamento es que el profeta ha venido. Son diferentes partes del todo único, y las dos van juntas. Fe en Moisés requiere fe en Cristo.

3 acerca de su Hijo, —— Había sido prometido que un Príncipe sería levantado para gobernar sobre el pueblo de Dios para siempre. (Is. 9:6, 7.) Jesús es ese Príncipe. Vino en cumplimiento a esa promesa.

nacido del linaje de David según la carne, —— [Era de la familia de David en la línea directa, como Dios había prometido debiera ser, y es evidente que "según la carne" denota la naturaleza humana en él como incluyendo todo lo que le conectaba con David por medio de su madre.]

4 que fue declarado Hijo de Dios con poder, —— [Que Cristo es según Su espíritu el Hijo de Dios no podría ser conocido por intuición, ni quizás por ninguna otra manera, salvo la que se empleó, y ésta fue determinada por poder —— la resurrección de los muertos.]

según el Espíritu de santidad, —— [Esto es puesto en contraste con "según la carne," y denota el elemento divino que estaba en Jesús, por medio del cual está conectado con el Padre, y es así llamado "el Hijo de Dios." El contraste está entre Su humanidad y Su divinidad. El pasaje confirma el reclamo de Jesús de ser más que el hijo de David, como fue presentado en Su conversación con los fariseos: Y estando reunidos los fariseos, les preguntó Jesús, diciendo: ¿Qué opináis del Cristo? ¿De quién es hijo? Le dijeron: De David. El les dijo: ¿Pues cómo David en el Espíritu le llama Señor, diciendo: Dijo el Señor a mi Señor: Siéntate a mi derecha, Hasta que ponga a tus enemigos por estrado de tus pies? Y nadie le podía responder palabra; y nadie se atrevió desde aquel día a preguntarle más." (Mateo 22:41-46)]

por la resurrección de entre los muertos, — Dios declaró esta verdad con poder al levantarlo de entre los muertos. Lo había declarado en otras maneras y en otras ocasiones ser Su Hijo, pero la verdad fue establecida con poder al levantarlo de entre los muertos. Esta fue la señal de todas las señales a la cual Jesús señaló a los judíos quienes pedían una señal. (Mateo 12:38-40.) [Fe en Jesús como el Hijo de Dios no era un principio fijo ni inmutable hasta después de que fue levantado de entre los muertos. La fe fuerte y duradera de los apóstoles que habría de constituir el primordial principio fundamental de los miembros de la iglesia de Dios descansaba en Su resurrección. Pedro dice: "Quien según su gran misericordia, nos hizo renacer para una esperanza viva, mediante la resurrección de Jesucristo." (1 P. 1:3.) No tenían una esperanza viva y duradera de la herencia incorruptible hasta que fue levantado de entre los muertos; por cierto, los apóstoles no entendían la naturaleza espiritual de Su reino en el día de Su ascensión, pero esperaban la restauración física del reino del judaísmo. (Véase Hechos 1:6-8.) Mientras que la referencia es a la propia resurrección de Cristo, esto puede ser correctamente considerado como asegurando la resurrección general de todos los muertos, puesto que la identificación de ambos es presupuesta en 1 Co. 15:12-22. La relación divina de Cristo al Padre brilla al lograr la resurrección de toda la humanidad por medio de Su propia victoria sobre la muerte. Por eso Su declaración sublime a Marta: "Yo soy la resurrección y la vida; el que cree en mí, aunque haya muerto, vivirá. Y todo aquel que vive y cree en mí, no morirá eternamente." (Juan 11:25, 26.)]

Jesucristo, nuestro Señor, — [El hijo de David y el Hijo de Dios es así finalmente descrito por estos bien conocidos títulos. "Jesús" era Su nombre personal y lo identifica como el Salvador crucificado, "Cristo" como el Mesías prometido, y "Señor" como el Rey exaltado a quien toda autoridad es dada en los cielos y en la tierra.] — (Esta frase aquí comentada no aparece en la Versión Valera aunque sí aparece en otras versiones hispanas. Traducimos y comentamos la frase porque así aparece en el comentario. **L.M.C.**)

5 y por medio del cual hemos recibido la gracia — [El significado de "gracia" como usado aquí es de ser aprendido por su uso en lo siguiente: "Pero por la gracia de Dios, soy lo que soy; y su gracia para conmigo no ha resultado estéril, sino que he trabajado más que todos ellos; pero no yo, sino la gracia de Dios conmigo." (1 Co. 15:10.) "Del cual yo fui hecho ministro conforme al don de la gracia de Dios que me ha sido dado según la actuación de su poder. A mí, que soy menos que el más pequeño de todos los santos, me fue dada esta gracia de anunciar entre los gentiles el evangelio de las inescrutables riquezas de Cristo." (Efesios 3:7, 8.) "Como vieron que me había sido confiado el evangelio de la incircunsición, como a Pedro el de la circuncisión (pues el que actuó en Pedro para el apostolado de la circuncisión, actuó también en mí para con los gentiles), y reconociendo la gracia que me había sido dada,...nos dieron a mí y a Bernabé la diestra en señal de compañerismo, para que nosotros fuésemos a los gentiles, y ellos a los de la circuncisión." (Gá. 2:7-9.) De estos pasajes es evidente que Pablo tenía en mente una distribución de gracia individualmente, con el propósito de prepararlos para varios oficios y deberes. En su propio caso, se le había dado de tal medida y manera como para calificarlo para ser un apóstol a los gentiles y para dirigirse a iglesias gentiles y amonestarlas.]

y el apostolado, — Pablo fue llamado al apostolado por Jesucristo en su camino a Damasco. (Hechos 9:15.) Es probable que Pablo puso énfasis a su llamado. por Jesucristo, porque algunos habían dudado de su autoridad como un apóstol y reclamaban que él era inferior a los demás apóstoles porque nunca había visto al Señor.

para la obediencia de la fe — Es decir, una obediencia que nace de una fe como su causa motivadora. Ningún acto de obediencia es aceptable a Dios que no tenga como motivación una fe en aquel que la ejecuta. Esto demuestra que hay algo en la fe que hay que obedecer. Esta obediencia es dada no simplemente por creer; porque eso es ejercitar la fe, no obedecerla. Pero fe en Jesús el Cristo como el Hijo del Dios viviente demanda un curso de vida de acuerdo a aquello en lo que se ha creído, y seguir este curso es obedecer la fe al ceder a sus demandas.

en todas las naciones — Fue llamado a predicar entre todas las naciones, en contraste con los demás apóstoles, cuya misión fue al pueblo de Israel. Su misión fue de predicar para que todos fueran traídos a la obediencia que es en Dios por medio de Cristo.

por amor a su nombre; Su obra fue una en la cual buscaba honrar y glorificar a Jesús. [Hacia este fin trabajó, enfrentó peligros, diariamente expuso su vida, para que Su nombre estuviese en cada labio y en cada corazón.]

6 entre los cuales estáis también vosotros, llamados a ser de Jesucristo; — Estos hermanos en Roma estaban entre aquellos que habían sido obedientes a la fe, o por medio del evangelio habían sido llamados de Jesucristo, y eran sus siervos.

7 a todos los que estáis en Roma, amados de Dios, — Este saludo es dirigido a todos los cristianos en Roma, ya fuesen romanos, judíos o griegos, a quienes llama "amados de Dios." El pueblo de Dios frecuentemente, tanto en el Antiguo Testamento como en el Nuevo, es distinguido por la honorable apelación, "amados de Dios." (Dt. 33:12; Col. 3:12.)

llamados a ser santos: — Aquellos que son santificados o apartados para el servicio de Dios. El término se aplica a todos los que reclaman ser cristianos, sin tomar en cuenta el grado de consagración o perfección de carácter. Hay grados de santificación, así como hay grados de conocimiento cristiano y fidelidad a Cristo. El crecimiento en santificación se obtiene por medio del estudio de y obediencia a la Palabra de Dios. Un crecimiento en conocimiento y fidelidad es obtenido por un estudio constante y persistente de la Voluntad de Dios y un esfuerzo diario de llevarse uno mismo a la obediencia de esa voluntad.

Gracia y paz a vosotros, de parte de Dios nuestro Padre y del Señor Jesucristo. — ["Gracia" denota todo lo que habían recibido al llegar a ser cristianos. En el verdadero sentido del término, la amabilidad está siempre presente, con el pensamiento especial de la completa ausencia marcada de la obligación en el ejercicio de ello. Es esencialmente sin mérito y gratis. Paz es el estado de mente que resulta del sentido de ese favor.]

2. LOS DESEOS Y PROPÓSITOS DE PABLO CONCERNIENTE A LOS HERMANOS ROMANOS
1:8-15

8 Primeramente doy gracias a mi Dios — El pensamiento de Pablo aquí, como en casi todas sus epístolas, es gratitud. [La expresión de gracias a Dios por su misericordia a ellos fue puesta para conciliar sus sentimientos, y prepararlos para las verdades que él estaba por comunicarles. Muestra el profundo interés que él tenía en su bienestar, y el gozo que le daba al hacerles bien.]

mediante Jesucristo con respecto a todos vosotros, — Puesto que Jesucristo es el Mediador del nuevo convenio, que El inauguró en el primer Pentecostés después de Su resurrección de entre los muertos, todas las oraciones y acciones de gracias son ofrecidas a Dios por medio de El; por lo tanto, Pablo dice: "Y todo lo que hagáis, de palabra o de obra, hacedlo todo en el nombre del Señor Jesús, dando gracias a Dios Padre por medio de él." (Col. 3:17) "Dando siempre gracias por todo al Dios y Padre, en el nombre de nuestro Señor Jesucristo." (Efesios 5:20.)

de que se habla de vuestra fe por todo el mundo. — Roma era la capital del mundo conocido de entonces. De ella el gobierno enviaba embajadores y gobernantes a todas partes del mundo. Había una comunicación entre Roma y todas partes del imperio, que trajo todas las clases de todos los países a la ciudad. La actividad y celo de la congregación había alcanzado y convertido a muchos de éstos, y ellos a su vez, habían llevado el evangelio a sus hogares; y su fe, perfeccionada, llegó a ser conocida a través de todo el mundo. Este buen reporte fue aumentado por los cristianos quienes visitaban a Roma y eran testigos de su gran devoción a Dios. [Por esto el apóstol daba gracias a Dios, porque la conversión de los romanos animaba a los habitantes de otras ciudades abandonar los ídolos, y de ese centro la luz de la verdad Divina podría brillar a las partes más remotas del Imperio Romano; así como "todos los que habitaban en Asia, judíos y griegos, oyeron la palabra del Señor Jesús" (Hechos 19:10), como resultado de la estadía prolongada de Pablo en Efeso, la metrópolis de la provincia. Pablo entendía que la manera más rápida para evangelizar el mundo era por el establecimiento del cristianismo en los centros de influencia.]

9 Porque me es testigo Dios, — Apela a Dios concerniente a su gran interés en ellos [puesto que no podría haber otros testigos a su práctica en sus oraciones secretas].

a quien sirvo en mi espíritu en el evangelio de su Hijo, — [El Salvador dijo: "Los verdaderos adoradores adorarán al Padre en espíritu y en verdad; porque también el Padre busca tales adoradores que le adoren. Dios es Espíritu; y los que le adoran, es necesario que le adoren en espíritu y en verdad." (Juan 4:23, 24.) Estos estados espirituales y emociones se originan en el hombre interior y encuentran expresión por medio de los nombramientos del evangelio, en obediencia al cual el espíritu proclama su homenaje a Dios. Sólo cuando los hombres sirven a Dios así puede su servicio ser verdadero y aceptable.]

de que sin cesar hago siempre mención de vosotros en mis oraciones, — La posición prominente ocupada por esta congregación y sus oportunidades para esparcir una influencia para bien o para mal encomendaba en sí misma en forma especial al apóstol como digna y en necesidad de mención en sus oraciones, que la influencia que salía a todas partes del mundo podría ser buena y verdadera. También muestra el peso que él daba a la oración.

10 rogando que ahora tenga al fin, — Deseaba visitarlos, pero ese deseo, así como todas las cosas, estaba sujeto a la voluntad de Dios. Reconocía que Dios dirigía su camino, y continuamente buscaba Su dirección.

por la voluntad de Dios, un próspero viaje para ir a vosotros. — [Esto demuestra el conflicto interno de sus sentimientos. El recuerdo de estorbos pasados es combinado con la visión de dificultades futuras, y el anhelo vehemente del deseo es templado por su resignación a la voluntad de Dios, quien traerá a un fin próspero en Su propia manera y a Su propio tiempo.] Dios concedió el viaje, pero por el registro dado en Hechos (27:7-44) no podría de ninguna manera del punto de vista humano ser llamado un viaje próspero. Sin embargo, Pablo lo aceptó gustosamente así como vino, e hizo el viaje como prisionero por medio de una tormenta que amenazó las vidas de todos los que estaban a bordo de la nave. Sin duda fue logrado en la manera que hizo el mayor bien, y éste fue el anhelo mayor de Pablo.

11 Porque anhelo veros, — [No deseaba verles meramente, pero con vehemencia deseaba por aquel privilegio. Usa la palabra por la cual describe el deseo vehemente de Epafrodito regresar a Filipos (Filipenses 2:26), y otra vez, de su propia ansiedad de ver a Timoteo, su hijo fiel en el evangelio (2 Ti. 1:4.) Tal es la influencia del evangelio que sus afectos familiares echan la luz del amor sobre aquellos que eran fieles en Cristo. En el caso ante nosotros el anhelo vehemente tiene un propósito muy práctico.] Con muchos de aquellos que entonces moraban allí él había trabajado en diferentes lugares. Priscila y Aquila, con quienes vivió y trabajó haciendo tiendas, y a quienes describe, "mis colaboradores en Cristo Jesús, que expusieron su vida por mí" (16:3), estaban allí. La lista de saludos en el capítulo 16 demuestra que había muchos en este tiempo en Roma con quienes él había estado asociado en otros lugares en trabajos y sufrimientos.

para comunicaros algún don espiritual, — Tales dones que fluirían naturalmente de un cristiano de su presencia personal y simpatía cálida a otro; en el caso de Pablo aumentado en proporción a la riqueza y elevación de su propia conciencia espiritual y vida. Su corazón estaba rebosando y deseaba con vehemencia impartir algunas de las ricas bendiciones a sus hermanos romanos. Puesto que consideraba todos sus adelantos y experiencias espirituales como un resultado del Espíritu trabajando en él, él llama el fruto de su adelanto y experiencia como "algún don espiritual." Todos los dones apostólicos fueron dones del Espíritu.

a fin de que seáis consolidados; — El objeto de suministrar dones espirituales era para que fueran enseñados más cabalmente la voluntad de Dios; ser fortalecidos en la fe y de ser firmes y constantes; y era para con este fin que él deseaba impartir a ellos algunos dones espirituales para que pudiesen estar más firmes en la verdad de Dios. [Pablo tenía en mente la clase de dones — en parte lo que llamaríamos dones naturales y en parte aquellos que transcienden las obras ordinarias de la naturaleza — descritos en 1 Co. 12:14; Romanos 12:6-8. Algunos, probablemente la mayoría, de estos dones él mismo tenía en un grado encumbrado (1 Co.

14:18, 19); y era asegurado que cuando viniese a Roma él podría dar a los cristianos allí el beneficio repleto de ellos pues dice: "Y sé que cuando vaya a vosotros llegaré con abundancia de la bendición del evangelio de Cristo" (15:29). El suyo era evidentemente un caso que venía bajo la descripción de Jesús, "El que cree en mí, como dice la Escritura, de su interior correrán ríos de agua viva" (Juan 7:38) — es decir, el creyente en Cristo debe él mismo ser un centro y fuente abundante de influencia espiritual y ser una bendición para otros.]

12 esto es, para ser mutuamente confortados cada uno por la fe del otro, no sólo la vuestra, sino también la mía. — La fe y celo de ellos sería para él una fuente de consuelo, y su poder espiritual sería de ayuda y fortaleza para ellos. Pablo tenía cuidado en reconocer cualquier bien encontrado en sus hermanos y de sus obligaciones por favores recibidos, temporal o espiritual. Esto señala que la inspiración no levantaba a los inspirados sobre las influencias deprimentes y desalentadoras que les rodeaban.

13 Pero no quiero, hermanos, que ignoréis que muchas veces me he propuesto ir a vosotros (pero hasta ahora he sido estorbado), para tener también entre vosotros algún fruto, como entre los demás gentiles. — Les asegura que desde hace tiempo había deseado ir a ellos para poder tener entre ellos algún fruto así como entre los demás gentiles. Puesto que era Pablo el apóstol especial a los gentiles, tenía él un deseo recomendable para enseñar e instruirlos y tener algún fruto de sus labores de personas convertidas y adiestradas en Roma. Sus dones espirituales y apostólicos fueron dados para instruir y dirigir a los cristianos hasta que la voluntad de Dios sea dada y colectada para su dirección. Es casi imposible que algún apóstol haya estado en Roma para este tiempo. Su instrucción habrá sido por maestros dotados con un grado inferior de poder espiritual que el que tenían los apóstoles. Pablo naturalmente deseaba darles el beneficio completo de su conocimiento y de otorgarles todos los beneficios espirituales útiles, pero hasta ahora había sido impedido en cumplir con sus propósitos.

14 Me debo — Dios había redimido y salvado a Pablo para que él predicase a los gentiles. El estaba, por lo tanto, bajo la obligación, tanto a Dios quien se lo había confiado y a aquellos a quienes se lo había confiado, de proclamar el evangelio a todos los que estaban dentro de su alcance. El era un administrador de los misterios de Dios (1 Co. 4:1); por lo tanto, sus esfuerzos para hacerles bien no son más que la ejecución del deber a Dios y a ellos. El ve en su comisión una deuda que debe pagar, pues él dice: "Pues si anuncio el evangelio, no tengo por qué gloriarme; porque me siento constreñido a hacerlo; y ¡ay de mí si no anuncio el evangelio! Por lo cual...es una mayordomía la que me ha sido encomendada." (1 Co. 9:16, 17.)

a griegos y a no griegos, — Los griegos estaban educados y llamaban a todos los que no hablaban su idioma "bárbaros." [Nota del traductor: La versión de Valera del 77 designa a estos "bárbaros" como "no griegos." Los griegos designaban a todo aquel que no era griego o por nacimiento o cultura como "bárbaro." **L.M.C.**] Los romanos hicieron lo mismo con los que no hablaban el latín.

a sabios y no sabios. — Pablo estaba listo para predicarles a los filósofos de Grecia, a los simples entre los judíos, y a los que hablaban los idiomas de los bárbaros.

15 Así que, en cuanto a mí, estoy ansioso de anunciaros el evangelio también a vosotros que estáis en Roma. — De acuerdo a la obligación que debía a todas las naciones, él estaba listo para predicar a todas las clases entre los romanos. El no haberlo hecho antes no fue por una falta de interés de su parte, sino que Dios le había estorbado y lo podría hacer otra vez; pero les hizo entender que no fue por una falta de voluntad o de celo de su parte.

3. TESIS FUNDAMENTAL DE LA EPÍSTOLA DECLARADA
1:16, 17

16 Porque no me avergüenzo del evangelio, — Aunque el evangelio le trajo oprobio, desgracia, persecución y sufrimiento en este mundo, Pablo no se avergonzaba de él; se glorificaba en él y estaba listo para predicarlo aun en Roma ante el emperador, gobernantes, y toda la sabiduría y poder del imperio. El evangelio de Cristo era que El había dejado las glorias del Cielo, venido a la Tierra, sufrido por los pecados del hombre, levantado de los muertos para la justificación del hombre, ascendió al trono del Padre y "puede también salvar completamente a los que por medio de él se acercan a Dios, viviendo siempre para interceder por ellos." (Hebreos 7:25.) Pablo creía esto, y , movido por el amor de Dios manifestado así al hombre, se había negado a sí mismo las comodidades y bendiciones de la vida, había sufrido hambre y necesidades, había sido abofeteado y encarcelado, llevó azotes y ataduras, y había hecho de su vida una muerte viviente por causa del evangelio. Sin embargo, no se avergonzaba de él, puesto que le abría los honores más altos y más rico espiritualmente y con tesoros eternos a la·diestra de Dios. Pablo se adhería a lo que era correcto. El hecho de sufrir todo por la verdad parecería despojarlo de un nombre y lugar de entre los hombres. Sin embargo, su nombre ha vivido por diez y nueve siglos y ahora vive como ningún otro nombre de un ser humano vive. Seguirá por el arroyo del tiempo, recogiendo más lustre mientras que pasan los siglos. Esto debiera enseñar a todos que la fidelidad a la verdad y el sufrir por el bien es la única manera de tener honor perdurable y verdadera fama en la tierra, así como gloria eterna en el Cielo.

porque es poder de Dios para salvación — Dios en Su sabiduría no vio otra forma para salvar al hombre del pecado como esta misión de Cristo a la Tierra. Por medio de las provisiones del Evangelio El alcanza el corazón y el hombre se conviete del pecado, perdona, borra, lava sus pecados; lo trae a Cristo, lo acepta como Su hijo, y lo transforma para estar en condición para poder vivir con El para siempre. El ángel dijo concerniente a María: "Y dará a luz un hijo, y llamarás su nombre Jesús, porque él salvará a su pueblo de sus pecados." (Mateo 1:21.) Salvar del pecado es salvar del amor y práctica del pecado. Luego son salvos y purgados de la culpabilidad del pecado — de todos los resultados, efectos, y penalidades del pecado. Dios no ha revelado otras provisiones para la salvación del mundo más que a través del Evangelio. Quienquiera que se dé vuelta y rehúse el Evangelio de Jesucristo rechaza a Dios y Sus provisiones para la salvación.

a todo aquel que cree; — Salvación por medio del Evangelio viene sólo para aquellos que creen. Para los que no creen, les trae condenación, pues "el que no cree, será condenado." (Marcos 16:16.) El que se ha de salvar por el Evangelio no debe confiar en la fe solamente, porque la orden divina es, "la obediencia de la fe." (1:5; 16:26.) Fe es el principio de donde emana la obediencia. El arreglo de Dios es: Primero fe, luego obediencia. De esto no debe de haber desviación. Uno de los más grandes errores en el cual caen muchos es el separar la fe de la obediencia. Dios ha atado las dos indisolublemente y así están de pie como condiciones inseparables de la salvación. Contender por su unidad es mantener la verdad; separarlas es anularla. [Para obtener la salvación toda persona debe creer con todo su corazón que Jesús es el Cristo, el Hijo del Dios viviente. Los hechos fundamentales de esta gran verdad como pruebas y sobre las cuales descansan son: "Que Cristo murió por nuestros pecados, conforme a las Escrituras; y que fue sepultado, y que resucitó al tercer día conforme a las Escrituras." (1 Co. 15:3, 4.) Nadie puede rechazar estos hechos y ser salvo.]

al judío primeramente, y también al griego. — El evangelio vino primeramente a los judíos, después a los gentiles. Cuando Pablo iba a una ciudad en la cual el Evangelio no había sido predicado, iba primeramente a los judíos, luego a los gentiles. [En Antioquía de Pisidia cuando los judíos se llenaron de celos y contradecían las cosas dichas por Pablo, él les dijo: "Era necesario que la palabra de Dios os fuera anunciada primero a vosotros; mas puesto que la desecháis, y no os juzgáis dignos de la vida eterna, mirad, nos volvemos a los gentiles." (Hechos 13:46.) El judío era primero en orden por nombramiento divino y primero por promesa divina, pero sin otro precedente o preeminencia.]

17 Porque en el evangelio — El pensamiento expresado en el griego es que en el plan evangélico de Dios de la justificación del hombre, que es por fe, es revelado para producir fe. El plan completo nace de la fe como el principio sobresaliente y es para producir fe en otros.

la justicia de Dios — Esto denota una justicia de la cual Dios es el autor, y es llamada de El para distinguirla de la justicia de la ley. Pablo la describe con estas palabras: "Porque Moisés describe así la justicia que es por la ley: El hombre que haga estas cosas, vivirá por ellas" (10:5.) Por esto él quiere decir que aquel que obedece toda la ley sin omitir nada vivirá por sus obras.

por fe y para fe, — El hecho que Dios justificará al creyente es declarado con el fin de inducir a los hombres a creer. Lo mismo es expresado en lo siguiente: "Sabiendo que el hombre no es justificado a base de las obras de la ley, sino por medio de la fe de Jesucristo, nosotros también hemos creído en Cristo Jesús, para ser justificados a base de la fe de Cristo y no de las obras de la ley." Puesto que Dios nos ha revelado que todo el que cree en Jesucristo será justificado, llega a ser un fuerte motivo para todo el que escucha esta promesa de gracia para creer. Así la justificación del evangelio, que tiene a Dios como su fuente, viene a nosotros por fe como condición y es revelada para fe.

como está escrito: Mas el justo por la fe vivirá. — Esto es dado para probar que el evangelio de la gracia de Dios había sido profetizado en el Antiguo Testamento, y consecuentemente no es algo nuevo. Puesto que los justos vivirán por fe, sin fe nadie vivirá. La verdad no amolda el carácter de un hombre sólo que sea practicada. Ver una verdad, creer una verdad, no amolda el carácter sólo que cambie el propósito y la vida. Por la tanto, "la fe sin obras es muerta." (Santiago 2:20.) Y fe se acomoda a las bendiciones de Dios al guiarnos a seguir a Dios en Sus caminos, y así hace nuestro carácter como el carácter de Dios. Así la fe guía de un estado o grado de fe a otro más alto.

II. LA NECESIDAD DE SALVACIÓN OFRECIDA POR CRISTO MOSTRADA POR LO PECAMINOSO DEL MUNDO GENTIL
1:18 a 3:20

1. EL MUNDO GENTIL PECAMINOSO
1:18-32

18 Porque la ira de Dios — La imposibilidad de la justificación de injusticia de parte de Dios y de tolerarla se manifiesta en que dio a Su Hijo unigénito para quitar el pecado. El pecado es la violación de las leyes y principios que crecen de Su propio Ser que deben llenar y controlar todo el universo. Su voluntad debe de prevalecer, y todo ser y todos los espíritus y toda la materia en el universo deben de conformarse a Su voluntad y ser imbuidos con Su Espíritu. El tiene mucha paciencia con aquellos que son llevados al pecado para que se arrepientan y se conformen a Su voluntad; pero El debe reinar, y tarde o temprano todos deben conformarse a Su voluntad o ser destrozados en ruina eterna por la potestad y gobierno del Todopoderoso.

se revela desde el cielo — Estos pecadores contra Dios y contra la naturaleza son descritos como materializando en sus experiencias los resultados tremendos de sus infracciones groseras de la ley divina. Pablo comienza, en sus casos, para mostrar la necesidad universal, de parte de la humanidad, para buscar el remedio para el pecado que él dijo era revelado en el evangelio como "la justicia de Dios por fe."

contra toda impiedad e injusticia de los hombres — La imposibilidad de la justificación de injusticia de parte de Dios y de tolerarla se manifiesta en que dio a Su Hijo unigénito para quitar el pecado. No puede tolerar el pecado. El pecado es la violación de las leyes y principios que crecen de Su propio Ser que deben llenar y controlar todo el universo. Su ira está en contra de toda forma de impiedad e inmoralidad. Las dos palabras que distinguen al pecado con respecto a Dios y la ley del bien que El ha establecido. Dios reinará por todo el universo. Su voluntad debe de prevalecer, y todo ser y todos los espíritus y toda la materia en el universo debe de conformarse a Su voluntad y ser imbuidos con Su Espíritu. El tiene mucha paciencia con aquellos que son llevados al pecado para que se arrepientan y se conformen a Su voluntad; pero El debe reinar, y tarde o temprano todos deben conformarse a Su voluntad o ser destrozados en ruina eterna por la potestad y gobierno del Todopoderoso.

que detienen con injusticia la verdad; — Ser obstáculo o detener la verdad con injusticia es conocer la verdad, pero vivir en injusticia. [Todos los que no viven de acuerdo al conocimiento que poseen, que hacen peor que lo que saben, detienen la verdad en injusticia. Obstruyen la verdad en vez de darle campo libre.]

19, 20 porque lo que de Dios se conoce es manifiesto entre ellos, pues Dios se lo manifestó entre ellos, pues Dios se lo manifestó. Porque las cosas invisibles de él, su eterno poder y divinidad, se hacen claramente visibles desde la creación del mundo, siendo entendidas por medio de las cosas hechas, de modo que no tienen excusa. — La interpretación dada casi universalmente a este pasaje es como sigue: "Porque aquello que se puede saber de Dios, se sabe entre ellos; porque Dios se lo manifestó a ellos, por Sus obras de la creación. Pues Sus atributos invisibles, aun su eterno poder y Dios tenía, aunque no discernible por el ojo del cuerpo, desde la creación del mundo,son claramente vistos por el ojo de la mente de los hombres, siendo entendidas por medio de las cosas hechas; de modo que son inexcusables." Esto está fuera de armonía con el alcance y contexto del pasaje. Pablo habla del evangelio, su poder para salvar, y lo que ha sido revelado y manifestado en él, y la forma en la cual los gentiles habían sido dejados sin el conocimiento de la voluntad de Dios. Esta interpretación parece decir que habían tenido suficiente luz concerniente a Dios para capacitarlos para conocer y hacer Su voluntad y ser salvos. Si así, ¿por qué una revelación a ellos? Pablo dice que estos gentiles no tenían una voluntad revelada de Dios y "en aquel tiempo estabais sin Cristo, excluidos de la ciudadanía de Israel y extranjeros en cuanto a los pactos de la promesa, sin esperanza y sin Dios en el mundo." (Ef. 2:12.) Otra vez: "Pues ya que en la sabiduría de Dios, el mundo no conoció a Dios mediante la sabiduría, agradó a Dios salvar a los creyentes mediante la sabiduría, agradó a Dios salvar a los creyentes mediante la locura de la predicación." (I Co. 1:21.) Esto claramente dice que era la sabiduría de Dios que el hombre por su propia sabiduría no conociera a Dios, pero que debería depender en la predicación del evangelio para creer y ser salvo. Esto no armoniza con la idea que el hombre podría de las obras de la naturaleza aprender de la sabiduría de Dios y Su divinidad y poder como para estar sin excusa en pecado. Luego Pablo dice: "Así que la fe viene del oír; y el oír, por medio de la palabra de Dios." (10:17.) No parece posible que podría decir aquello que podría conocerse de Dios fue manifestado por medio de las obras de la naturaleza a aquellos que no habían oído de Jesucristo sin la predicación que Dios había ordenado como esencial para salvar a los hombres. Entonces la razón porque los entregó parecería improbable con esta construcción.

Dice que estos gentiles conocieron a Dios en otro tiempo, pero no quisieron retener el conocimiento de El, por eso adoraron y sirvieron a la criatura más que al Creador. "Profesando ser sabios (al andar en su propia sabiduría), se hicieron necios, y cambiaron la gloria del Dios incorruptible en semejanza de imagen de hombre corruptible." Por lo tanto, Dios los entregó a inmundicia y degradación — es decir, reclamando sabiduría de conocer a Dios sin la voluntad revelada era la causa que los llevó al pecado que hizo que Dios los entregara a degradación y ruina. Pablo no les estaba enseñando que los medios que él dijo trajo su ruina los haría salvos hacia la salvación. De otro modo, está en armonía con los diferentes pasajes decir que las cosas escondidas desde la fundación del mundo son reveladas y manifestadas en Jesucristo, como atestigua lo siguiente: "Y al que puede consolidaros según mi evangelio y la predicación de Jesucristo, según la revelación del misterio que ha sido mantenido en silencio desde tiempos eternos, pero que ha sido manifestado ahora, y que mediante las Escrituras de los profetas, según el mandamiento del Dios eterno, se ha dado a conocer a todas las gentes para obediencia de la fe." (16:25, 26.) Otra vez: "Que por revelación me fue dado a conocer el misterio, como antes lo he escrito brevemente, leyendo lo cual podéis daros cuenta del conocimiento profundo que yo tengo en el misterio de Cristo, misterio que en otras generaciones no fue dado a conocer a los hijos de los hombres, como ahora ha sido revelado a sus santos apóstoles y profetas por el Espíritu: que los gentiles son coherederos y miembros del mismo cuerpo, y copartícipes de la promesa en Cristo Jesús por medio del evangelio...y de aclarar a todos cuál sea la administración del misterio escondido desde los siglos en Dios, que creó todas las cosas." (Ef. 3:3-9.) El "misterio que en otras generaciones no fue dado a conocer a los hijos de los hombres, como ahora ha sido revelado," es seguramente lo mismo que "cosas" en el pasaje bajo consideración. Así que, para hacer que este pasaje armonice perfectamente con el alcance del contexto de todo el pasaje, y con otras Escrituras acabadas de citar, es traducir la palabra "poicma" por "hecho" o "hacer," de acuerdo al contexto. Entonces leería: "Porque las cosas invisibles de El desde la creación del mundo son claramente vistas, siendo percibidas por medio de las cosas hechas."

21 Pues habiendo conocido a Dios, — La razón por la cual estaban sin excusa en su ignorancia del conocimiento de Dios es que, Dios ya una vez se manifestó a Sí mismo tanto a los padres gentiles como a los padres judíos por igual. [Pero ¿de dónde vino el conocimiento? De Dios a Adán, y por medio de ángeles y hombres inspirados en edades subsiguientes. Algunos lo tuvieron, por lo tanto, en la forma original de la revelación y otros como tradición. Pero cualquiera que haya sido la forma, era el único conocimiento de Dios que el mundo tenía antes del evangelio. Sobre él, y sobre las tradiciones formadas sobre él, y las muchas corrupciones de él, la conciencia del gentil fue formada.]

no le glorificaron como a Dios, — Cuando los gentiles conocieron a Dios, no le glorificaron ni le honraron como a Dios. [Esta es la verdadera fuente de su abominación. Glorificarle como a Dios es considerar con reverencia debida Sus perfecciones y leyes, venerar Su nombre, Su poder, Su santidad, y Su presencia por medio de palabras y acciones, y de adorarlo como el Creador y Gobernador del universo. Como no estaban inclinados a hacer esto, fueron dados a sus vanos y perversos deseos propios. Una voluntad de honrar a Dios como a Dios — reverencia, amor, y obediencia a El — refrenaría efectivamente a los hombres del pecado.]

ni le dieron gracias, — No estaban agradecidos por las bendiciones dadas a ellos. [Damos gracias a Dios por Sus beneficios y bendiciones y el sentimiento que promueve es gratitud.]

sino que se hicieron vanos en sus pensamientos, — Estaban hinchados con una vanidad de su propia sabiduría.

22 Profesando ser sabios, — Se imaginaban a sí mismos lo suficientemente sabios como para vivir sin Dios. Al hablar del éxito de Nimrod al persuadir a la gente de su generación a formar un gobierno propio, Josefo dice: "Dios también les mandó enviar colonias al extranjero, para poblar la tierra completamente — para que no levantaran sediciones entre sí mismos, pero para que pudieran cultivar una buena parte de la tierra, y así gozar de sus frutos de una manera copiosa; pero fueron tan malamente instruidos que no obedecieron a Dios; por cuya razón cayeron en calamidades, y fueron hechos sensibles por experiencia, de que pecado habían sido culpables; pues cuando prosperaron con mucha juventud, Dios los amonestó otra vez para enviar colonias, pero ellos, imaginándose que la prosperidad que gozaban no venía del favor de Dios, pero suponiéndose que su propio poder era la verdadera causa de su condición abundante, no lo obedecieron. No sólo esto, sino que también añadieron a la obediencia de la voluntad divina, la sospecha que fueron mandados como colonias separadas, siendo divididos, para ser más fácilmente oprimidos. Ahora, fue Nimrod quien los excitó a tal afrenta y desprecio de Dios. El fue el nieto de Cam, hijo de Noé — un hombre valiente, y de gran fuerza en su mano. El los persuadió a no atribuirse a Dios, como si fuera por sus medios que estaban felices, pero a creer que era por su propio valor que había procurado esa felicidad. El también cambió gradualmente el gobierno en una tiranía, no viendo otra forma de tornar al hombre del temor de Dios, pero traerlos a una constante dependencia sobre su poder." ("Antigüedades," Libro I, Capítulo IV.) Aunque que esto puede ser tradición, muestra el espíritu que ignora a Dios.

se hicieron necios, — La inspiración nos dice que cuando los hombres piensan que pueden vivir sin la instrucción de Dios, son necios. [Su necedad es en proporción a su jactancia de sabiduría. La inteligencia no es una protección contra la necedad. "El conocimiento envanece." (1 Co. 8:1.) Muy seguido engendra orgullo, y el orgullo es castigo contra la ceguera espiritual, que es la madre de la idolatría.]

23 y cambiaron la gloria del Dios incorruptible en semejanza de imagen de hombre corruptible, de aves, de cuadrúpedos y de reptiles. — Al seguir las sugerencias de su propia sabiduría cambiaron de la adoración del Dios verdadero y viviente a la imagen del hombre, bestias y reptiles. Más que probable que iniciaron con la idea de adorar a Dios por medio de estas imágenes, pensando que la imagen ayudaría a la mente levantarse de lo material que estaba delante al Dios invisible que representaba. Pero el hombre, cuyo corazón había sido obscurecido, no haría por mucho tiempo estas agradables distinciones, y consecuentemente pronto llegó a verlo como Dios en vez de una ayuda a su devoción. [Cuando el hombre se propone inventar ayudas el resultado es que la designación divina es suplantada y la invención humana toma su lugar.]

24 Por lo cual también Dios los entregó — Porque rehusaron adorar a Dios, pero adoraban ídolos, Dios los entregó a las prácticas viles e inmundas a las que sus propias concupiscencias irrefrenables les condujeron.

en las concupiscencias de sus corazones, — Dios no causó sus impurezas, pero los abandonó a las consecuencias naturales de las concupiscencias ya trabajando en ellos. Sin freno en una reverencia por y un sentido de responsabilidad a Dios, no tenían nada para controlarlos mas que sus concupiscencias carnales. Sin freno, fueron guiados a una degradación grosera y depravación; por consiguiente, la adoración de los ídolos lleva a las concupiscencias y vicios degradantes.

de modo que deshonraron entre sí sus propios cuerpos, — [Deshonraban sus cuerpos al involucrarse en concupiscencias bajas y degradantes, por relaciones ilegítimas e impuras unos con los otros.]

25 ya que cambiaron la verdad de Dios por la mentira, — Renunciaron a la verdad de Dios y siguieron los razonamientos engañosos de sus propios corazones, los cuales llama Pablo una "mentira," y adoraban y servían a la criatura — al hombre y a la bestia creada por Dios.

adorando y dando culto a las criaturas en lugar de al Creador, — [Es evidente que adoraban sólo a la criatura y en ninguna manera al Creador. Pero Pablo, al usar palabras más suaves "en lugar de," hace ver su necedad más evidente al comparar los objetos escogidos y rehusados.]

el cual es bendito por los siglos. Amén. — [Este arranque natural de piedad, viene por un contraste detestable de la abominación pagana. Por más que le deshonren, Su gloria no es cambiada.]

26 Por esto Dios los entregó a pasiones vergonzosas; — Porque amaron la mentira en lugar de la verdad de Dios y adoraron al ídolo en vez de al Creador, Dios los entregó a pasiones vergonzosas y no naturales. El gran objeto del escritor es mostrar el estado del mundo pagano y de su necesidad del evangelio. Por esta razón fue necesario describir sus pecados en detalle. Los pecados mencionados son los más delicados, viles, y degradantes que se pueden cargar al hombre. Mencionarlos no es falta del apóstol; pues si existían, era necesario que él acusara al mundo idólatra. Al no hacer esto, su argumento estaría incompleto. La vergüenza está en el hecho de su existencia y no en especificarlos. Las páginas de los escritores antiguos dan prueba decisiva y triste de que tal condición existía.

pues aun sus mujeres cambiaron el uso natural por el que es contra naturaleza, — Cual era la forma especial de estas perversiones contra la naturaleza, no se nos dice; pero Moisés da una ley contra la perversión de las concupiscencias de las mujeres de Israel en la cual muchas mujeres paganas habían caído. (Véase Lv. 18:22, 23.)

27 y de igual modo también los hombres, dejando el uso natural de la mujer, se encendieron en sus deseos lascivos, los unos hacia los otros, cometiendo hechos vergonzosos hombres con hombres, — Tenemos ejemplos de esta degradante perversión de la gratificación natural y propia de los deseos de parte de hombres en el caso de los hombres de Sodoma. (Véase Gn. 19:4-8.)

y recibiendo en sí mismos la retribución debida a su extravío. — Cuando naciones y pueblos se olvidan de Dios, pierden su sentido de responsabilidad a El, siguen lascivias degradantes que es peor que lo brutal. Los hombres son creados con facultades que, si usadas bien, se levantarán sobre las bestias; pero si pervertidas y usadas para arrastrarlos en vez de levantarlos, los llevarán tan abajo como las bestias así como con su uso correcto serían levantados sobre ellas. [El apóstol se refiere primeramente a la mujer, probablemente como la prueba más sobresaliente de la depravación general, sobre el principio que la corrupción de lo mejor es la peor de todas las corrupciones. Los vicios degradantes aun son tan comunes entre los paganos que los misioneros modernos han sido acusados de falsificar este registro, y a veces ha sido difícil convencerlos que un retrato tan exacto de su inmoralidad fue pintado mucho tiempo atrás. Por lo tanto, vemos porqué el apóstol se refiere particularmente a prácticas tan asquerosas — fueron muy comunes entre los paganos; estaban íntimamente conectadas con los ritos de la idolatría, especialmente con la adoración de Venus; y son particularmente ilustrativas de la profundidad de la degradación en la cual la raza humana se había zambullido.]

28 Y como ellos no tuvieron a bien el reconocer a Dios, — Hombres entregados a las concupiscencias de la carne no sólo ocupan todas sus facultades en sus gratificaciones, pero no les gusta retener el conocimiento de Dios. No les gusta pensar en El porque condena y reprueba sus cursos de vida. El lenguaje indica que su rechazo no fue uno de un acto sin conciencia, pero un acto de desprecio deliberado. No nos gusta pensar de alguien superior a uno que nos condene.

Dios los entregó a una mente reprobada, — Esta es la tercera vez que el abandono retributivo por Dios es mencionado. En el verso 24 era "a la inmundicia"; en verso 26, "a pasiones vergonzosas"; y aquí, "a una mente reprobada." Una "mente reprobada" es una pérdida de la virtud, entregada completamente al pecado, abandonada al error, pérdida de todo sentido de deber. Cuando Dios vio que no les gustaba retener Su conocimiento en sus mentes, El los entregó al pecado sin esfuerzo adicional para retenerlos.

para cometer cosas impropias, — Tal conducta como es aborrecible a todo dictado de razonamiento sano e inconsistente con todos los deberes humanos. Los pecados acusados son especificados en los siguientes versículos.

29 estando atestados — Esto no enseña que cada gentil individualmente incorporaba en sí mismo todos los crímenes enumerados, pero el estado del corazón de donde todos emanaban era general.

de toda injusticia, — Toda injusticia e iniquidad en general, las especificaciones en particular de las que siguen.

perversidad — Esto cubre todo el volumen de crímenes humanos. Es la indulgencia irrefrenable en la comisión del vicio, o el estado de mente que se esfuerza para producir injuria hacia otros. Es opresivo a quien lo posea y para con sus víctimas.

avaricia, — La avaricia es un deseo ilegal por lo que pertenece a otro o un deseo tan excesivo por ello como para llevarnos a medios ilegítimos para obtenerlo; un deseo indebido para obtenerlo. Este vicio es común por todo el mundo.

maldad; — Este es el odio profundo que se complace en lastimar personalmente a otros. Si es intensa, busca la oportunidad para desahogarse con el derramamiento de sangre. Esta lista para todo tipo de crimen y es radical y esencialmente maliciosa.

llenos de envidia, — [La envidia es la mala voluntad egoísta hacia otro a causa de su excelencia, dotaciones, posesiones, o éxito superior; rencores de mal genio en vista de lo que otro goza. El hombre envidioso se enferma al ver regocijo; sólo está tranquilo cuando ve la miseria en otros. La envidia es la afección más vil y la más depravada.]

homicidio, — Esto es matar fuera de la ley a un ser humano con malicia y con premeditación; la voluntaria y maliciosa forma de quitar la vida humana.

contienda, — Esto es contención airosa, lucha hostil, pelea, conflicto, la disposición de ser pendenciero y contencioso, el sentimiento que busca irritar. No es una riña por la verdad y lo correcto, sino simplemente por el hecho.

engaño, — Un intento o disposición para engañar o llevar hacia el error; cualquier declaración, artificio, o práctica que extravíe a otro, o le causa creer en lo que es falso. En donde prevalezca, la justicia es desconocida.

malignidad; — El estado de mente que lleva al que lo posea a poner la peor construcción en cada acción; atribuyendo a la mejor obra los peores motivos. La maldad de un diseño es estimada por el grado de la maldad que se intentaba hacer.

30 murmuradores, — Aquellos que en secreto y en una forma astuta, por medio de indirectas e insinuaciones, envilecen el nombre y carácter de otros, o excitan sospecha concerniente a ellos.

detractores, — Estos son los que abiertamente y con admisión calumnian o hablan mal de aquellos que están ausentes.

aborrecedores de Dios, — Porque están tan contaminados con el pecado. Lo detestable de su carácter "es aborrecido por Jehová" (Pr. 22:14), y "les dio perpetua afrenta" (Salmos 78:66).

insolentes, — Los insolentes son ofensivos con desdén y groseramente irrespetuosos, y hacen lo que quieren, sin consideración si atropellan bajo sus pies los derechos, la propiedad o las vidas de otros.

orgullosos, — Los orgullosos tienen una autoestimación excesiva, una presunción fuera de la razón de la superioridad de sus propios talentos, belleza,riqueza y logros. Siendo levantados a tal eminencia, ven con desdén a todos los que están bajo de ellos y no los pueden considerar como en un mismo nivel con ellos mismos.

jactanciosos, —— Los jactanciosos son vanagloriosos consigo mismos o con lo que ellos poseen, y no son lerdos en proclamar sus propios méritos a los que les rodean. [No diseñan, como los orgullosos, para aplastar por la fuerza de su grandeza, pero hacen un espectáculo mentiroso de ello.]

inventores de maldades, —— La palabra "maldades" debe de ser tomada en su sentido más amplio, como incluyendo toda especie de maldad que podría dañar a ellos mismos y a otros. Era tal la intención de practicar su maldad, tan resueltos a gratificar sus pasiones, que su mente estaba excitada para descubrir nuevos modos de gratificación. En ciudades de lujos y vicios esto siempre se ha hecho. Los vicios cambian sus formas, los hombres se sacian, y se sienten obligados a recurrir a alguna forma nueva. [Aquellos que inventan maldades para obtener propiedad, para satisfacer su ambición, o para gratificar lujurias seguramente se incluyen aquí.]

31 sin afecto natural, —— Esto sin duda se refiere a la costumbre sin afecto de padres que dejaban a sus infantes para morir de cualquier causa que ellos no están dispuestos a criarlos, o de un esposo que abandona a su esposa y a sus niños indefensos. Tales crímenes, tan aborrecibles de todos los sentimientos de la humanidad, eran comunes entre los idólatras. [No sólo se refiere a la falta de afecciones tiernas dentro del círculo familiar, pero también trae a la mente la población de grandes ciudades congregándose en el circo para ver las peleas de gladiadores, aplaudiendo frenéticamente el derramamiento de sangre humana y manifestando satisfacción maligna sobre las agonías moribundas de los combatientes vencidos.]

despiadados; —— Aquellos quienes por maldad arraigada eran incapaces de mostrar misericordia a los pobres, los dolientes, los imposibilitados, o de mostrar misericordia al enemigo al ser traído bajo su poder. [El evangelio de Jesucristo es el único poder que abre el corazón a las apelaciones de necesidad, y nada más ha extendido los corazones de los hombres para hacer provisiones para los pobres, los enfermos, los ciegos, y los que sufren de la demencia.] En estos versos Pablo enumera los crímenes y vicios en los cuales naturalmente caminan cuando pierden la vista de la ley de Dios y los corta de todo sentido de responsabilidad a El. Estos pecados no eran peculiares a alguna nación o pueblo. La idolatría deifica lujurias y lleva al vicio degradante. El hombre deifica la lujuria porque la lujuria gobierna su ser.

32 quienes, — "Quienes" aquí muy seguro se refiere a los que se acaban de describir, quienes no habían escogido retener a Dios en su conocimiento, y a quienes Dios había entregado "a una mente reprobada, para hacer cosas impropias."

a pesar de conocer el veredicto de Dios, que los que practican tales cosas son dignos de muerte, no sólo las hacen, sino que también se complacen con los que las practican. — El declara que ellos, sabiendo que Dios condena aquellas cosas como dignas de muerte, no sólo las hacen, sino que honran a los que van hacia la degradación. Desde el verso 18 al final de este capítulo Pablo muestra cómo y porqué Dios entregó a los gentiles y dio Su ley a los judíos, y cómo es que no hace acepción de personas, pero el mismo curso de ellos trajo sobre cada clase su condición.

Un retrato más negro de la corrupción humana sería difícil de concebir, pero no es un retrato exagerado del hombre sin Dios y Su palabra. Al alejarse de Dios el hombre, se degeneró espiritual, intelectual y físicamente. La degeneración del hombre — espiritual, moral y física — por el mundo entero, en todas las edades, ha sido medida por la distancia que el hombre se ha alejado de Dios y por su pérdida del conocimiento de Dios. Ninguna verdad en la historia del mundo ha sido establecida por una inducción de tan gran número de datos, bajo tan variadas circunstancias, con tan universal y uniforme resultado, como aquel hombre, cortado de Dios y Su palabra, que busca a ciegas en ignorancia y se envilece en degradación con un descenso continuo acelerado a profundidades aun más bajas.

[Por seis mil años, en cada porción del globo, entre todos los hombres de cada color, lengua, raza, y semejantes de la tierra, los resultados han sido los mismos, con una sola excepción. Esta desobediencia separó al hombre de Dios, le causó que se olvidara de Dios y de perder un conocimiento de Su voluntad. Esto produjo torpeza espiritual y mental, sentimientos morales secos, destruyó un espíritu emprendedor y energía y causó degeneración física. Reinaron la lujuria y la pasión, gobernando dentro de sus miembros, engendrando enfermedad, afeminación, y una creciente deformidad continua; de manera que, entre las naciones que más lejos se alejaron de Dios, y han por más tiempo y más completamente perdido el conocimiento de El y de Su palabra, es difícil determinar en el descenso dónde termina lo humano y comienza la bestia. En esta torpeza del alma, atontamiento de la mente y debilidad del cuerpo, con el reinado de la lujuria, las enfermedades hacen presa del cuerpo y plagas barren la familia humana de la tierra.]

En el capítulo once, que debe estudiarse en conexión con esto, muestra que cuando los judíos perdieron su fe en Dios, El los cortó de Su favor; y cuando los gentiles creyeron, los injertó dentro de ese favor. Sin embargo, advierte que si los judíos se arrepintieran y creyeran, los aceptaría; y si los gentiles dejaran de creer, los rechazaría una vez más. En ninguna edad del mundo ha hecho Dios acepción de personas, pero siempre, "en toda nación, el que le teme y practica lo que es justo, le es acepto." Dios había escogido a Abrahán mientras que estaba en la idolatría, porque vio que dejaría la idolatría y serviría al Dios viviente, si dejaría las malas asociaciones de su juventud, y dirigiría su familia a seguirle.

2. CONSIDERACIONES GENERALES APLICABLES TANTO A LOS JUDIOS COMO A LOS GENTILES PREPARATIVO PARA UNA REFERENCIA ESPECIAL A LA CONDICION MORAL DE LOS JUDIOS
2:1-16

1 Por lo cual eres inexcusable, oh hombre, quienquiera que seas tú que juzgas; — Habiendo mostrado que los gentiles eran culpables por estar sin la ley de Dios sólo porque cuando la tenían no la observaron, él ahora se da vuelta a los judíos y les advierte, puesto que eran culpables de haber rechazado y rehusado de obedecer la ley de Dios.

pues en lo que juzgas al otro, te condenas a ti mismo; porque tú que juzgas practicas lo mismo. — Al condenar a los gentiles se condenaban a ellos mismos. Esto no es una carga que los judíos habían llevado al mismo grado de inmoderación. Era la planta que había concebido estos frutos amargos. Al rehusar una fe en Dios y en obedecerle, habían escogido el curso que llevaba a los mismos vicios degradantes. Cuando los hombres se desatan de Dios, siguen el mismo curso. La desobediencia a Dios es la madre de todos los vicios. El rechazo y rehusar obedecer a Dios deja al espíritu débil e imposibilitado y sujeta al hombre sólo al gobierno de las lujurias y pasiones carnales. La lujuria gobierna, y el hombre deifica a aquello que gratifica la lujuria. [Condenar a otro por su pecado es admitir que el pecado en cuestión lleva a y justifica la condenación a todos los que lo cometen, aun incluyendo al que lo condena. El que condena los pecados en otros, pero el mismo los comete, es absolutamente indefenso y sin excusa.]

2 Mas sabemos que el juicio de Dios contra los que practican tales cosas es según verdad. — El juicio de Dios contra aquellos que cometen estos vicios es según justicia y lo recto, para todos tanto para los judíos como los gentiles. No usaría de clemencia de los judíos ni los gentiles. Justicia y rectitud son las características más altas de Dios.

3 ¿Y te figuras, oh hombre, tú que juzgas a los que tal hacen, y haces lo mismo, que tú escaparás del juicio de Dios? — Porque el juicio de Dios no había sido ejecutado sobre el judío como con el gentil, y la ley no se le había quitado formalmente, se imaginaba a sí mismo como favorecido especialmente de Dios. [Que confiaba en su relación con Abrahán, en su circuncisión, y al hecho que tenía la ley, para salvación, es indisputable. Sobre estas bases él claramente contaba con la parcialidad de Dios. Consecuentemente, aunque sabía que era culpable de los mismos pecados que él condenaba en los gentiles, evidentemente con todo esto no esperaba que Dios lo condenara. Esperaba que Dios pasara por alto en él, porque era judío, lo que él sabía no pasaría por alto en el gentil, y lo que él mismo no pasaba por alto; pero Pablo muestra aquí que pecado es pecado por quien sea que lo haya cometido; ese pecado no pierde su carácter esencial al ser cometido en el medio de privilegios religiosos; y aquellos que profesan ser pueblo de Dios no tienen licencia peculiar para pecar. Esta confianza falsa es reprendida por Juan el Bautista. (Mateo 3:7-9.) El mismo error existe hoy. Muchos esperan ser salvos porque son hijos de riqueza, cultura, refinamiento, o porque sus padres son piadosos.]

4 ¿O menosprecias — ¿Se imagina el judío, sin pretensión de razonamiento, que escapará del juicio de Dios? O en caso de que no tenga esta presunción, ¿basa esta esperanza de escape de retribución futura en la indulgencia de Dios en tardar el castigo como una señal que el juicio nunca vendrá? Si es así, esto es un abuso notorio de esa indulgencia, que está en efecto despreciándola, viéndola con un sentimiento de desprecio bajo la pretensión de darle honra.

las riquezas de su benignidad, — La abundancia y grandeza de su amabilidad expresada en dar favores y deteniendo el castigo.

paciencia y longanimidad, — [La diferencia entre "paciencia" y "longanimidad" es que, la primera denota la disposición de tolerar largamente, mientras que esta última denota la manifestación exterior de la disposición en paciencia.] Dios se detiene en su venganza por un tiempo. Soporta por largo tiempo. El que cree que puede continuar viviendo en pecado con impunidad, porque ha seguido tanto tiempo sin castigo, puede pensar que está magnificando la bondad de Dios; pero en realidad está abusando de su indulgencia y despreciando su longanimidad por su indiferencia insolente en cuanto a su propósito recto.

ignorando que su benignidad te guía al arrepentimiento? — Una ignorancia resultando o de una falta de voluntad para saber o negligencia voluntaria de los medios de conocimiento, posiblemente ambos. La paciencia de Dios por el mal uso que el judío dio de los privilegios que gozaron como Su pueblo tenía el propósito de traerlos al arrepentimiento. Jesús fue longánimo, no queriendo que nadie se perdiera, sino que todos vinieran al arrepentimiento. Longánime es otro nombre por indulgencia paciente. Jesús no pasó por alto o dejó de condenar el mal; constantemente en precepto y en Su vida mantuvo la verdad, peor les dio tiempo y oportunidad para aprender y darse vuelta. No se precipitó en ejecutar presurosamente la ley sobre ellos por sus errores o faltas en aprender toda la verdad. Este es el curso que debemos seguir hacia nuestros semejantes, especialmente para con aquellos que están esforzándose para servir al Señor, aunque fracasan en ver la verdad completa. [El mismo pensamiento es expresado por Pedro: "El Señor no retarda su promesa, según algunos la tienen por tardanza, sino que es paciente para con nosotros, no queriendo que nadie perezca, sino que todos vengan al arrepentimiento." (2 P. 3:9).]

5 Pero por tu dureza y por tu corazón no arrepentido, — En vez de ser llevados al arrepentimiento por Su bondad e indulgencia ellos habían endurecido sus corazones y usaron Su indulgencia para pecar más contra El. [La palabra "dureza" es usada para denotar insensibilidad de mente. Literalmente significa aquello que es insensible al tacto, o aquello que no da impresión por el contacto, como el granito o el acero. Por lo tanto, es aplicado a la mente para denotar un estado cuando no hay un motivo o impresión, que es insensible a todas las apelaciones que se le hacen. (Mt. 19:8; 25:24; Hechos 19:9.) Aquí expresa un estado de mente en donde la bondad y la indulgencia de Dios no tienen efecto.]

atesoras para ti mismo ira para el día de la ira — Habían seguido un curso que atesoraba un castigo más severo y llamaba sobre sí mismos una ira más profunda de Dios. [Agregaban día tras día a sus pecados, y por lo consiguiente, a la ira de Dios, escondida ahora como en una tesorería, pero bien guardada.]

y de la revelación del justo juicio de Dios, — [Mientras que el día del juicio revelará la ira de Dios, también revelará a todos, tanto a los buenos como a los malos, a todas las inteligencias del universo, que Dios es justo; que no sólo en el último acto del juicio, pero en todos sus tratos y dispensaciones, El juzga rectamente.]

6 el cual pagará a cada uno conforme a sus obras: — Dios pagará a cada uno, judío o gentil, de acuerdo a las obras hechas mientras que estaba en el cuerpo. Va a ejecutar juicio con una mano imparcial. [Esto arranca del judío toda esperanza de parcialidad. En el gran día de cuentas finales Dios no lo va a conocer como un judío. No se le va a reconocer que sea descendiente de Abrahán, ni tampoco su circuncisión. Sólo será un ser humano, y como tal estará ante Dios. Así estará el judío al nivel de todos los otros hombres.]

7 vida eterna a los que, perseverando en hacer bien, buscan gloria y honra e inmortalidad, — [Pablo ahora divide a los hombres en dos clases grandes — aquellos que obedecen a Dios y aquellos que obedecen a la injusticia. A la primera clase Dios dará vida eterna; a la segunda, ira e indignación, tribulación y angustia.] Los que buscan gloria y honra e incorrupción, por medio de fe al hacer la voluntad de Dios, recibirán vida eterna. "Gloria" denota la mayor felicidad y distinción que los salvos alcanzarán; "honor," la estima en la cual serán tenidos; e "incorrupción" es la liberación del sufrimiento y degeneración y exención absoluta del pecado e impureza. Sólo Dios tiene incorrupción e inmortalidad. El hombre es eterno en su existencia, pero se le dará inmortalidad como galardón por buscarla.

8 pero ira y enojo, — ["Ira" expresa el sentimiento permanente y disposición asentada. "La ira de Dios permanece sobre él." (Juan 3:36.) "Enojo" es el impulso momentáneo o la erupción en sí de ira en el día del juicio.]

a los que son contenciosos, — [Aquellos que obran con el espíritu de un asalariado, o en el espíritu faccioso y egoísta. Tales personas generalmente causan facciones e intrigas. Esparcen malos principios, y los mantienen por disputas agudas. Este es el vicio de muchos ahora, quienes se disputan a sí mismos en incredulidad del principio más claro establecido en la Biblia y argumentan maliciosamente en apoyo de las cosas más impías que los ateos, infieles, escépticos, y agnósticos propagan con la mira en destruir la religión de Cristo y defender sus prácticas y principios propios maliciosos, como lo es valerosamente proclamado por la Asociación para el Avance del Ateísmo como comprueba lo siguiente: "Busca quitar la causa de intolerancia. Su propósito principal es declarar guerra contra la religión misma. Al cumplir con este propósito, comenzaremos por atacar el teísmo, la raíz principal del árbol de donde es sacado el upas de la superstición religiosa. No hay Dios, y nuestro esfuerzo supremo será de liberar a la humanidad del temor de una persona de ninguna importancia. La adoración de un ídolo verbal debe terminar. Nuestros métodos estarán de acuerdo con nuestros principios. No se harán concesiones...El cristianismo, como una de las peores formas del teísmo, debe de ceder al humanismo de los paganos iluminados, en donde el hombre, no Dios, es la medida de las cosas. La filosofía del Nuevo Testamento, con sus éticas no naturales e ideas locas sobre el sexo, degradando la raza, llena al mundo con los ineptos...La mentira de la moralidad será refutada. Fe en lo sobrenatural ni asegura ni promueve la buena conducta."]

y no obedecen a la verdad, sino que obedecen a la injusticia, — [Voluntariamente rehúsan hacer todo lo que Dios requiere de ellos, y hacen todo lo que Dios les prohibe hacer.]

9 Tribulación y angustia sobre todo ser humano que obra el mal, — [Miseria de todas clases de descripción, sin la posibilidad de escape, dará este Juez justo sobre todo hombre que hace el mal. Claro, esto es tomado por un hecho que el pecador ha pasado por la vida en pecado, o nunca se ha arrepentido o ha sido perdonado.]

el judío primeramente — Al judío primeramente, sólo porque había sido favorecido sobre todos los demás, y tenía un conocimiento más amplio, y, por lo tanto, responsabilidad más profunda.

y también el griego, — Esta palabra, aunque usualmente denota al griego, también incluye a los otros gentiles. Las dos palabras, "judío" y "griego," incluyen a toda la familia humana.

10 pero gloria y honra y paz a todo el que obra el bien, al judío primeramente y también al griego; — A todo el que obra bien Dios traerá honra y paz. Estas bendiciones vendrán primeramente al judío, luego al griego. [En cuanto al castigo el judío tiene mayor rango que el griego por no haber aprovechado sus mejores oportunidades, así en cuanto a la bendición la misma justicia imparcial le da preeminencia a causa de la mejor vida.]

11 porque ante Dios no hay acepción de personas. — Dios no trata a los hombres con parcialidad, o poniendo a uno contra el otro; "sino que en toda nación, el que le teme y practica lo que es justo, le es acepto." (Hechos 10:35.) [Hacer acepción de persona es serle parcial por su relación de familia, riqueza, educación, puesto social o político. Puesto que Dios no hace acepción de personas, el judío está delante de Dios en el mismo terreno que el griego; de manera que, sin otro medio nuevo de acercamiento, él está perdido. Si se le puede hacer ver lo inútil de su confianza por ser hijo de Abrahán, su circuncisión, su religión legalista, y la parcialidad de Dios, él estará preparado para el mensaje de "justificación por medio de la fe en Cristo." Hacia este fin el apóstol avanza firmemente.]

12 Porque todos los que han pecado sin ley, sin ley también perecerán; — Los gentiles habían estado sin ley, sin embargo, pecaron. Estaban sin ley porque eran pecadores groseros y rehusaban honrar al Legislador y obedecer la ley. Durante todas las edades de la nación judía cualquier gentil podía venir a estar bajo la ley y obedecerla, al hacerse judío (religiosamente hablando, **L.M.C.**). Entonces, tan pronto como los gentiles estaban dispuestos a obedecer a Dios, eran bendecidos. Si los gentiles, que estaban sin ley, pecan, Dios los castigará sin la ley porque no obedecían la ley.

y todos los que han pecado bajo la ley, por la ley serán juzgados — Pero si los judíos bajo la ley pecan, serán condenados por la ley, y así perecerán. Todos los que pecan, dentro o fuera de la ley, perecerán. Si alguien no está bajo la ley, como los gentiles, luego llegan a saber las cosas que están en la ley, y si escogen hacer las cosas de la ley, llegan a ser una ley a sí mismos, y, al hacer las cosas contenidas en la ley de su propia voluntad, muestran que las obras requeridos por la ley son escritas en sus corazones. Obedecen la ley no porque están bajo la ley, sino porque en sus corazones aman las cosas contenidas en la ley, para ser salvos por la ley. Todas las personas fuera de Cristo están en una condición perdida, y pueden ser salvàs sólo por la redención que se encuentra en Cristo.

13 (porque no son los oidores de la ley los justos ante Dios, — Los judíos oyeron la ley, pero no la obedecieron. El oír la ley no ayudará a un hombre, a menos que la obedezca. Un hombre que oiga la ley y que rehúsa hacer lo que la ley dice lo pone con menos excusa y más digno de azotes. "Aquel siervo que conociendo la voluntad de su señor, no se preparó, ni hizo conforme a su voluntad, recibirá muchos azotes." (Lucas 12:47.)

sino los cumplidores de la ley serán justificados. — Sólo aquellos que hacen la ley serán justificados por la ley.

14 Porque cuando los gentiles que no tienen ley, hacen por naturaleza lo que es de la ley, éstos, aunque no tengan ley, son ley para sí mismos, — La referencia hecha aquí es a la ley de Moisés. Esto no sugiere que los gentiles, que no conocen la ley, pueden obedecer la ley que los judíos con el conocimiento de Dios no pudieron guardar. Pero en vindicación de la justicia de este trato con los gentiles, asume que aunque Dios no les dio la ley, sin embargo, cuando hicieron por naturaleza, no por mandamiento, las cosas de la ley, llegaron a ser la ley para sí mismos, y fueron aceptados. Muchos gentiles, como Cornelio, viviendo entre los judíos, atraídos por la superioridad del Dios de los judíos y la santidad de Su ley, mientras que formalmente no estaban bajo ella, le rendían homenaje a ella sin llegar a ser judíos. En los días de Salomón había ciento cincuenta y tres mil seiscientas personas de esta clase en Judá. (2 Cr. 2:17.)

15 los cuales muestran la obra de la ley escrita en sus corazones, — Aquellos que aunque no están bajo la ley, la guardan, muestran que está escrita en sus corazones. Sus afecciones la han tomado, y la hacen porque, de sus corazones, temen a Dios y guardan Su ley. Esto no puede significar que sus corazones los llevaron a hacer lo que estaba en la ley mientras que estaban ignorante de ella, pero que el corazón — el entendimiento, la voluntad, los afectos — abrazarían la ley, y entonces obedecerían la ley del nuevo convenio, porque amaban a Dios. Así que esto significa que los gentiles podrían conocer la ley, y mientras que no se les dio a ellos, podrían amarla y guardarla, y al hacerlo llegar a ser una ley a sí mismos.

dando testimonio su conciencia, — Sus conciencias en tales casos darían testimonio de su amor y obediencia a la ley, pues la conciencia es un testigo de lo que pasa dentro del corazón.

y acusándoles o defendiéndoles sus razonamientos), — [Razonaban entre sí sobre cuestiones del bien y el mal, así como hechos del bien y del mal. En estos razonamientos recriminaban o defendían uno al otro de acuerdo a los datos en el caso. De esta manera, mostraban su conocimiento del deber, o de cosas que la ley requería.] Este pasaje se cita con frecuencia para probar que el hombre puede ser salvo sin obedecer los mandamientos de Dios. Ningún pasaje bíblico está más lejos de esto. Aun los que no tenían la ley debían ser salvos al hacer las cosas contenidas en la ley. El cumplimiento de la ley es el requisito esencial. Por lo tanto, la conciencia no es una ley aun para los que no tienen la ley de Dios. La esfera asignada a la conciencia es que da testimonio en cuanto a si una persona dio servicio del corazón, con los pensamientos acusando o excusando. Un hombre, para dar servicio aceptable, debe tener una buena conciencia; pero una promesa de bendición divina en ningún lugar es hecha a quien guarda su conciencia pura. Un buen corazón con entendimiento se necesita para un servicio aceptable; sin embargo, ninguna bendición es prometida a un corazón con entendimiento, aun de la palabra de Dios. Por otro lado, Pablo dice: "Y si tuviese profecía, y entendiese todos los misterios y toda ciencia, y si tuviese tanta fe como para trasladar montañas, pero no tengo amor, nada soy." (I Co. 13:2.) Estas son condiciones de servicio aceptable; pero por sí solas no aseguran aceptación, salvo cuando llevan a la obediencia del evangelio. Versos 25-27 confirma esta conclusión.

16 en el día en que Dios juzgará los secretos de los hombres, — Este verso conecta con el verso 12. Los tres versos intermedios están entre paréntesis y son explicativos. Así que la conexión es: Cuantos hayan pecado en la ley serán juzgados por la ley en el día cuando Dios juzgará los secretos de los hombres.

conforme a mi evangelio, — Todos los secretos y cosas escondidas del hombre serán puestos delante de Dios en el último día por Jesucristo a la luz de las verdades predicadas por Pablo. [A Pablo se le confió el evangelio para hacerlo manifiesto, y uno de los artículos principales era que Dios juzgaría al mundo. Fue nombrado para hacer esto manifiesto, y se le podría llamar su evangelio sólo como siendo parte de este importante mensaje con el cual fue confiado.]

por Jesucristo. — [Que Jesús es nombrado el Juez de los hombres es claramente afirmado repetidas veces en las Escrituras. (Mt. 25:31-46; Juan 5:22, 27; Hechos 17:31; 1 Co. 4:5; 2 Co. 5:10.)]

3. REFERENCIA DIRECTA A LOS JUDIOS INCORPORANDO LA EVIDENCIA DE SU PECAMINOSIDAD
2:17-29

17 Mira que tú tienes el sobrenombre de judío, — Describe en éste y en los siguientes versículos la condición que el judío arrogante confiaba en sí mismo. Ellos eran ahora los representantes del linaje de Abrahán. Todas las familias de Jacob habían sido absorbidas por la de Judá. [En su opinión el nombre "judío" acarreaba consigo una alta y peculiar distinción. Pablo, siendo judío, sabía bien el sentido en que el judío lo usaba, y podía, por lo tanto, hablar en consejo. Era el nombre nacional en que se sentía el mayor orgullo, y el distintivo verbal que lo marcaba como mejor que otros. Cuanto presumían sobre este nombre lo aprendemos de Gá. 2:15; Fil. 3:5; Ap. 2:9.]

y te apoyas en la ley, — Estaban contentos de apoyarse en el mero hecho de que tenían la ley. [Una descripción de su condición es asombrosamente dada en lo siguiente: "Sus jefes juzgan por soborno, y sus sacerdotes enseñan por precio, y sus profetas adivinan por dinero; y se apoyan en Jehová, diciendo: ¿No está Jehová entre nosotros? No vendrá mal sobre nosotros." (Mi. 3:11.) La ley a la cual se hace referencia es la que fue dada por Moisés. En su estimación, el mero hecho de haber sido dada a ellos les probaba estar favorecidos de Dios sobre todos los demás. Confiados de este favor, no tenían temor. Pero la ley no era algo sólo para poseer; era algo para obedecer. En esto estaba su seguridad.]

y te glorías en Dios, — Ellos se jactaban que eran favorecidos de Dios según la carne, como si fuera el Guardián de ellos. [Jactarse en Dios o en Cristo está bien (Gá. 6:14), si procede de un sentido de debilidad e indignidad, y un sentido correspondiente de la bondad de Dios como nuestro refugio seguro y fortaleza; pero donde la jactancia sólo nace de prejuicio y orgullo, es una farsa que desagrada a Dios.]

18 y conoces su voluntad, — Tenían la voluntad divina y reclamaban conocer la voluntad de Dios. [Es correcto y muy recomendable conocer la voluntad de Dios, y con culpa al no conocerla cuando hay la oportunidad. El mal está, entonces, no en conocer Su voluntad, sino en considerar el mero conocimiento como una marca de superioridad y base por la aceptación de Dios. No es el conocer sino lo que hace a uno mejor que otro, sino en el hacer. El argumento hecho en contra de ello es que, aunque conoció la voluntad de Dios, no la obedeció. Hizo más; aun se hundió en el vicio al nivel del gentil.]

e instruido por la ley, — Habiendo sido instruido de la ley de Moisés desde su niñez, reclamaban superioridad de juicio en estos asuntos. [Esto hacían por la ayuda de mejor luz, pero practicaban lo peor. Esto hacían de una naturaleza pervertida y de un corazón corrompido. Este es el cargo contra ellos.]

apruebas lo mejor, — Reclamaban que entendían y juzgaban aquello que es mejor. [Su educación les calificaba mejor para distinguir entre las cosas que tienen diferencia y aprueban correctamente lo que está bien y lo que está mal.]

19 y estás confiado en que eres guía de los ciegos, — [No hay ninguna característica del carácter judío más prominentemente exhibida que su superioridad, a causa de una confianza en sí mismo, sobre todos los demás.] Nunca dudaron de su conocimiento de la verdad y de su habilidad para guiar y enseñar a los gentiles, a quienes consideraban como ciegos, en tinieblas y alejados de Dios. Pensaban que habían mejorado en gran manera la ley de Dios por medio de las costumbres y tradiciones de los antepasados.

luz de los que están en tinieblas, — [Los rabinos con frecuencia se llamaban a sí mismos "la luz del mundo," y todo judío que conocía bien la ley se consideraba a sí mismo como una luz a los gentiles.]

20 instructor de ignorantes, maestro de niños, — Se sentían confiados que ellos podían corregir a los necios y enseñar a los niños.

que tienes en la ley la quintaesencia del conocimiento y de la verdad. — Tenían la forma, o letra, del conocimiento y la verdad en la ley, pero no percibían o habían bebido del verdadero espíritu de la ley; no lo habían tomado en el corazón como para que llegase a ser un poder para amoldar sus corazones y sus vidas. [Esto era lo que les aseguraba la condenación.]

21 Tú, pues, que enseñas a otro ¿no te enseñas a ti mismo? — Como resultado de tener la forma de la verdad sin haber bebido de su espíritu, no practicaban lo que profesaban. No practicaban lo que enseñaban a otros.

Tú que predicas: No hurtar, ¿hurtas? — Mientras que enseñaban la ley, "No hurtar," ellos mismos hurtaban, engañaban, defraudaban, y mal interpretaban. [Eran hipócritas groseros. Mientras que predicaban en contra de algún pecado, ellos mismos al mismo tiempo lo estaban cometiendo. Sin embargo, no debemos suponer necesariamente que todo judío era un ladrón. Sólo es necesario suponer que el pecado era muy en general. Se introduce para hacer la inconsistencia de su conducta más aparente. Se espera que un hombre ponga el ejemplo de lo que quiere decir por medio de su instrucción pública.]

22 Tú que dices: No adulterar, ¿adulteras? — No hay duda que ésta era una práctica muy común entre los judíos, mostrándose en la práctica común de permitir el divorcio sin una causa justa o razonable. Moisés, a causa de la dureza de sus corazones, les había permitido dejar a sus esposas por cualquiera causa y tomar a otras si así lo deseaban. Esto era adulterio ante los ojos de Dios. No habían tomado el verdadero espíritu de la ley en sus corazones, que era de tener una sola esposa. Ambos se hicieron uno.

Tú que abominas de los ídolos, ¿cometes sacrilegio? — Estaban horrorizados a la mera mención de ídolos, pero ellos mismos de varias maneras cometían sacrilegio, profanaban la ley de Dios al hacerla a un lado y substituirla con tradiciones humanas. [Cualquier cosa dedicada a Dios y que luego se use para cualquier otro propósito es sacrilegio.] Robamos a Dios cuando retenemos de El el honor que le corresponde, y esto es robarle en un sentido más alto que guardar o mal usar el oro o la plata que fue apartado para El. Substituir cualquier cosa por Dios como el objeto de nuestra devoción y afectos es sacrilegio en un sentido espiritual. "Al Señor tu Dios adorarás, y a él solo servirás." (Mt. 4:10.)

23 Tú que te jactas de la ley, ¿con infracción de la ley deshonras a Dios? — Hace la carga directa que mientras que se jactaban de ser los guardianes, y apoyadores de la ley, deshonraban a Dios al quebrantarla, mientras que profesaban obedecerle. Al culpable de grandes pecados públicos le está prohibido acusar a otros y nadie puede hacer acusaciones inciertas y sin fundamento contra cualquier otra persona. Cuando se hace una acusación, si es negada o dudada en cualquier parte, una adjudicación justa debe hacerse sobre la cuestión. Los cristianos tienen faltas. La meta de la religión cristiana es corregir esas faltas. Deben ayudarse unos a otros. Deben hacerlo tan tierna y amablemente como al ayudar a otro que tiene una herida en la carne, y la represión que es dada para ayudar debe ser recibida con corazones agradecidos como si ayuda hubiese sido dada para aliviar una herida en el cuerpo. A veces cuando se ayuda para aliviar una herida física se siente dolor en el momento, pero no sentimos mala voluntad hacia quien lastima la carne al ayudarnos. Debemos ser tan amables en sentimientos por la ayuda espiritual que nos salvará de una muerte espiritual. "Sepa que el que haga volver al pecador del error de su camino, salvará de muerte un alma, y cubrirá una multitud de pecados." (Santiago 5:20.)

24 Porque como está escrito, — [La alusión es a Is. 52:5; Ez. 36:18-24. La deshonra cometida contra Dios se levantó de su voracidad de ganancia, su decepción, y su hipocresía, todo lo cual era bien conocido por los gentiles, entre los cuales vivían. Pablo mezcla la reprensión profética en el tejido de su propio lenguaje, pero con la frase "como está escrito" recuerda a sus lectores que él lo está adoptando de sus propias Escrituras inspiradas. Hasta ahora Pablo ha mostrado que el judío es un pecador como el gentil. El próximo paso es sacarlo de su refugio en el rito de la circuncisión. Esta era la marca exterior que lo distinguía de su vecino pagano y lo mostraba como un descendiente de Abraham.]

el nombre de Dios es blasfemado entre los gentiles por causa de vosotros. — De manera que el nombre de Dios era reprochado y blasfemado entre los gentiles por medio de la violación de la ley de los judíos. Su curso de pecado era tal, que hacía que los gentiles despreciaran y blasfemaran el nombre de Dios.

25 Pues en verdad la circuncisión aprovecha, si practicas la ley; — La circuncisión era la marca de los judíos, y fue dada para atar o consagrarlos al servicio de Dios. Pero aprovechaba sólo cuando los que eran circuncidados guardaban la ley que la circuncisión les obligaba a hacer. [La declaración recién hecha en versículos 23, 24, que hacía resumen de la acusación contra el judío pecador, ahora es corroborada. Esta vuelta en pensamiento no es abrupta, pues el judío en seguida contestaría la denuncia por aducir a sus privilegios como uno que fue circuncidado. Sobre esto confiaba más que cualquier otro hecho de su historia. Que el valor de la circuncisión dependía en su observación de la ley, seguramente era un concepto nuevo para él. Era desastroso para su esperanza. Si la ley no es guardada, es inútil ser un hijo de Abraham, tener la ley, y ser circuncidado. Todo dependía en la observancia de la ley. El mismo principio general se mantiene bajo el evangelio. Una cosa se hace nula sin la otra. La fe sin arrepentimiento no tiene valor, y así el bautismo sin fe; y el venir a Cristo es inútil sin seguir una vida de devoción a Dios.]

pero si eres transgresor de la ley, tu circuncisión viene a ser incircuncisión. — La circuncisión era un sello y una garantía de las bendiciones de Dios para los que guardaban la ley. Era un sello de infidelidad para los que no guardaban la ley y les aseguraba mayor condenación.

26 Si, pues, el incircunciso guarda las ordenanzas de la ley, ¿no será contada su incircuncisión como circuncisión? — Si aquellos que no están circuncidados, los gentiles, guardan la ley, entonces la justicia que ellos obtienen en guardar la ley es contada para ellos por circuncisión — es decir, los hace hijos de Abraham. El guardar la justicia establecida por la ley era la meta a seguir; y si los gentiles, que no eran circuncidados, guardaban la ley, entonces los fines de la circuncisión eran logrados mejor que con los que eran circuncidados, pero no guardaban la ley. [Pero hay una diferencia que no debe de ser pasada por alto. Para un judío estar incircunciso no era lo mismo que para un gentil. El judío rompía el pacto de Dios (Gn. 17:9-14; Lv. 12:3), pero ese no era el caso del gentil. Pero después que el judío llegaba a ser circuncidado, entonces sólo que guardara la ley la circuncisión no tenía valor.]

27 Y el que físicamente es incircunciso, — [Las personas en cuestión eran incircuncisas en virtud de su nacimiento como gentiles.]

pero cumple perfectamente la ley, te juzgará a ti, que con la letra de la ley y con la circuncisión eres transgresor de la ley. — Si la incircuncisión, o gentiles, que no estaban bajo la ley y a quienes no fue dada, con menos ventajas, la guardan, condenan la circuncisión, quienes, con mejores ventajas y con el sello de la circuncisión, fracasan en guardar la ley — así como la reina del sur se levantará en juicio contra esa generación porque rehusaron oír al que era mayor que Salomón. (Mt. 12:42.) La interpretación dada a los versos 13-16 armoniza con estos versículos.

28 Pues no es judío el que lo es en lo interior; — El nombre "judío" como es usado aquí significa el siervo verdadero de Dios que guardaba la ley y caminaba en los pasos de Abraham. No es uno que observaba la forma exterior de la ley, pero no guardaban sus preceptos de corazón.

ni es circuncisión la que se hace exteriormente en la carne; — La circuncisión exterior, sin esta circuncisión del corazón, de nada vale. Pablo está haciendo una aplicación de verdades presentadas a los que estaban bajo la ley de Cristo.

29 sino que es judío el que lo es en lo interior, y la circuncisión es la del corazón, en espíritu, no en letra; — Es un verdadero judío aprobado de Dios quien lo es en lo interior, y la circuncisión es la del corazón. Sólo aquel que es así se encomienda a sí mismo a Dios, quien ve los secretos del corazón. El hombre escondido del corazón, y no el judío exterior, con su circuncisión externa y la mera letra, se encontrará con la aprobación de Dios. Por lo tanto, Pablo dice: "En él también fuisteis circuncidados, con circuncisión no hecha a mano, al echar de vosotros el cuerpo pecaminoso carnal, en la circuncisión de Cristo; habiendo sido sepultados con él en el bautismo, en el cual fuisteis también resucitados con él, mediante la fe en la fuerza activa de Dios que le levantó de los muertos." (Col. 2:11, 12.) Y: "Porque nosotros somos la circuncisión, los que en espíritu servimos a Dios y nos gloriamos en Cristo Jesús, no teniendo confianza en la carne." (Fil. 3:3.) [En la expresión "en lo interior" Pablo pone su primera piedra angular en el fundamento del edificio de Jesucristo, y rompe el terreno para el evangelio. En esta tierra debe de tomar raíz y crecer. La fe es de lo interior — "Porque con el corazón se cree para justicia" (10:10) — y la justificación es por fe (5:1). Tenemos aquí la primera nota de la preparación de "la redención que es en Cristo Jesús." (3:24.) Cuando los pensamientos de los hombres se tornan de lo exterior a lo interior, la obra primordial de la salvación se ha iniciado completamente.]

la alabanza del cual no viene de los hombres, sino de Dios. — [El judío, como hemos visto, hizo sus alardes y alabó sus privilegios; pero aunque los hombres hablen mal del verdadero judío, como el que Pablo describe, él tendrá la alabanza de Dios. Toda la sección muestra que los privilegios religiosos, resultantes del nacimiento, la revelación de la voluntad de Dios, las observaciones rituales, y el conocimiento, aumentan la culpabilidad de aquéllos cuya moralidad no corresponde. Los judíos, especialmente los fariseos, estaban ansiosos de recibir la alabanza de los hombres; pero el verdadero judío, el verdadero hijo de Abraham por la fe, tendrá lo que es infinitamente mejor — la alabanza de Dios.]

4. COMPARACION DE LOS JUDIOS CON LOS GENTILES, MOSTRANDO A LOS PRIMEROS COMO SUPERIORES EN CUANTO A LOS PRIVILEGIOS GOZADOS, SIN EMBARGO NO SUPERIORES EN CUANTO A LA CONDICION MORAL ANTE LA LEY
3:1-18

1 ¿Qué ventaja tiene, pues, el judío? — Si ambos, gentiles y judíos, están en pecado y bajo condenación, ¿qué ganancia ha sido para los judíos que Dios los haya llamado y hecho su pueblo favorecido?

¿o de qué aprovecha la circuncisión? — Y si la circuncisión igual que la incircuncisión debe guardar la ley para que sea de beneficio, ¿de qué aprovecha estar circuncidado?

2 Mucho, en todas maneras. Primero, ciertamente, que les ha sido confiada la palabra de Dios. — [La "palabra" denota el todo de las revelaciones a la humanidad, desde el principio del mundo hasta el tiempo de Moisés, quien, por la inspiración de Dios, las puso por escrito, y revelaciones adicionales que agradó a Dios hacer a la humanidad durante los días de los profetas, fueron registradas en libros; y todo fue confiado a los judíos, para ser guardadas para su propio beneficio y para el beneficio de todo el mundo. Y después de Cristo y el evangelio debemos de considerar el Antiguo Testamento como la dádiva mayor jamás dada a la familia humana. Las maneras en las cuales ha bendecido al mundo son sin número. Esta confianza no fue mal puesta, pues ningún pueblo jamás guardó una confianza sagrada con más fidelidad que los judíos hicieron con las sagradas Escrituras.] Por medio de éstas muchos de los judíos fueron instruidos en la voluntad de Dios, y por medio de ello salvos. Algunos habían oído la voluntad de Dios y la habían rechazado, y, a pesar del conocimiento de Su voluntad, habían caído en pecado y habían sido perdidos.

3 ¿Pues qué? Si algunos de ellos han sido incrédulos, — ¿Pero el fracaso de algunos que fueron circuncidados en la carne de creer en Dios nulifica la promesa de Dios a Abrahán y su simiente?

¿acaso su incredulidad habrá hecho nula la fidelidad de Dios? — ¿O probaba que las promesas de Dios habían fracasado y que Dios había falsificado?

¡De ninguna manera! — [Una negación con indignación. El hombre puede probar ser falso, pero Dios nunca.]

Antes bien, sea hallado Dios veraz, y todo hombre mentiroso; — El hacer a un lado a los judíos no prueba que Dios es un mentiroso, porque ellos fracasaron en cumplir con el convenio que sus padres habían hecho para ellos que serían fiel a Dios y guardar Su ley. Así que ellos mintieron, mientras que Dios era fiel. Que todos entiendan que Dios es fiel a Su pacto, aunque todo judío lo quebrante y así probarse a sí mismo como mentiroso.

como está escrito: Para que seas justificado en tus palabras, y venzas cuando seas juzgado. — [Esto es citado para mostrar que lo que Pablo acaba de derivar del carácter de Dios está de acuerdo con los oráculos de Dios, que los judíos tan celosamente guardaban. Natán había culpado a David de su pecado villano, y predijo su castigo. (2 S. 12:1-15.) En este Salmo citado (51:1-4) David ve que su pecado era tan atroz y dirigido contra Dios que la sentencia de condenación pronunciada contra él era correcta, y que confesaba que Dios podría ser visto como justo, y en este sentido ser justificado por aquellos que oían esta sentencia contra él. Sus palabras son: "Para que seas juzgado cuando hablas y claro cuando juzgas." El significado expresado por David es que Dios ha de ser

estimado correcto y justo al condenar a los hombres por sus pecados y
que una penitencia verdadera verá esto, aunque lo condena a él mismo.
El significado que Pablo le da, es que debe ser guardado como un
principio inmóvil, sin fluctuar, que Dios es cabal y verdadero, sean cuales
sean las consecuencias que pueda involucrar, o quien sea el hombre que
sea probado como mentiroso.]

5 Y si nuestra injusticia hace resaltar la justicia de Dios, — El
argumento había sido que los pecados del hombre habían llamado la
manifestación de la misericordia de Dios y así encomendaba su
misericordia al mundo.

¿qué diremos? — ¿Es injusto El que impone esta ira? ¿Es justo de
Su parte castigar el pecado que confirma la gloria única de Su justicia?

¿Acaso es injusto Dios que da castigo? — Puesto que el pecado es
la ocasión de la misericordia de Dios, ¿es injusto al castigar a los que
pecan?

(Hablo como hombre.) — [Lo que estaba diciendo era de acuerdo
a los pensamientos necios e indignos del hombre en cuanto a Dios, no sus
propios pensamientos. Es muy probable que Pablo, al tratar con el sutil
y astuto judío, había comprobado con frecuencia que los que contendían
que lo que él enseñaba como las promesas de Dios, cuando llegaron a
pasar por Israel, aparecerán con más gracia a causa de la infidelidad de la
nación. Y si es cierto, su obstinación se había tornado para la gloria de
Dios, ¿por qué, entonces, debiera castigarlos por lo que había sido la
ocasión de su manifestación?]

**6 ¡En ninguna manera! De otra modo, ¿cómo juzgaría Dios al
mundo?** — De ninguna manera. Entonces, ¿cómo podría juzgar Dios y
condenar al mundo, que por sus pecados dio la ocasión a Dios para
manifestar Su misericordia al hombre? [Es la primera idea de Dios, como
Gobernador de toda inteligencia, que juzgará a aquellos capaces de ser
juzgados — como hijos de los hombres, todos ellos con seguridad deben
serlo; pero si mantenemos que Dios no puede juzgar y castigar a los
malhechores, porque finalmente recomienda Su justicia, entonces ya no
puede ejercer como Juez Supremo. Su honor mayor es quitado, porque su
justicia depende de poder juzgar a todos los hombres con justicia.]

**7 Pero si por mi mentira la verdad de Dios abundó para su gloria,
¿por qué aún soy juzgado como pecador?** — Si la traición de Judas
había sido la ocasión de la manifestación de Jesucristo al mundo y el ser
glorificado, ¿por qué se considera a Judas como pecador? La razón es que
Judas no traicionó a Jesús para que el amor de Dios podría manifestarse
y para que la gloria de Dios fuera proclamada, pero para satisfacer su
propia alma codiciosa. La condición arruinada y perdida del hombre es

hubiese manifestado si el hombre no hubiese pecado. La enfermedad o accidente del niño atrae el fuerte amor de una madre. Así el pecado del hombre fue la ocasión; de la manifestación del amor de Dios al hombre. La demostración de este amor trajo gloria a Dios. Dios fue así glorificado por medio del pecado del hombre. Vivir en pecado después de que Jesús murió para rescatar al hombre del pecado lo hace más culpable y digno de la condenación más profunda.

8 ¿Y por qué no decir (como se nos calumnia, y como algunos, cuya condenación es justa, afirman que nosotros decimos): Hagamos males para que vengan bienes? — Algunos pervirtieron sus razonamientos de tal manera como para insistir que puesto que por el pecado del hombre Dios es glorificado, no podría haber nada de malo con el pecado, porque traía gloria a Dios. Así que sus enemigos falsamente le acusaban que enseñaba que debiéramos hacer mal para que venga el bien. [En su condenación se condenaban a sí mismos en su reclamo de que Dios no puede castigar el pecado, puesto que promueve Su gloria, porque este reclamo es la quintaesencia de su sentimiento odioso. Así que vuelve con un estilo muy hábil a la declaración original contra el judío: "Por lo cual eres inexcusable, oh hombre, quienquiera que seas tú que juzgas; pues en lo que juzgas al otro, te condenas a ti mismo; porque tú que juzgas practicas lo mismo." (2:1.) Se junta con ellos en repudiar la máxima impía, pero no está con ellos en mantenerla. Ellos con calumnia reportan que él lo dice.]

9 ¿Qué pues? — [Todo el curso de pensamiento de la discusión (1:18) es vista, como para decir: ¿Cómo se encuentra esa pregunta sobre el pecado?]

¿Somos mejores que ellos? En ninguna manera; pues ya hemos acusado a judíos y a gentiles, que todos están bajo pecado. — Privilegios y ventajas mayores se habían concedido sobre los judíos por tener los oráculos de Dios, dados a ellos por la fe de sus padres; pero habían perdido su derecho legal sobre los privilegios así logrados por causa de sus pecados, y estaban igualmente que los gentiles bajo pecado.

10 Como está escrito: — Pablo acababa de afirmar la culpabilidad de los judíos de sus experiencias de la vida; ahora confirma esta declaración por medio en los términos más fuertes por medio de una apelación a sus propias Escrituras para mostrar que lo que había afirmado era cierto; y puesto que era concedido que los gentiles eran pecadores incultos, luego del modo siguiente, en cuanto al pecado, que los judíos no eran mejor que los gentiles y que todos ellos igualmente dependientes de la misericordia de Dios. Los pasajes citados muestran que esta característica de pecado no fue limitada a un período en particular de la historia judía, pero perteneció a ellos como pueblo; que los había caracterizado a través de su existencia como nación.]

No hay justo, ni aun uno; — Al pintar el retrato de maldad esparcida, David dijo: "Jehová miró desde los cielos sobre los hijos de los hombres, para ver si había alguno sensato que buscara a Dios. Todos se desviaron, a una se han corrompido; no hay quien haga lo bueno, no hay ni siquiera uno." (Salmos 14:2, 3.) Este lenguaje es usado para mostrar como las cosas aparecían al observador, y que, en proporción al todo, muy pocos honraban a Dios, y ninguna nación le honraba. Sería difícil ponerse de acuerdo en algún tiempo cuando esto no fue literalmente cierto del pueblo judío. [En cuanto al pecado, resulta que los judíos no eran mejores que los gentiles. Este es el punto para aclarar. La palabra "justo" como aquí usado significa estar totalmente libre del pecado — libre en el sentido de nunca haberlo cometido. En esta aceptación la cita es estrictamente verdadera. No hay nadie que sea absolutamente justo. Por lo tanto, todos están bajo pecado. Esto es lo que Pablo había acusado, y lo que se muestra por el lenguaje citado es absolutamente verdadero. Los judíos podrían negar su declaración, pero no sus propias Escrituras. Los judíos, pues, no son mejores que los gentiles.]

11 No hay quien entienda, — Esta y la que sigue son citas de David mostrando la pecaminosidad del pueblo judío. [No hay nadie que entienda perfectamente o que tenga un conocimiento estricto de la ley de Dios y una justa apreciación de Su bondad, o de tener un estado moral tal de sentimientos morales como para disponerlos para servir y obedecer a Dios.]

No hay quien busque a Dios. — [No hay nadie cuyos pensamientos y esfuerzos sean dirigidos hacia Dios. (He. 11:6.) Un hombre justo cuenta como el privilegio y honor conocer a Dios y entender Su voluntad. Un hombre puede entregarse al mal sólo por olvidarse de Dios.]

12 Todos se desviaron, a una se hicieron inútiles; — [Su entendimiento se ha obscurecido, y consecuentemente se han apartado del camino que lleva a Dios. El resultado de su ignorancia es que han llegado a ser inútiles, corrompidos, buenos para nada. Son de ningún valor en cuanto a las obras de justicia.]

No hay quien haga lo bueno, no hay ni siquiera uno. — [Había corrupción universal de la moral como consecuencia de haber apartado de Dios. Su condición se asemeja a una caravana que se ha extraviado, y se está moviendo en dirección contraria a la correcta, y cuyos miembros nada pueden hacer para ayudarse uno al otro en su común miseria.]

13 Sepulcro abierto es su garganta; — Un sepulcro abierto da malos olores, que describe el mal que viene de su boca. [La calumnia mortal por medio de la cual los malos destruyen a su prójimo es tomado en el sentido de estar con la boca abierta, como el sepulcro, para indicar su prontitud para destruirlos, así como el sepulcro parece siempre estar dispuesto, y, como fue, espera a los muertos, y no puede ser satisfecho.]

Con su lengua urdieron engaños. — Sus palabras son engañosas y falsas. [Detrás de una lengua engañosa está un corazón engañoso que estudia para engañar, y la lengua usa palabras apropiadas para ese fin.]

Veneno de áspides hay debajo de sus labios; — Las palabras de estas personas malas atacan con el veneno que destruiría el carácter más puro. [Esto insinúa lo extremadamente dañina que es la calumnia al compararla con el veneno mortal de áspides, designando la calumnia virulenta que gangrena la reputación más alta y aquellos discursos mordaces que muerden aun hasta la muerte. (Santiago 3:8.)]

14 Su boca está llena de maldición y de amargura. — [Están llenos de blasfemias, malignidades, y execraciones contra Dios y los hombres. Así la boca, que Dios creó para bendecirle y honrarle, es usada para agraviarlo. Por "amargura" se refiere a las palabras mordicantes e hirientes que los malos pronuncian.]

15 Sus pies son veloces para derramar sangre; — Ellos con frecuencia y sin compunción cometen homicidio y violencia, y se apresuran ferozmente sobre sus víctimas para gratificar su malicia o para satisfacer su venganza.

16 Quebranto y desventura hay en sus caminos; — Dejan sólo desolación y miseria detrás de ellos. [Causan la destrucción o ruina de la reputación, felicidad, y paz de otros. Pero, lo peor de todo, arruinan almas, y así siembran en ellas miseria eterna.]

17 Y no conocieron camino de paz. — Son extraños al camino de paz. [No siguen ese curso productivo de la felicidad. Esta cláusula, por lo tanto, incluye todas las manifestaciones de un corazón malo, que se ven en muchas maneras en que los hombres lastiman a sus prójimos. Lo que ellos no tienen, resuelven que otros no lo tendrán.]

18 No hay temor de Dios delante de sus ojos. — No actúan por ninguna consideración a la voluntad de disgusto de Dios. [En donde Dios no es temido, nada lo es; y cuando esta última barrera al vicio es destruida, el pecado viene como un diluvio.] Estos últimos versículos son citas de Is. 59:7, 8. Pablo recoge estas declaraciones de los profetas para mostrarles que todos reconocían que los judíos fueron desobedientes a Dios y que caerían cortos de la meta de Su favor.

5. RESULTADO DECISIVO DE LA DISCUSION ANTERIOR ESTABLECIENDO LA CONDICION MORAL DE TODOS LOS HOMBRES ANTE LA LEY
3:19, 20

19 Pero sabemos que todo lo que la ley dice, lo dice para los que están bajo la ley, — Puesto que las cosas a que se hace referencia son contenidas en las Escrituras del Antiguo Testamento, ellas se aplican a los judíos, quienes eran sujetos a esa ley; pero cuando los hombres son responsables a la ley de Dios y son juzgados por ella, todos caen cortos en la obediencia, puesto que la ley de Dios es perfecta, demanda obediencia, y hará al hombre al hombre que se conforme a ella perfecto en su obediencia. La ley dada por Moisés era la norma divina de justicia, y, si se vive conforme a ella con obediencia perfecta, haría del hombre que así haga perfecto ante Dios. Pero ningún hombre podría dar una obediencia sin falta a una ley perfecta.

para que toda boca se cierre y todo el mundo quede bajo el juicio de Dios; — Cuando el hombre no cumplió en su obediencia a la ley divina, fue condenado por la ley como pecador, y así toda boca fue callada de jactancia ante Dios y el mundo entero — el judío así como el gentil — fue mostrado culpable ante Dios y de caer bajo la condenación de Dios, para ser salvos sólo por la gracia de Dios revelada en la misión de Cristo.

20 ya que por las obras de la ley ningún ser humano será justificado delante de él; — Puesto que bajo la ley de Moisés todos han caído en este estado de pecado, iniquidad y condenación, es evidente que nadie puede ser justifico por la ley en la vista de Dios.

porque por medio de la ley es el conocimiento del pecado. — Por la ley el pecado es manifestado y hecho conocido. La prohibición de la ley es la ocasión del hombre al mostrar su naturaleza rebelde. La naturaleza rebelde estaba en él, pero no había nada que la llamara hasta que la ley la puso bajo refrenamiento. Pablo dice: "Yo no conocí el pecado sino por la ley; porque tampoco habría sabido lo que es la concupiscencia, si la ley no dijera: no codiciarás." (7:7.) Se argumenta por muchos que esto es cierto de toda ley y no confinada a la ley de Moisés. Esto es cierto muy probable de toda ley con la excepción de la ley de la fe. La ley de fe que apela al corazón, obra a través del amor, y así no agita el espíritu rebelde. El fracaso de la ley de Moisés fue que no apeló ni comenzó con el corazón. Dio reglas para regular la conducta sin purificar el corazón o excitar las afecciones. Esto no puede ser. [Puesto que el hombre es un pecador, sin ayuda en sí mismo y nada en la ley, ¿qué más hay para hacer mas que buscar la misericordia de Dios? No sólo se pierde toda la familia humana, pero es condenada. Su castigo es la continuación en el pecado, no sólo mientras peca, sino porque pecó. Todo el mundo es culpable ante Dios. En una corte de justicia, es sólo después de que toda defensa ha fracasado y la ley misma mostrada como quebrantada — es sólo a este punto que la apelación su hace al juez por clemencia. Pablo ya nos ha traído a ese punto.]

Entonces toda la dirección del argumento de Pablo es cortar al hombre de todos los servicios inventados por el hombre que le permita jactancia y que produzca sólo justicia humana y lo ata como un pecador perdido y arruinado, dependiente en las obras de Dios provistas en el evangelio y selladas por la sangre de Cristo Jesús para salvación. A éstas debe venir por fe en Cristo. No está desanimando a los hombres hacer con fe todo lo que Dios ha provisto, mandado y sellado con la sangre. Lo cortó de todo menos de éstas y lo deja para caminar en "la ley del Espíritu de vida en Cristo Jesús" como su única esperanza. En esta conducta viene a los nombramientos de Dios sellados por la sangre del Hijo de Dios. Pablo dijo: "Porque la ley del Espíritu de vida en Cristo Jesús me ha librado de la ley del pecado y de la muerte." (Ro. 8:2.) No los desanimó de andar en esa ley. Al hacerlo practica las obras de Dios. Hizo las obras sin las cuales la fe es muerta, como dice Santiago: "la fe sin obras es muerta." (2:20.) Las obras de Dios, las obras de la fe, son incluidas en la ley de la fe, perfecciona la fe, excluye toda jactancia, y justifica al hombre. Pablo y Santiago, lejos de estar en desacuerdo, tienen acuerdo perfecto. Pablo corta todo menos las obras contenidas en la ley de la fe y Santiago advierte que ninguna fe puede justificar si no ha sido perfeccionada por las obras, incluidas en la ley de la fe, y a la cual la fe conduce.

III. EL PODER DE DIOS PARA SALVACION MANIFESTADO EN LA JUSTIFICACION DE LOS CREYENTES POR MEDIO DE LA REDENCION QUE ES EN CRISTO
3:21 a 5:11

1. LA JUSTIFICACIÓN POR LA FE APARTE DE LA JUSTIFICACIÓN LEGAL ES LA UNICA ESPERANZA POSIBLE PARA EL HOMBRE
3:21-31

21 Pero ahora, aparte de la ley, se ha manifestado la justicia de Dios, — El plan de Dios para justificar al hombre o hacerlo justo, aparte o a un lado de la ley de Moisés, se revela en Cristo.

testificada por la ley y por los profetas; — La ley de Moisés y los profetas del Antiguo Testamento profetizaron la venida de Jesucristo y la salvación que sería traída a luz por medio de él. [Las ceremonias y las profecías del Antiguo Testamento no podría dar luz; no desarrollaron al Cristo; pero al "salir de Judá," en ser "hecho bajo la ley," y que él "murió por nuestros pecados, conforme a las Escrituras; y que fue sepultado, y que resucitó al tercer día conforme a las Escrituras" (1 Co. 15:3, 4), llegan a ser un poderoso testimonio viviente a El. Cómo las ceremonias de la ley apuntaron a Cristo es desarrollado elaboradamente en el libro de Hebreos. El tabernáculo, el sacerdocio, los lavatorios, y los sacrificios, todos apuntaban a Cristo. Los profetas dieron testimonio directo al Mesías que él vendría tal como vino.]

la justicia de Dios — La justicia que Dios ha ordenado para hacer al hombre justo.

por medio de la fe en Jesucristo, para todos los que creen en él — La característica principal de esta justificación del hombre es por medio de la fe en Jesucristo. [La fe en Cristo es la condición, no la única sólo cuando se insinúa a otras; no una condición de mérito, sino de misericordia.]

Porque no hay diferencia; — No hay diferencia, en la cuenta de culpabilidad, entre judíos y gentiles; todos deben creer en Cristo.

23 por cuanto todos pecaron, — Para todos, judíos y gentiles, han pecado contra la ley, por lo tanto no pueden ser justificados por ella.

y están destituidos de la gloria de Dios; — [Esta gloria de Dios no sólo se manifiesta, pero se comunica, a sí misma, siendo reflejada en tales criaturas que son capaces de conocer y amar y crecer como El. Pablo, por lo tanto, llama al hombre "imagen y gloria de Dios" (1 Co. 11:7), porque es capaz de recibir y reflejar la gloria de Dios. La manifestación completa de la perfección divina es "la gloria de Dios en la faz de Jesucristo." (2 Co. 4:6.) La gloria de Dios en Cristo brillando en el evangelio sobre el corazón del creyente lo transforma en "luz en el Señor" (Ef. 5:8); y si "todos nosotros, mirando a cara descubierta como en un espejo la gloria del Señor, vamos siendo transformados de gloria en gloria a la misma imagen, como por la acción del Señor, del Espíritu" (2 Co. 3:18). La transformación se inicia aquí, pero la participación completa del hombre en "la gloria de Dios" es la esperanza de nuestro llamamiento soberano reservado para nosotros en el cielo.]

24 siendo justificados gratuitamente por su gracia, mediante la redención que es en Cristo Jesús, — Dios creó al mundo y todo lo que le pertenece para su gloria y honra. Luego creó al hombre para gobernar el mundo bajo las direcciones de Dios, en armonía con Sus leyes, y para Su gloria y la exaltación de Su autoridad. Pero el hombre traicionó la confianza dada a él, y se dio vuelta de Dios como Su Consejero y Gobernador y escogió seguir y obedecer al diablo en vez de Dios. Al hacerlo transfirió la sumisión y gobierno del mundo de Dios al maligno y escogió al diablo como su gobernador en vez de Dios. Como resultado, pecado, tristeza, enfermedad, cuidado, desolación, ruina y muerte rodearon al mundo en un manto de tinieblas. Para rescatar al hombre del reino de la muerte, Jesús interpuso Su sangre, dio Su vida por la vida del hombre, y le dio el derecho de vivir como siervo de Dios.

25 a quien Dios puso como propiciación por medio de la fe en su sangre, — En la sangre del rescate del hombre, la Majestad ofendida del cielo debe ser propiciada, hecha favorable; el universo debe ver y conocer que no se puede jugar con las leyes de Dios; y en el traer al hombre de nuevo a la unión y armonía con las leyes del universo y con Dios, para que pueda ser salvo, la santidad y majestuosidad de la autoridad divina no debe ser comprometida. Las leyes de Dios deben ser satisfechas, Su honor vindicado, antes que el hombre pueda ser recibido por Dios. Esta obra de satisfacer la ley divina, de propiciar la ofendida Majestad del cielo, y de obtener el favor divino para que el hombre como siervo de Dios pueda ser salvo, fue lograda por la sangre de Cristo, "como de un cordero sin mancha y sin contaminación, ya provisto desde antes de la fundación del mundo, pero manifestado al final de los tiempos por amor de vosotros, que por medio de él creéis en Dios." (1 P. 1:19-21.) Esto muestra por qué la sentencia no fue ejecutada en forma literal inmediatamente.

para mostrar su justicia, a causa de haber pasado por alto, en su paciencia, los pecados cometidos anteriormente, — Durante las dispensaciones, patriarcal y judía, los pecados no fueron perdonados del todo. La sangre típica de esos convenios fue necesaria para un limpiamiento del pecado parcial y temporal. No hizo de los que venían perfectos en cuanto a conciencia, y había un recordatorio del pecado cada año, para ser finalmente y en forma completa purgados del alma sólo cuando la sangre de Cristo, que selló el pacto eterno, fue derramada. "Porque si la sangre de los toros y de los machos cabríos, y las cenizas de la becerra rociadas a los contaminados, santifican para la purificación de la carne, ¿cuánto más la sangre de Cristo, el cual mediante el Espíritu eterno se ofreció a sí mismo sin mancha a Dios, purificará vuestras conciencias de obras muertas para que sirváis al Dios vivo?" (He. 9:13, 14.) Esto muestra claramente que cuando la vida fue perdida podría ser redimida sólo por vida. Además, enseña que la sangre de toros y de los machos cabríos bajo las dispensaciones, patriarcal y judía, tenía eficacia sólo al apuntar hacia el futuro y al conectarla con la sangre de Jesucristo que limpia de todo pecado, y que el perdón parcial y temporal o el pasar por alto de pecados, requiriendo un recordatorio de sacrificio cada año, se finalizó y se completó sólo cuando Cristo vino como "mediador de un nuevo pacto, para que interviniendo muerte para redención de las transgresiones que había durante el primer pacto, los llamados reciban la promesa de la herencia eterna." (He. 9:15.) Los llamados bajo el Antiguo Testamento entraron a una posesión completa de la promesa de vida eterna cuando la sangre de Cristo, por medio del Espíritu eterno, fue ofrecida; pues sólo entonces se obtenía el perdón final y completo.

26 con la mira de mostrar en este tiempo su justicia, — Para declarar en este tiempo el plan de Dios para justificar al hombre de tal manera que Dios podría ser hecho justo, hecho de justicia, mientras que justificaba a los que creían en Cristo.

a fin de que él sea el justo, y el que justifica al que es de la fe de Jesús. — La redención que fue provista en Jesús era sólo para aquellos que creían en Cristo. No hay provisión para justificar a alguien fuera de Cristo, o a alguno que rehusa creer en él. Dios debe respetar su sentido de justicia antes que pueda mostrar misericordia. Por eso se necesita el ejemplo de castigo para el universo.

27 ¿Dónde, pues, está la jactancia? — Es una ley bien establecida de Dios que la salvación no permite jactancia de parte del hombre.

Queda excluida. — Toda jactancia queda excluida.

¿Por cuál ley? ¿Por la de las obras? — Ni por la ley judaica ni por la ley de las obras inventada por el hombre, pues tales obras permiten jactancia.

No, sino por la ley de la fe. — Pero por la ley de la cual la fe en Jesucristo es el principio mayor. Esto demuestra que hay una ley de la fe en contraste con la ley de las obras. Las cosas ordenadas por Jesucristo, de las cuales la fe es el principio mayor, constituyen la ley de la fe en Cristo. Lo que requiere Jesús no permite la jactancia, y por éstos el hombre puede ser salvo. Todos los requisitos de la ley de la fe humillan a los hombres y los hacen darse vuelta de sí mismos para confiar en Dios. La fe dirige de sí mismo a Dios y Sus caminos, al arrepentimiento, para ser sepultado de sí mismo para ser levantado en Cristo Jesús. Cada acto de ley es una repudiación de sí mismo — de darse vuelta de sí mismo en el corazón, alma, y cuerpo en Cristo. No hay nada en estos actos de darse vuelta de sí mismo para animar o aun permitir el gloriarse o de cultivar un sentimiento de auto-justificación; pero cada acto de alma, mente y cuerpo cultiva y declara desconfianza de sí mismo, confianza y seguridad en Dios por medio de Jesucristo.

28 Concluimos, pues, que el hombre es justificado por fe sin las obras de la ley. — De los hechos anteriores Pablo concluye que el hombre es justificado por la ley de fe y no por la ley de Moisés o de las obras o inventos del hombre que permitan la jactancia.

29 ¿O es Dios solamente Dios de los judíos? ¿No es también Dios de los gentiles? Ciertamente, también de los gentiles. — Como seguridad que El salvará por la ley de fe dirigida a todos los hombres, él dice que El es el Dios de todos los demás pueblos así como los judíos. El aceptó a los judíos porque sus padres habían confiado en El y le habían obedecido. El ahora acepta a todos los que confían y le obedecen.

30 Porque ciertamente hay un sólo Dios, el cual justificará por la fe a los de la circuncisión, y por medio de la fe a los de la incircuncisión. — El único y mismo Dios justificará tanto a judíos como gentiles por la misma regla de fe en Cristo Jesús. [Un juez justo no podría dar decisiones contradictorias cuando todos son culpables por igual, y seguramente no podría decidir de tal manera que Su juicio para salvar a algunos necesariamente excluiría a otros. La unidad de Dios hace la salvación por fe exclusiva de cualquier otro medio. "Por fe" y "por medio de la fe" son prácticamente la misma cosa. (compárese 1:17; 3:20.)]

31 ¿Luego invalidamos la ley por medio de la fe? ¡En ninguna manera! — El fin o propósito de la ley jamás podría cumplirse sin introducir la fe, el evangelio, el reinado de Cristo, para prepararse, razón por la cual fue dada la ley de la fe.

sino que afianzamos la ley. — La ley de Moisés fue establecida en el sentido de ser cumplida, completada, y sacada del medio. La ley tuvo la intención desde el principio de completar su obra al traer al mundo a

Cristo. "Entonces, ¿para qué sirve la ley? Fue añadida a causa de las transgresiones, hasta que viniese la simiente a quien estaba destinada la promesa; y fue promulgada por medio de ángeles por mano de un mediador...De manera que la ley ha sido nuestro ayo hacia Cristo, a fin de que fuésemos justificados por la fe. Pero venida la fe, ya no estamos bajo ayo." (Gá. 3:19-25.) Nunca se tuvo la intención de que la ley de Moisés continuara en vigor más allá de la venida de Cristo. Era para la ley fracasar el no introducir el evangelio, la fe, y la simiente prometida. Traer estas cosas para causar el cumplimiento de su misión y para establecerla como de Dios. Cumplir la ley y sacarla del medio era establecerla en el cumplimiento de su fin. Así que al venir a la fe en Cristo, establecemos la ley.

2. EVIDENCIA DE LAS ESCRITURAS JUDIAS QUE EL HOMBRE ES JUSTIFICADO POR LA FE APARTE DE LAS OBRAS DE LA LEY
4:1-8

1 ¿Qué, pues, diremos que halló Abraham, nuestro padre según la carne? — Continúa la pregunta si el hombre es salvo por la ley de la fe o la ley de las obras. Las condiciones de salvación dadas por medio de Jesucristo, nuestro Señor, constituyen la ley de la fe. La ley de Moisés, con sus ceremonias y observancias, constituyen la ley de las obras. La ley de la fe requiere el servicio del corazón, el hombre interior, porque con el corazón el hombre cree. La ley de las obras puede ser ejecutada sin fe. Cuando era observada sin fe, daba sólo bendiciones temporales. La fe, o el servicio del corazón, transforma el carácter para hacerlo como Dios y prepararlo para bendiciones eternas. Con estas leyes, ¿qué fue lo que encontró Abraham según la carne y con cuál ley — la de las obras o la de fe? El contexto requiere esto.

2 Porque si Abraham fue justificado por las obras, tiene de qué jactarse, pero no para con Dios. — Abraham fue justificado, pero ¿por cuál ley? La de la fe o por las obras de la ley? Si fue salvo por obras, o por la ley de las obras, tendría de qué gloriarse; pero si fue salvo por la fe, no habría lugar para gloriarse, excepto en la bendición de Dios. Abraham fue justificado por la fe antes que fuera circuncidado. La fe llevó a Abraham lejos de casa y amigos, para seguir a Dios, quien lo dirigió para ofrecer su hijo de la promesa. La fe guía al hombre para hacer las cosas que en Quien él cree manda. La fe en otro lleva al hombre a desconfiar en sí y confiar y seguir a Aquél en Quien su fe es centralizada.

3 Porque ¿qué dice la Escritura? Creyó Abraham a Dios, y le fue contando por justicia. — Cuando Dios dijo a Abraham: "Mira ahora los cielos, y cuenta las estrellas, si las puedes contar. Y le dijo: Así será tu descendencia. Y creyó a Jehová, y le fue contado por justicia." (Gn. 15:5, 6.) Esta fue la misma fe que lo llevó a confiar en Dios y dejar la tierra de su niñez, y fue probada por muchos actos de obediencia. Ahora titubea no por la promesa de Dios, aunque él y Sara, su esposa, eran avanzados de edad, pero hechos movidos por una fe viviente, y le fue contada por justicia.

4 Pero al que obra, no se le cuenta el salario como gracia, sino como deuda; — Si uno confía en sus propias obras para merecer la salvación, el galardón es contado no como un favor de Dios, sino como pago de deuda por obras. Esto es contrario a todo el principio de justificación por gracia. El hombre es un desvalido pecador perdido, salvado por la gracia de Dios; pero debe aceptar el favor al someterse a las condiciones que Dios ha establecido para su beneficio. Los principios de salvación establecen que ninguna carne se gloriará ante Dios. La vida es el regalo de Dios.

5 mas al que no obra, sino que cree en aquel que justifica al impío, — Al que no busca merecer la salvación por obras propias, sino que camina en la ley de la fe, dada por Aquel que justifica al impío, su fe lo lleva a obedecer la ley de la fe; y la fe que así lo guía a hacer lo que Dios le manda, esa fe le será contada por justicia. Es una fe perfeccionada por obediencia — una fe que obra por amor. Las cosas abrazadas en la ley de fe con condiciones a las cuales hay que someterse, muestran que estamos en un estado de corazón que nos prepara para la salvación. Dios no requiere nada de nosotros que daría la posibilidad de reclamar mérito, o por lo cual el hombre puede reclamar favor. No hay nada en la fe en Dios, en el arrepentirse ante Dios, en ser bautizado para estar en Cristo, que tendría aun la aparencia de mérito. [Por otro lado, el valor espiritual de la fe en sí, sea lo que sea, se apega por necesidad a toda acción que brota de la fe. El arroyo es, en calidad, como la fuente de donde brota; las ramas, hojas y fruto, como el árbol sobre el cual crecen. Pablo nunca fue tan imprudente como para suponer alguna incompatibilidad entre la fe y lo que llama "obediencia de fe." (1:5; 16:26.) Pues en cada acto producido por la fe en Cristo, el creyente está realmente viendo hacia El y reposando sobre él como la base de toda esperanza y fuente de toda vida. Es en esto y sólo en esto que o la fe o la obediencia de fe tiene algún valor verdadero, como constantemente fijando el ojo del alma sobre Jesús.]

El bautismo es una obra de parte de la persona bautizada, y a veces se reclama que si un hombre es perdonado en el bautismo sería salvación por medio de obras; pero el bautismo tiene menos cualidades de obras de la persona bautizada que la fe o el arrepentimiento. La fe es un acto del corazón, el alma, el hombre interior — algo que el hombre hace. Es una obra; el hombre hace la obra, pero es la obra de Dios. Es ordenada por Dios y termina en Dios y honra a El. Jesús dijo: "Esta es la obra de Dios, que creáis en el que él ha enviado." (Juan 6:29.) Lo mismo del arrepentimiento. "Creer y "arrepentirse" son verbos activos — ambos son hechos por el sujeto. La persona bautizada se entrega a sí misma en las manos del Administrador, y es sepultada, para ser levantada en Cristo, y como siervo de Dios, andar "en la luz, como él está en la luz." (1 Juan 1:7.) Cuando un hombre se muere y sus amigos toman su cuerpo y lo sepultan, nadie podría llamar aquello una obra de la persona sepultada. El bautismo es una obra de Dios ejecutada sobre el hombre bautizado por medio de Su siervo para traerlo, de la muerte en transgresiones y pecados, a un estado de vida con Dios. La vida es dada por medio de la fe; se aparta del pecado en medio del arrepentimiento y hace a un lado el cuerpo de pecado en el bautismo.

su fe le es contada por justicia. — La que lleva a un hombre a caminar así en las obras de Dios y así perfecciona esa fe, Dios la contará a él por justicia.

6 Como también David habla de la bienaventuranza del hombre a quien Dios atribuye justicia sin obras, — David muestra que la misma razón que causó a Dios contar la fe de Abraham por justicia causará a Dios contar la fe de cualquier hombre por justicia. (Salmos 32:1, 2.)

7 diciendo, Bienaventurados aquellos cuyas iniquidades han sido perdonadas, — Aquellos a a quienes Dios considera justificados aparte de las obras son aquellos cuyos pecados han sido perdonados.

Y cuyos pecados han sido cubiertos. — [El hecho de la declaración anterior expresado en diferentees palabras. "Cubrir pecados" es lo mismo que "perdonar iniquidades."]

8 Dichoso el varón a quien el Señor no imputará ningún pecado. — Al hombre que así se somete a Dios, Dios no le imputará el pecado.

3. LA UNIVERSALIDAD DE ESTAS BENDICIONES DE GRACIA COMO CONDICIONADAS A LA OBEDIENCIA DE LA FE, QUE ES POSIBLE IGUALMENTE AL JUDIO Y AL GENTIL
4:9-25

9 ¿Es, pues, esta bienaventuranza solamente para los de la circuncisión, o también para los de la incircuncisión? — ¿Pertenece esta fe que prueba y se perfecciona a sí misma en obediencia de manera que Dios no le imputará pecados a los judíos solamente, o acaso no podrán también los gentiles que así creen en Dios, lograr esta condición de bendición?

Porque decimos que a Abraham le fue contada la fe por justicia. — La fe le fue contada a Abaraham por justicia.

10 ¿Cómo, pues, le fue contada? ¿Estando en la circuncisión, o en la incircuncisión? — ¿Pero estaba Abraham circuncidado o incircunciso cuando su fe le aseguró ese estado de bendición?

No en la circuncisión, sino en la incircuncisión. — La cuestión surge del argumento anterior y debe ser contestada de acuerdo con ello; esto es demostrado con más amplitud en las palabras "porque decimos." Abraham se hizo partícipe de la bendición cuando fue justificado por la fe. Así fue justificado estando aún en la incircuncisión; por lo tanto, la bendición no fue sólo en la circuncisión, sino también en la incircuncisión. La conclusión, aunque sacada sólo del caso de Abraham, se asume ser general, y con razón, porque el caso no es meramente un ejemplo del resto, pero el origen y causa de todo, como se demuestra con má amplitud en el siguiente verso. La historia de Abraham es concluyente en este punto. "Y creyó a Jehová, y le fue contado por justicia." (Gn. 15:6.) Después de esto, nació Ismael; y cuando tuvo trece años de edad (Gn. 17:25) él y Abraham fueron circuncidados en el mismo día. Este fue un golpe temeroso para aquellos que reclaman que no puede haber salvación (Hechos 15:1) sin la circuncisión, puesto que el padre de los israelitas fue justificado trece años o más antes de que fuese circuncidado.]

11 Y recibió la circuncisión como señal, como sello de la justicia de la fe que tuvo estando aún incircunciso; — Abraham alcanzó este estado de bendición mientras que estaba incircunciso como señal y sello de la fe que poseyó antes de que fuera circuncidado. Si Abraham pudo alcanzar esta fe perfeccionada en la incircuncisión, también así los gentiles.

para que fuese padre de todos los creyentes no circuncidados, — Así Abraham llegó a ser no sólo padre de la circuncisión, sino también de la incircuncisión que cree en Cristo Jesús.

a fin de que también a ellos les fuese imputada la justicia; — Y cuando su fe haya sido perfeccionada así por la obediencia, esa fe será contada a ellos por justicia, aparte de las obras de la ley judía, o de mérito humano.

12 y padre de la circuncisión, para los que no solamente son de la circuncisión, — Todos los que llegasen a ser hijos de Abraham por la fe deben andar en los mismos pasos que la fe de Abraham lo llevó a tomar. Su fe lo guió a confiar en Dios de tal manera como para negarse a sí mismo todo lo que amaba e ir adelante sin saber a donde iba, y morar como peregrino y extranjero en una tierra extraña antes que se le contara por justicia.

sino que también siguen las pisadas de la fe que tuvo nuestro padre Abraham antes de ser circuncidado. — Cuando los hombres perfeccionan su fe al andar en los pasos de la fe de Abraham, etonces Dios les contará la fe por justicia.

13 Porque la promesa a Abraham o su descendencia, de que él sería el heredero del mundo, no fue hecha por medio de la ley, — Abraham nunca estuvo bajo la ley mosaica. Esa ley no fue dada en los días de Abraham. Anduvo por fe así como ahora deben andar los hijos de Dios. Por causa de la transgresión de los hijos de Abraham, la ley fue añadida como un tutor para entrenarlos para recibir a Cristo por fe; y cuando vino, la ley fue quitada. (Véase Gálatas 3:19-25.)

sino por medio de la justicia de la fe. — La promesa que Su simiente heredaría, o serían los herederos del mundo, fue hecha a él mientras estaba incircunciso, pero la promesa le vino porque había, por medio de la fe, llevado una vida justa ante Dios. Luego el cumplimiento de la promesa es para aquellos que tienen fe, aunque no estén circuncidados.

14 Porque si los que son de la ley son los herederos, vana resulta la fe, y anulada la promesa: — Si los que eran de la ley eran herederos porque estaban bajo la ley, la fe es anulada, y la promesa por medio de la fe de Abraham es hecha nula. La promesa le fue hecha por medio de la fe.

15 Pues la ley produce ira; — La ley prohibe al hombre hacer lo que él desea, esto muestra el espíritu de desobediencia en él. Si un padre jamás interfiere con la voluntad del niño, el espíritu de obediencia no es probado en él; pero cuando el padre prohibe que haga lo que quiera, el espíritu de obediencia es probado y mostrado. La desobediencia trae las penalidades de la ley. Así que, la ley que refrena, trae ira sobre el hombre.

pero donde no hay ley, tampoco hay transgresión. — Esto claramente establece que en donde no hay ley, no se puede pisar fuera de, ir más allá, o hacer a un lado la ley. Si Dios nunca hubiese dado al hombre una ley, éste no la podría quebrantar; pero así como Dios le había dado la ley, transgredió la ley, y la transgresión trajo ira sobre él.

Este pasaje es mal aplicado con frecuencia. Se interpreta como para significar que en donde Dios no ha dado un mandamiento específico prohibiendo algo, eso se puede hacer en servicio religioso; ese hombre está autorizado para hacer cualquier cosa en el servicio de Dios no prohibido específicamente en las Escrituras. Este principio directamente contradice toda la enseñanza de la Biblia. Moisés dijo: "No haréis como lo que hacemos nosotros aquí ahora, cada uno lo que bien le parece, porque hasta ahora no habéis entrado al reposo y a la heredad que os da Jehová vuestro Dios." (Dt. 12:8, 9.) No estaba en vigor en este tiempo la ley. Se les permitió hacer lo que estaba correcto ante sus ojos. Algunas verdades generales se les había enseñado, y se les dejó para que mostraran su amor a Dios a su manera. Pero cuando se dio la ley, dijo: "Cuidarás de hacer todo lo que yo te mando; no añadirás a ello, ni de ello quitarás." (Dt. 12:32.) Ya no se les permitía hacer lo que estaba correcto en sus propios ojos, pero deben conformarse a la voluntad de Dios. Salir de ella era pecar y provocar por la ira de Dios sobre ellos. Dios ahora tiene una ley de servicio dada por medio de Jesucristo, y quien pisa por demás, hace a un lado, agrega, o quita de esa ley, quebranta la ley y obtiene la ira de Dios. Si el principio es verídico ahora que el hombre está en libertad para agregar lo que no está específicamente condenado, entonces el hombre diseña el camino de salvación, no Dios. Los principios destruyen la autoridad de la Biblia y hacen de los deseos propios del hombre su ley suprema. Destronan a Dios mientras que el hombre es entronado.

16 Por eso es por fe, para que sea por gracia, — Como la ley de las obras aparte de la fe desarrolla el espíritu de desobediencia en el hombre y acarrea sobre sí la ira de Dios, no puede salvar. Pero la salvación viene por medio de la ley de la fe y no de las obras. La fe cambia el corazón, y la ley que nace de la fe no excita rebelión, pero hace que el corazón desee obrar conforme a la ley.

a fin de que la promesa sea firme para toda su descendencia; — La "descendencia" son aquellos que creen en Dios. [Si la herencia dependiese de la ley, de seguro fracasaría con todos; pero como es una cuestión de gracia que depende de la condición de fe, todos los que quieran la alcanzarán.]

no solamente para la que es de la ley, sino también para la que es de la fe de Abraham, el cual es padre de todos nosotros — Luego la promesa vino por medio de la ley de la fe para que fuese para toda la simiente (los creyentes) — no sólo para los judíos que son de la ley, sino también para los que andan en la fe de Abraham, quien es padre de todos — judíos y gentiles — que creen.

17 (como está escrito: Te he puesto por padre de muchas gentes) — Esto lo hace el padre de todos los que tienen su fe de cada nación cumplen en un sentido nuevo la Escritura que dice: "Porque te he puesto por padre de muchedumbre de gentes." (Gn. 17:5.) Esto fue verdad de acuerdo a la carne, porque era el padre de israelitas, idumeos, ismaelitas, medianitas, y muchas naciones más pequeñas. Es verdad en un sentido espiritual, puesto que es el padre de todos los que creen en Dios en cada nación bajo los cielos.

delante de Dios, a quien creyó, — Abraham es padre de todos los que creen ante Dios en quien él creyó.

el cual da vida a los muertos, y llama las cosas que no son, como si fuesen. — Dios revive desde los muertos, o llama a existencia como si ya existiesen. [Abraham llegó a ser el padre de muchas naciones al creer en Dios como uno que "da vida a los muertos." No sólo creía en la existencia de Dios y que podía bendecir, pero creía que esa bendeción podría venir sólo de Dios como ahora está activo para fines espirituales — un Ser espiritual, así como ya fue Creador de la naturaleza. La fe toma su naturaleza al aceptar a Dios. Abraham lo veía como uno que, a pesar de la naturaleza, hacía de los muertos vivos. Este es el pensamiento principal de esta sección. Dios "llama las cosas que no son, — no en la posibilidad de la naturaleza — "como si fuesen"; las llama a la existencia. Naciones naturales vienen con el curso de la naturaleza; pero cuando Dios dijo a Abraham, "Mira ahora los cielos, y cuenta las estrellas, si las puedes contar. Y le dijo: Así será tu descendencia" (Gn. 15:5), ¿hablaba de semilla natural y naciones naturales? Isaac no fue un hijo de la naturaleza, sino un hijo de la fe, y la simiente de Abraham no son hijos de la naturaleza. La promesa era que tendría un hijo por Sara, cuyo vientre estaba muerto, y él tambien estaba "prácticamente muerto." Los dos versos (17, 24) constituyen una analogía de manera que tenemos un tipo y su antetipo. Así como Isaac fue nacido de padres que estaban virtualmente muertos, así Cristo fue levantdo "de los muertos." Así como Abraham creyó en Dios que le dio vida a él y a Sara para que "tuviese la fuerza para concebir simiente," así nosotros debemos creer en Aquel que dio vida a un Cristo muerto. El darle vida a Abraham y a Sara era típico de traer a Cristo de entre los muertos. Debemos tener la fe de Abraham, quien es padre de todos nosotros..."delante de Dios, a quien creyó, el cual da vida a los muertos, y llama las cosas que no son, como si fuesen" (17), y debemos "creer en Aquel que levantó a Jesús nuestro Señor de entre los muertos."]

18 El creyó en esperanza contra esperanza, — Abraham, después de haber llegado a viejo y toda esperanza de un hijo de acuerdo a la carne había pasado, aún tenía esperanza en la promesa de Dios.

para llegar a ser padre de muchas gentes, conforme a lo que se le había dicho: Así será tu descendencia. — Su fe le permitió llegar a ser padre de muchas naciones, de acuerdo a la promesa. [Esto no fue sólo el fin divinamente indicado de la fe de Abraham, sino también a lo que

Abraham mismo miraba como el fin de su fe. Miraba con la intención completa de llegar a ser, lo que Dios prometió, el padre de muchas naciones.]

19 Y no se debilitó en la fe al considerar su cuerpo, que estaba ya como muerto (siendo de casi cien años), o la esterilidad de la matriz de Sara. —— La poderosa fe de Abraham le permitió creer en Dios y tener esperanza de la simiente a pesar del hecho que su propio cuerpo y el vientre de Sara estaban ambos muertos, en cuanto a tener niños se refiere; y por medio de la fe ambos fueron fortalecidos para concebir y engendrar el niño. (Véase Hebreos 11:11, 12.) [Consideró las dificultades, pero aún creyó. Consideró los obstáculos con todo su peso, pero su fe en la promesa de Dios no fue sacudida por ello.]

20 Tampoco vaciló, por incredulidad, ante la promesa de Dios, sino que se fortaleció en fe, —— No dudó del cumplimiento de la promesa de Dios por medio de la incredulidad.

dando gloria a Dios, —— Glorificar a Dios es exaltarle y honrarle como uno digno de la alabanza excelsa y el más alto servicio; y, este servicio fue el que él le rindió a Dios.

21 plenamente convencido de que era también poderoso para hacer lo que había prometido; —— Por otro lado, tenía plena confianza que Dios podía y ejecutaría Su promesa. [A tal altura lo sostuvo su fe que honró a Dios en todo lo que hizo, especialmente al estar plenamente convencido que todo lo que El había prometido, por más improbable, El lo haría.]

22 por lo cual también le fue contada su fe por justicia. —— Porque Abraham así creyó a Dios a pesar de sus dificultades de naturaleza física que parecía prohibirlo, Dios le contó esta fe a él por justicia. Pero esta fe y confianza en Dios había sido cultivada y perfeccionada por 30 años por medio de actos de obediencia, y no era un mero sentimiento de fe aparte de obediencia. [La fe, para ser contada, debe, como en el caso de Abraham, tener efectos interiores y llevar resultados externos apropiados. En sí mismo debe llegar a una convicción completa que todo lo que Dios dice es verdadero y que todo lo que promete será hecho. Luego debe fortalecer el hombre interior de aquel que la tiene e inducirlo a hacer todo lo que Dios mande. La fe es perfeccionada por lo que le acompaña; y cuando esto es hecho, es contada, y no antes.]

23 Y no solamente con respecto a él se escribió que le fue contada, —— [Esto nos lleva al tiempo cuandos se escribió y a la visión del escritor.] Seguramente que se escribió por causa de Abraham, pero no sólo por su honra. [También miraba hacia la venida de Cristo y hacia aquellos que serían redimidos por medio de El. Los tenía a ellos en mente al escribir y al relatar como Abraham creyó y que se le contó a él; de igual manera se contará a nosotros — así mostrando que la justificación por medio de la fe es atestiguada por los profetas.]

24 sino también con respecto a nosotros a quienes va a ser imputada, esto es, a los que creemos en el que levantó de los muertos a Jesús, nuestro Señor, — Para animarnos a ejercitar y perfeccionar nuestra fe al andar en los pasos de nuestro padre Abraham, y así llevar nuestra fe por medio de las obras a la perfección, y así como su fe fue hecha perfecta por medio de las obras. (Véase Santiago 2:21, 22.) Si así creemos en Jesucristo y perfeccionamos nuestra fe en obediencia a El, Dios contará nuestra fe a nosotros por justicia. Las cosas que se nos requiere que hagamos por la ley de la fe no son tales como para merecer la salvación, pero son condiciones por medio de las cuales mostramos nuestra aptiutd y voluntad para recibir las bendiciones ofrecidas.

25 el cual fue entregado por nuestras transgresiones, — [Este verso es una declaración comprensiva del evangelio. Cristo fue entregado a muerte por nuestros pecados. (Is. 53:5, 6; Hebreos 9:28; 1 Pedro 2:21.) La entrega de Cristo es atribuida a Dios (Romanos 8:32); a Cristo mismo (Gálatas 1:4; Tito 2:14); y a hombres malos (Lucas 24:20; Hechos 2:23; 5:30). Fue por el propósito y consejo de Dios que sufrió por los pecados del mundo y que se dio a sí mismo voluntariamente. (Is. 53:7, 8.)]

y resucitado para nuestra justificación. — [La resurrección de Cristo fue necesaria para nuestrra justificación — es decir, para completar las provisiones por ella y efectuarla. Si no hubiese sido levantado, aún estaríamos bajo condenación. (1 Corintios 15:17.) Pero Dios lo levantó para consumar la ofrenda por el pecado. Así como fue necesario en el día de expiación que el sumo sacerdote no sólo matara la ofrenda en el altar, sino también que entrara en el lugar santísimo y rociara la sangre sobre el asiento de misericordia; así que nuestro Sumo Sacerdote, habiendo sufrido en la corte de afuera, ha pasado a los cielos con su propia sangre, para aparecer por nuestra justificación. Esta ofrenda fue aceptada y la reconciliación fue completada.] Para que nuestra fe pueda ser contada por justicia para con nosotros, es necesario que creamos en Aquel quien fue levantado para nuestra justificación.

4. LOS FRUTOS DE LA JUSTIFICACION POR LA FE DEBIDO A LA OBRA DE CRISTO
5:1-11

1 Justificados, pues, por la fe, — Uno es justificado cuando es libertado del pecado como para estar absuelto ante Dios. Ser justificado por la fe es ser purificado al hacer las cosas contenidas en la ley de la cual la fe es el principio mayor y a la cual somos llevados por la fe. Nadie podría ser justificado por las obras de la ley de Moisés. Nadie podría guardar esa ley sin pecado; así que no podría ser justificado por la ley. Una vez habiendo pecado, la obediencia a la ley no podía quitar el pecado. Cristo vino para conceder el perdón del pecado. Pablo declara que el evangelio que él predicaba "se ha dado a conocer a todas las gentes para obediencia de la fe." (16:26.) El fin de la predicación del evangelio es traer a todos los hombres a la obediencia a la cual lleva la fe. La fe que no lleva a la obediencia fracasa totalmente en el propósito por el cual Cristo murió y el evangelio es proclamado. El fin es traer al hombre a la obediencia a Dios. El hombre es justificado por la fe cuando es llevado por la fe a confiar y obedecer a Dios como su Señor y Amo. Ninguna persona que crea en la Biblia duda que el hombre es justificado por la fe. La pregunta en cuestión es, si es justificado por fe antes que lo lleve a la obediencia o si por medio de una fe que se manifiesta en la obediencia. Pablo nos dice exactamente cómo la fe hace hijos de Dios: "Pues todos sois hijos de dios mediante la fe en Cristo Jesús; porque todos los que habéis sido bautizados en Cristo, os habéis revestido de Cristo." (Gálatas 3:26, 27.) La fe, entonces, salva al guiar al hombre a aceptar la salvación del pecado en las nombradas instituciones de Dios, llevándolo a la obediencia de la fe; llega a ser el hijo de Dios al ser llevado por la fe a ser bautizado en Cristo, así revistiéndose de Cristo, y en Cristo es salvo. Ser salvo "por medio de la fe en Cristo Jesús," y ser "bautizado para el perdón de los pecados," y ser "bautizado en Cristo," y ser "revestido de Cristo" significan la misma cosa.

tenemos paz para con Dios por medio de nuestro Señor Jesucristo; — Dios por medio de Cristo está reconciliando al mundo en sí mismo. Así como Dios está en Cristo, cuando nos unimos con Cristo tenemos paz para con Dios. [Un estado de pecado es, de parte nuestra, un estado de enemistad hacia Dios; la enemistad existe en nosotros, no en El. Consecuentemente, su dirección es de nosotros hacia El, no de El hacia nosotros. Pero al cancelar el pecado, la enemistad deja de ser y surge la paz. La paz, como la enemistad, es hacia Dios; es paz de nuestra parte para con El. Esta paz la tenemos o gozamos por medio de Cristo, porque por medio de El obtenemos la justificación que la induce. Pero no es paz en el sentido de ser exentos de problemas del mundo; es una paz de consciencia, paz del alma.]

2 por medio del cual hemos obtenido también entrada por la fe a esta gracia en la cual estamos firmes, — Por medio de Cristo y de las provisiones que El ha hecho para nuestra entrada a El tenemos acceso a este favor de Dios, en el cual todos los verdaderos cristianos están firmes. Entramos a este estado de paz con Dios por medio de la fe en Cristo.

y nos gloriamos en la esperanza de la gloria de Dios. — Estando en este estado de favor con Dios en el cual hemos entrado por medio de la fe y teniendo paz con El, gozamos de las bendiciones presentes como hijos de Dios y tenemos la esperanza de bendiciones mayores en el futuro. En esta esperanza nos regocijamos. Pedro da esta seguridad: "Por medio de las cuales nos ha dado preciosas y grandísimas promesas, para que por ellas llegaseis a ser participantes de la naturaleza divina." (2 P. 1:4.) Cuando participamos de Su naturaleza divina, nos conformamos a Su vida y compartimos Sus glorias y honores.

3 Y no sólo esto, sino que también nos gloriamos en las tribulaciones: — Cristo se regocijó en que podía sufrir para redimir al hombre. Vio más allá del sufrimiento hacia la redención del hombre, y en ello se regocijó. La verdadera fe en Cristo imparte el mismo espíritu al hombre. Mientras que participamos de este espíritu, nos gloriamos en que podemos soportar aflicción, sufrimiento, persecución, y abnegación para la honra de Dios y la ayuda del hombre. Después que los apóstoles habían sido encarcelados y azotados, ellos "salieron de la presencia del sanedrín, gozosos de haber sido tenidos por dignos de padecer afrenta por causa del Nombre." (Hechos 5:18, 40, 41.) En Filipos, Pablo y Silas fueron azotados sin misericordia, echados a la prisión, sus pies atados en el cepo; pero a la medianoche, no obstante las torturas del cuerpo, oraron y cantaron alabanzas a Dios. (Hechos 16:25.) Este era el triunfo del espíritu sobre la carne. La promesa a los cristianos es: "Que si somos muertos con él, también viviremos con él; Si sufrimos, también reinaremos con él." (2 Timoteo 2:11, 12.) Cristo concede un compañerismo en Sus sufrimientos como una garantía del compañerismo en Sus gozos y honores. Por lo tanto, podemos regocijarnos al sufrir con El y por El. Las tribulaciones que pasamos ejercitan y desarrollan la constancia dentro de nosotros.

sabiendo que la tribulación produce paciencia; — La paciencia es esa característica de hierro en el carácter que nos capacita para soportar con resignación todos los males de la vida. Las aflicciones, bien usadas, como se asume aquí, tienen el efecto para formar esta característica. Fortalecen el temperamento y lo hará en el día de la necesidad y nos asegurará contra la disminución de paz y gozo. Cuando recordamos cuán constante son recurren estas aflicciones, la necesidad de la paciencia se hace aparente. Ningún carácter puede estar verdaderamente formado sin la oportunidad de la perseverancia; tenemos que aprender a soportar. Es por medio del sufrimiento que aprendemos a sufrir.]

y la paciencia, carácter probado; — ["Carácter probado," al ser aplicado a la vida cristiana, denota que ha sido puesto a prueba por medio de la aflicción; ha pasado la prueba con éxito, y ahora está purificado y aprobado de Dios.] O, como dice Santiago: "Sabiendo que la prueba de vuestra fe produce paciencia." (Santiago 1:3.) Y la paciencia en su obra perfecta completará el carácter y lo capacitará para asociarse con Dios.

y el carácter probado, esperanza; El carácter probado hace que confiemos en Dios, y el confiar en sus promesas nos causa esperar las bendiciones abrazadas en las promesas. La esperanza de bien en el futuro nos da fuerza para soportar los males presentes.

5 y la esperanza no avergüenza; — Boyado por las esperanzas brillantes con bien del futuro nos permite soportar con fortaleza los sufrimientos presentes. La esperanza se extiende hacia adelante, penetra el velo del futuro, y toma posesión de las bendiciones reservadas en el cielo y sirve como ancla para mantener el alma firme y constante en unión con Dios. Esta esperanza nos permite soportar la vergüenza, despreciar los sufrimientos y ser valientes por Dios y Su verdad.

porque el amor de Dios ha sido derramado en nuestros corazones por medio del Espíritu Santo que nos fue dado. — Dios dio el Espíritu Santo a los apóstoles en el principio para impartirles Su mente. Pablo dice, "Y nosotros no hemos recibido el espíritu del mundo, sino el Espíritu que proviene de Dios, para que sepamos lo que Dios nos ha otorgado gratuitamente." (1 Corintios 2:12.) El mismo principio pertenece al Espíritu Santo así como es recibido por todos los hijos de Dios. Al impartirnos el conocimiento de Dios, también nos imparte la misma mente, los mismos sentimientos y disposición

que Dios posee y ama. No dice que el Espíritu Santo derrama sobre nuestros corazones un amor hacia Dios; sino que, el Espíritu, viniendo de Dios a nuestros corazones, imparte la misma clase de amor a nuestros corazones que mora en el corazón de Dios. El nos causa que amemos así como Dios ama — amar los mismos objetos que Dios ama, y amarlos en la misma forma que Dios los ama. El Espíritu Santo en nuestro corazón derrama la misma mente, temperamento y disposición que mora en el corazón de Dios.

6 Porque Cristo, cuando aún éramos débiles, — Mientras que aún éramos pecadores, débiles y sin recursos para salvarnos, ya por propiciación por nuestro pasado o por la obediencia futura.

a su tiempo — Cristo vendría a su tiempo. Hubo una larga preparación providencial, una concurrencia maravillosa de muchas condiciones, antes de que viniera el "cumplimiento del tiempo" para que Dios enviara Dios a Su Hijo. Una nación selecta debe ser preparada por siglos de disciplina. Tiene que pasar tiempo para que la raza humana crezca a una edad histórica, para que las pruebas de los datos conectados con la venida del Hijo de Dios pudiesen ser establecidos adecuadamente. Un idioma más copioso y preciso que cualquier otro que existiera anteriormente debe ser desarrollado; un gobierno mundial, más amplio y más fuerte, que lo que el mundo había visto antes, debe ser consolidado, para favorecer, aun mientras que vilmente se oponía, a la diseminación del evangelio. Y entonces, cuando se cumplió la maravillosa preparación, a su tiempo Cristo murió. Cristo es, por lo tanto, el punto culminante y el centro de la historia; el fin de la antigua humanidad, y el principio de la nueva..

murió por los impíos. — El carácter y fuerza del amor que Dios tuvo por el hombre es mostrado al dar a Cristo para morir por los impíos. El mismo amor derramado en nuestros corazones hará que amemos y suframos para salvar a los hombres desvalidos y perdidos, así como Jesús lo hizo.

7 Pues apenas morirá alguien por un justo; — Un hombre justo es uno que sólo hace lo que la justicia o la regla del bien requiera de su mano. Un hombre puede ser justo en este sentido y sólo justo egoístamente. Para uno que sólo hace a otros lo que la justicia demanda, no arriesgaría su vida o moriría, pues la justicia no excita gratitud.

con todo, pudiera ser que alguno se atreviera a morir por un hombre de bien. — Un hombre bueno no sólo hará lo que la justicia o el bien demanda, sino que irá más allá de esto y hará lo que el amor, la misericordia, y la amabilidad sugieren. Para un personaje como éste, alguien podría ser encontrado, movido por amor y gratitud, se atrevería a morir. Esta es la manifestación más alta de amor que lo mejor de la humanidad haría. [De esta manera, mientras que la posibilidad implicada en la cláusula anterior es concedida más distinctivamente, es a la vez limitada a ejemplos raros de amor inspirados por la forma más atractiva de virtud que por sí sola llama a tal amor; el más fuerte es el contraste a los impíos y a la enemistad de aquellos por los cuales Cristo murió y es precisamente este contraste que pone el amor de Dios sobre todo amor humano.]

8 Mas Dios muestra su amor para con nosotros, — Dios va mucho más allá de lo que el hombre podría concebir y nos encomienda su amor a nosotros como más profundo, hondo, y puro que lo que los corazones humanos pueden saber.

en que siendo aún pecadores, Cristo murió por nosotros. Jesucristo murió en la cruz por el hombre mientras que el hombre devolvía mal por bien. Esto mostraba un amor que es tan infinitamente superior a todo el amor humano el cual son puestos en contraste. Debemos cultivar el mismo espíritu o sentimiento que nos haga ayudar a los que están en necesidad — para apoyar, para levantar a aquellos que son enemigos de Dios y de nosotros. Debemos, como Dios, bendecir a nuestros enemigos, hacer bien a los que nos vituperan y persiguen, y orar por aquellos que nos usan maliciosamente y abusan de nosotros. El mismo pensamiento es expresado en las siguientes palabras: "Haya, pues, entre vosotros los mismos sentimientos que hubo también en Cristo Jesús, el cual, siendo en forma de Dios, no consideró el ser igual a Dios como cosa a qué aferrarse, sino que se despojó a sí mismo, tomando forma de siervo, hecho semejante a los hombres; y hallado en su porte exterior como hombre, se humilló a sí mismo, al hacerse obediente hasta la muerte, y muerte de cruz. Por lo cual Dios también le exaltó hasta lo sumo, y le otorgó el nombre que es sobre todo nombre, para que en el nombre de Jesús se doble toda rodilla de los que están en los cielos, en la tierra, y debajo de la tierra; y toda lengua confiese que Jesucristo es SEÑOR, para gloria de Dios Padre." (Filipenses 2:5-11.) Cristo tenía la mente para humillarse a Sí mismo, para tomar el cuerpo humano y sus debilidades, para levantar al hombre y salvar su estado espiritual e inmortal y para participar de Su gloria. Esta fue la mente que hubo en Cristo Jesús, ésta fue la clase de amor que Dios poseía. El Espíritu Santo vino para derramar el mismo amor, el mismo espíritu de devoción y sacrificio propio en el corazón del hombre. Este es el amor de Dios que es esparcido en nuestros corazones por el Espíritu Santo. El hombre que tiene el Espíritu de Dios en su corazón hallará placer y gozo en sacrificar todos los favores temporales y bendiciones físicas para beneficiar y salvar al hombre como lo hizo Dios a través de Cristo.

9 Así que, mucho más, habiendo sido ya justificados en su sangre, seremos salvos de la ira por medio de él. — Si, mientras que éramos enemigos y rebeldes contra Dios, Jesucristo murió por nosotros, mucho más ahora, siendo reconciliados a Dios, justificados por Su sangre, seremos salvos por él de la ira que vendrá. Dios está mucho más dispuesto a salvar aquellos que han aceptado la redención ofrecida por medio de Cristo que salvarlos mientras que aún eran enemigos. Cuando Cristo murió, El invirtió, como fue, Su sangre de vida en aquellos que lo aceptan. Los que así han sido redimidos son más amados a Dios. Y seremos salvos al vivir la vida que Jesús vivió. Podemos vivir esta vida por el Espíritu que nos ha dado.

10 Porque si siendo enemigos, fuimos reconciliados con Dios — El hombre debe de ser reconciliado a Dios, no Dios al hombre. El hombre debe de conformarse a la vida de Dios y no Dios al hombre y sus pecados.

Si el amor de Dios mostrado en la muerte de Cristo era tal como para vencernos cuando estábamos en enemistad con él, ¡cuanto más listos, ahora estando ya reconciliados, debemos estar al ser salvos por Su vida! Somos reconciliados a Dios al traer nuestro carácter en armonía con Su carácter y voluntad. Esto es reconciliación.

por la muerte de su Hijo, — Es ofrecida por la sangre de Cristo. La sangre de Cristo en seguida permitió a Dios ser justo mientras que justificaba al que creía en Cristo, y permitió a Dios el hacer fáciles los términos; y la muerte de Cristo mostró al hombre su propia condición perdida — "habiendo llegado a esta conclusión: que si uno murió por todos, luego todos murieron" (2 Corintios 5:14) — y lo dirigió al amor y misericordia de Dios y Su gran ansiedad de salvar a todo el que venga a El por medio de Cristo.

mucho más, habiendo sido reconciliados, seremos salvos por su vida; — Somos salvos al entrar en una relación en Crísto y viviendo Su vida, reproduciendo la vida de Cristo en nuestras vidas. La salvación prometida al hombre es una salvación del pecado. Al ser salvos del pecado, somos unidos a Dios y heredamos Su gloria. Ninguna bendición o favor es provisto fuera de Cristo. Todas las bendiciones son en Cristo y por medio de El. Debemos entrar a El, y en El vivir Su vida, si hemos de ser bendecidos.

11 Y no sólo esto, sino que también nos gloriamos en Dios por medio de nuestro Señor Jesucristo, — No sólo somos salvos de esa manera por Su vida, pero por medio de los privilegios que tenemos en Cristo Jesús se nos permite regocijarnos en Dios [como nuestro Padre, quien, habiendo perdonado todos nuestros pecados, nos ha llenado con la esperanza de vida eterna.]

por quien hemos recibido ahora la reconciliación. — Dios ofreció salvación por medio de la sangre de Cristo, y la ofrenda debe ser aceptada al cumplir con las condiciones prescritas antes de que la reconciliación se completara. [Por lo tanto, recibir la reconciliación es recibir la muerte de cristo como un sacrificio por los pecados. Aceptar esta gran verdad es recibir la reconciliación, cuyo efecto práctico es llegar a ser reconciliado. Tan pronto como aceptemos el hecho y lleguemos a ser obedientes de corazón a aquella forma de enseñanza entregada a nosotros, somos librados del pecado y llegamos a ser siervos de la justicia. Ya se ha dado el Espíritu Santo. Nada falta ahora para perfeccionar la santidad en el temor de Dios, o de procurar nuestra salvación con temor y temblor.]

JUSTIFICACION

Por obras de la ley	contra	Por la fe en Cristo
es		es
Meritoria (Ro. 4:4)	contra	Gratis (Ro. 3:24)
Como sin pecado (Ro. 3:10)	contra	Como con pecado (Ro. 4:5)

POR LO TANTO ES

1. Sin perdón (Ro. 3:30)	contra	1. Por medio del perdón (Ro. 4:6-8)
2. Sin gracia (Ro. 4:4)	contra	2. Por gracia (Ro. 3:24)
3. Sin Cristo (Gá. 2:21)	contra	3. Por medio de Cristo (Ro. 3:24)
4. Sin fe (Ro. 4:14)	contra	4. Por la fe (Ro. 3:28)
5. Sin obediencia de fe (Ro. 4:14)	contra	5. Por medio de la obediencia de la fe (Ro. 4:12)

RESULTANDO EN

1. Ocasión de jactancia (Ro. 4:2)	contra	Exclusión de jactancia (Ro. 3:27)
y		y
2. Recompensa como de deuda (Ro. 4:4)	contra	Recompensa como don de .fe (Ef. 2:8)

IV. EL PODER DE DIOS PARA SALVACION DEL PECADO Y LA MUERTE MANIFESTADO EN EL RESCATE COMPLETO POR MEDIO DE CRISTO, CULMINANDO EN SU GLORIFICACION FINAL
5:12 a 8:39

1. LA PROVISION PARA SALVACION POR MEDIO DE CRISTO COEXISTE EN APLICACION CON LA RUINA TRAIDA POR MEDIO DE ADAN
5:12-21

12 Por tanto, así como el pecado entró en el mundo por medio de un hombre, — Este "un hombre" fue Adán. [Fue el primero en violar la ley de Dios, y su violación fue el primer pecado. "Y mandó Jehová Dios al hombre diciendo: ...del árbol de la ciencia del bien y del mal no comerás." (Génesis 2:16, 17.) Esta era la ley de Dios en el caso. La transgresión era el acto en que el pecado tuvo su origen en el mundo. En esto había tres partidos, cada uno relacionado peculiarmente. Dios fue el autor de la ley, Adán la quebrantó, Satanás tentó en el acto, y el hecho del pecado se inició.]

y por medio del pecado la muerte; — La muerte entró al mundo por medio del pecado — por un pecado. [Si Adán jamás hubiese cometido otro pecado, la muerte de toda la familia humana hubiese seguido igualmente.]

así también la muerte alcanzó a todos los hombres, — Y la muerte se extendió a todos los hombres. [Dios había dicho de antemano que si Adán pecaba, tanto él como su posteridad morirían. Todos así atados en el mismo decreto a la misma sentencia. De acuerdo a ello, cuando Adán pecó, el decreto tomó efecto, y todos murieron.]

por cuanto todos pecaron: — [El pecado que indujo el pecado de todos fue el de Adán. Este, entonces, habrá sido el pecado que todos cometieron. Pero hay solamente un sentido admisible en el cual todos podrían haber cometido aquel pecado — a saber, representativamente. Adán, al cometer el primer pecado, estaba por y representaba el todo de su posteridad. Si éste no es el sentido en el que todos pecaron, entonces ese sentido no es discernible. Ni tampoco debe esta solución ser rechazada sobre la base de ser extraña. Es admitido por todos que la muerte resulta del pecado de Adán. No hay más dificultad en entender cómo podríamos todos cometer ese pecado que en ver cómo podríamos ser justamente requeridos a morir por él. Realmente, es mucho más fácil entender cómo podríamos todos cometer aquel pecado que en ver cómo, sin representación o participación en algún sentido, todos somos sujetos a muerte por ello. Cuando se dice, "Porque así como en Adán todos mueren" (1 Corintios 15:22), seguramente significa que todos mueren en consecuencia del pecado que él cometió, o morir por su hecho. Ahora, si la muerte resultó del pecado sobre la única base de implicación en él, luego implicación por representación debe de ser admitida. Seguramente que no estamos sobre la base de pecado personal de hecho. Representación, pues, es la única alternativa. En Hebreos 7:9, 10 tenemos un caso paralelo. Allí se dice que Leví antes de haber nacido mientras "aún en su padre," "pagó el diezmo" a Melquisedec. Ahora, si Leví, mientras estaba en los lomos de Abraham, pudo pagar diezmos, con igual certeza podría pecar toda la posteridad de Adán, mientras estaba aún en él. Y lo que ellos podrían así hacer, hicieron, y del hecho vino la muerte. Pero aquí una distinción debe de ser hecha. Pecado por representación no implica culpabilidad, como lo es el pecado real. Puede justificar y demandar el nombramiento de un castigo, como en el caso bajo consideración, pero no más que eso. Por lo tanto, ninguno de sus descendientes, después de la muerte, serán responsables por el pecado de Adán. En cuanto a ellos, su pecado jamás, después de la muerte, será traído a cuentas. En el caso de ellos, por lo tanto, la muerte no es consecuencia de culpabilidad personal, pero sólo la conexión con un pariente culpable. De acuerdo con ello, aunque morimos por el pecado de Adán, nadie será llevado a juicio por él. Seremos juzgados sólo por nuestros propios pecados. Sólo éstos envuelven responsabilidad personal, y, por lo tanto, implican culpa. Sólo por ellos tendremos que dar cuenta.]

13 Pues antes de la ley, había pecado en el mundo; — A través del período desde Adán a Moisés no se dio ley alguna, y Dios parece haber tratado con el hombre como en ningún otro período. Los trató como un padre trata a sus hijos, incapaces de entender la fuerza de la ley o regla general. Pero cuando encontró a uno aquí y otro allá dispuesto a honrarle, le dio atención personal y lo educó para respetar la autoridad de Jehová. La familia de Abraham fue así instruida y educada por generaciones sucesivas hasta que eran capaces de apreciar su fuerza y efectos. Luego por medio de Moisés la ley fue dada a esta familia y avanzaron en la escuela de la enseñanza divina.

pero el pecado no se imputa donde no hay ley. — El pecado no es contado por muerte cuando no hay ley haciendo la muerte el castigo por quebrantarla.

14 No obstante, reinó la muerte desde Adán hasta Moisés, — La transgresión de Adán estaba haciendo a un lado una ley positiva. De Adán a Moisés, aun aquellos que no habían pecado a la semejanza de la transgresión de Adán. La transgresión de Adán era hacer a un lado una ley positiva. De Adán a Moisés no había un código de leyes, así que no pecaron como pecó Adán. Sin embargo, fueron malos más allá de la medida; así que Dios los destruyó. El pecado de transgredir la ley no fue imputada, pero el pecado y la maldad previnieron a Dios en dar la ley, y perecieron sin ley. (Véase Génesis 6:11-13.)

aun en los que no pecaron a la manera de la transgresión de Adán, — Hay varias consideraciones en que los pecados de la posteridad de Adán no son como su transgresión: El pecó la primera vez que fue tentado; bajo las más favorables de las circunstancias, con la advertencia específica de Dios que moriría si pecaba. Respiró la atmósfera de inocencia y pureza, en cada resuello en que flotó el Espíritu de Dios, El Cual estaba impregnado con la aroma de bondad divina y amor celestial. Por virtud de su transgresión el dominio del mundo pasó al diablo. El mundo estaba ensuciado por el pecado. El espíritu del malo estaba infundido en toda la atmósfera de la tierra, y envenenado con el virus de pecado y muerte. Ningún individuo a través de las edades podía pecar bajo circunstancias similares. Ninguno ha tenido la libertad para escoger vida o muerte, como tuvo el privilegio Adán. Todos deben sufrir la muerte. Nosotros tenemos para escoger en esto.

el cual es figura del que había de venir. — Adán, por medio del cual vino el pecado y la muerte, es una figura de Jesucristo. [La semejanza entre Adán y Cristo era sus actos y la consecuencia de sus actos. Un hecho de Adán afectó toda la familia humana; igualmente con Cristo. El de Adán trajo muerte a todos los hombres; la obediencia de Cristo saca a todos de la tumba vivos (Juan 5:28, 29; Hechos 24:15; 1 Corintios 15:22) — es decir, cualesquiera que hayan sido los males traídos por el pecado de Adán sobre el mundo sin nuestra agencia son todos contrarrestados y remediados por el un acto de Cristo sin nuestra agencia.]

15 Pero con el don no sucede como con la transgresión; — [La comparación entre Adán y Cristo es a la misma vez un contraste. Se asemejan en que ambos están a la cabecera de la raza humana, y extienden su influencia de sus actos en semejante manera; son diferentes en la naturaleza de esos actos y las consecuencias que fluyen de ellos.] En un caso, el pecado vino por medio de uno para la muerte de muchos; en el otro, el favor de Dios, que vino por medio de Jesucristo, abunda para muchos.

porque si por la transgresión de aquel uno murieron los muchos, — ["Aquel uno" aquí es Adán, y la "transgresión" fue su primera transgresión. Se concede que todos murieron físicamente cuando Adán pecó — no murió físicamente en ese mismo momento, pues toda la raza hubiera sido exterminada; pero la sentencia fue pronunciada entonces, la provisión fue completada entonces, y sólo tuvo un breve descanso hasta el final. Era tan seguro que todos iban a morir que se habla del evento como si ya hubiese pasado. Es seguro que Adán, tan pronto como hubo pecado, fue cortado tanto en cuerpo como en espíritu de la unión vital con Dios, y que si no hubiese sido por la redención que es en Cristo (Apocalipsis 13:8; 1 Pedro 1:19, 20), hubiese muerto entonces y perdido para siempre. Pero ¿qué diremos de su posteridad? Pues todos admiten que en su pecado él representa a todos. Toda su posteridad ha muerto o morirá. Pero el pecado de Adán no afectó el espíritu de su posteridad. Su pecado se apega a todos hasta el punto en que el cuerpo y el espíritu se separan; más allá de este punto el espíritu es libre de su influencia, como si el pecado jamás hubiese sido cometido. Por lo tanto, todo lo que aparece necesario en su caso es que la redención de Cristo debiera sacarlos de la tumba y restaurarlos a vida una vez más. Esto hace, y, en el caso de los salvados, mucho más. Saca a los salvados de la tumba a un cuerpo espiritual y los restaura a una vida que es mucho mejor aun que la que tuvo Adán, y con muchas mejores circunstancias. Pero en el momento que uno comete un pecado personal, su espíritu su envuelve, y se encuentra en donde estaba Adán cuando primeramente pecó. Este pecado, y solamente este pecado, corrompe su alma; y por este pecado, y sólo éste, seguramente será perdido, sólo, que en esta vida, sea perdonado. El pecado de Adán ha corrompido nuestros cuerpos; nuestros propios pecados corrompen nuestros espíritus. Sólo por ellos seremos perdidos. Y aquí viene la provisión para salvación personal por medio de la sangre de Cristo. Por los méritos de esa sangre Dios puede ser justo al perdonar al pecador. Creemos en Cristo y le obedecemos, y la sangre de Jesucristo nos limpia de todo pecado, y nosotros aguardamos en esperanza la gloriosa resurrección.]

abundaron mucho más para los muchos la gracia — Ya sea el pecado de Adán o los muchos pecados que hemos cometido, la muerte de Jesús provee para todos, y mucho más. ["Mucho más" incluye un cuerpo mejor que el que tuvo Adán, una mejor vida que la que él tuvo, un mejor mundo de aquel en el cual él vivió — un mundo a donde Satanás, el pecado y la muerte jamás podrán venir.]

y el don de Dios por la gracia de un hombre, Jesucristo. — Por el pecado de Adán todos mueren y van al sepulcro. La gracia y don de Dios deben sacarlos del sepulcro y restaurarlos a la vida, de manera que todo lo que se perdió en Adán pueda ser recobrado en Cristo; pero esto no es una cuestión de deuda, sino de gracia. Pero aquí surge esta pregunta importante: ¿En qué sentido es que la gracia y el don de Dios abundaron mucho más que los efectos del pecado? ¿Invierten todo realmente con algo más que la restauración de vida? Seguramente que no. Todo lo que hacen más allá de este punto consiste en provisiones para la salvación de todos los hombres de pecados personales, pero no traen salvación a todos con la excepción de aquellos que obedecen al Señor. (Hebreos 5:9.) En cuanto a los malos, no se sabe de un sólo beneficio dado a ellos. Ellos simplemente serán levantados de los muertos. (Juan 5:29.) A los obedientes en Cristo el don y la gracia abundan a inmortalidad y vida eterna.

[A este punto estaría bien agregar unas palabras sobre aquellos que mueren en su infancia. Mueren en Adán, y en Cristo son vivificados. Lo que perdieron incondicionalmente en Adán, lo recobran incondicionalmente en Cristo. En este sentido, los salvados, los infantes y los malos son todos tratados por igual. Pero puesto que los infantes no tienen pecados personales por los cuales hay que dar cuenta, están en el mismo nivel con aquellos cuyos pecados personales han sido perdonados. Serán levantados de los muertos en cuerpos espirituales y compartirán las bendiciones con los salvos.]

16 Y con el don no sucede como en el caso de aquel uno que pecó; porque ciertamente el juicio surgió de un solo pecado resultando en condenación, — Por uno que pecó vino la muerte, y la condenación para todos. Una muerte trajo podredumbre física y ruina espiritual; o, es decir, tanto ruina espiritual como podredumbre física, como resultados de una causa.

pero el don surgió de muchas transgresiones resultando en justificación. — El don gratuito es para la justificación de muchas ofensas para que el que ofendió viva.

17 Pues si por la transgresión de uno solo, por ese uno reinó la muerte, — [Aquí se ve todo el período sobre el cual la muerte había reinado desde su entrada al mundo.] Vida y muerte se usaban originalmente en un sentido diferente del uso presente. La vida significaba libertad de corrupción o sufrimiento, tanto espiritual como material. La muerte era lo contrario a la vida — sujeción a corrupción, a sufrimiento, a podredumbre. "En el día que comáis de él seguramente moriréis" fue literalmente cumplido en el sentido en que la palabra "moriréis" fue usada. Con frecuencia se usa en el mismo sentido en la Biblia. Pablo dijo: "Cada día muero." (1 Corintios 15:13.) Nuestra existencia aquí es una mera muerte continua — una continuidad de sufrimiento y podredumbre. Lo que llamamos "muerte" es meramente el fin de la continuidad de la muerte. En este sentido la separación de Dios es muerte. El efecto de la muerte sobre el ser físico del hombre es sufrimiento, enfermedad, podredumbre, terminando en el retorno del polvo al polvo; el efecto de esa muerte sobre el hombre espiritual es angustia, tristeza, temor, asombro espiritual, terminando en tristeza eterna sólo que sea redimido de este destino por Cristo, el Salvador. Es una muerte, pero uno que dio fruto tanto en el mundo físico como en lo espiritual.

mucho más reinarán en vida por uno solo, Jesucristo, — Esto cubre toda la mediación de Jesucristo en referencia al hombre. Es por medio de su muerte que el creyente penitente, al obedecer el evangelio, entra a un estado de justicia y por medio de la unión de él que sigue que es todo su ser visualizado y transfigurado por medio del tiempo a la eternidad.]

los que reciben la abundancia de la gracia — [Esto indica la seguridad absoluta que los que aceptan la gracia dada por medio de Cristo gozarán su justicia.]

y del don de la justicia. — "El don de la justicia" es la remisión de los pecados. Visto del lado divino, es un acto gratuito; del lado humano, es la cosa recibida, por lo cual nada pagamos — es un don.

18 Así pues, — Después de decir en verso 12, "Por tanto, así como el pecado entró en el mundo por medio de un hombre, y por medio del pecado la muerte, así también la muerte alcanzó a todos los hombres, por cuanto todos pecaron," Pablo procede a declarar el estado del caso de un hombre; también lo de su pecado, y cómo esto trajo muerte universal. El tema es profundo y envuelve principios de justicia y lo recto a lo cual es difícil reconciliar la mente humana, que él vio y apreció, y sintió llamado a introducir en seguida la contraparte a este punto de vista difícil que acababa de declarar — a Adán, a su pecado, y a su muerte — en otras palabras, para introducir un amplio remedio que Dios había provisto en Cristo, no sólo por todos los males que había venido sobre la raza humana en Adán, pero también por sus propios pecados personales. Estos tópicos son discutidos en versos 12-17, en una cadena íntimamente conectada de pensamiento, cada eslabón de la cual es importante y está en su propio lugar. Estos asuntos pesaban sobre su mente hasta que una disposición propia se había hecho para ellos. Aquí tenemos el segundo miembro de la comparación que se inició en el verso 12, repetido en los términos cambiados demandados por las declaraciones interpuestas y luego las palabras "así pues" introducen lo que virtualmente completa la comparación allí iniciada; los términos precisos habiendo sido cambiados para conformarse a la declaración del primer miembro de la comparación en este verso.

como por la transgresión de uno vino la condenación a todos los hombres, — [Que este es el juicio pasado sobre Adán por su primer pecado no hay duda. Es el juicio que fue provocado por "la transgresión," y la "transgresión" que trajo la muerte. Ahora, en las mismas palabras que Dios pronunció este juicio sobre Adán, y por el mismo pecado, pronunció juicio sobre su posteridad. La posteridad de Adán no muere porque su pecado les fue imputado, sino porque, estando en él, por cuanto son humanos, se obró sobre ellos por su hecho. La doctrina de pecado imputado, como lo de justicia imputada, no tiene sanción en razonamiento ni en revelación. Nadie tiene el derecho de imputarme el pecado de otro y tratar conmigo como si fuese mío. Pero es de acuerdo a la constitución de la naturaleza, y algo que ocurre con frecuencia, que somos representados por otros para bien o mal, y ¿por qué no en Adán? La condenación sobre Adán era muerte. Por un pecado, Dios al condenar a Adán condenó a través de él a toda su posteridad a muerte. No tenía referencia a algún efecto más allá del sepulcro.]

de la misma manera por la justicia de uno — El hecho de que Cristo murió en la cruz.

vino a todos los hombres la justificación de vida. — [El don de justificación es la contraparte del juicio a condenación, y el significado de esto último determina el anterior. El juicio a condenación significa, como ya hemos visto, una sentencia en la cual Adán y su posteridad fueron condenados a muerte temporal. Ahora, justificación significa liberación de aquella sentencia, y nada más. Es liberación de muerte inmediata y, como tal, resulta en una tregua. En virtud de ello Adán vivió después de la sentencia; y por la misma razón todos vivimos la vida que ahora estamos viviendo. Significa la resurrección universal de los muertos. La frase es "justificación de vida" — justificación en cuanto a ser permitido a vivir y en cuanto a ser restaurado a vida después de la muerte.]

19 Porque así como por la desobediencia de un hombre — "Un hombre" era Adán, y la "desobediencia" fue el primer pecado.

los muchos fueron constituidos pecadores, — La desobediencia de Adán no los hizo pecadores, porque el mismo que los hizo pecadores los hizo justos. Esto seguramente excluye a Adán. [Debemos notar cuidadosamente que los muchos no fueron pecadores dentro de sí mismos o por un acto que ellos hubieron hecho. Fueron hechos pecadores. Si uno es pecador por su propio hecho, es independiente de otro que lo haga así. Dios no hizo los muchos pecadores a causa de, o por medio de, cualquier hecho de ellos mismos. Los hizo pecadores por la desobediencia de Adán. Antes de la transgresión de Adán no fueron hechos pecadores; después lo fueron. No se dice de Adán que fue hecho pecador. Era uno, y no podría ser hecho uno. Pero hasta ese momento de ser hecho pecadores su posteridad no eran pecadores como él lo era. No habían cometido pecado, excepto en cuanto a él pecando por ellos; y por esa razón Dios los hizo pecadores.]

así también por la obediencia de uno, los muchos serán constituidos justos. — [La referencia en "obediencia" es a la muerte de Cristo Jesús, "el cual se dio a sí mismo en rescate por todos." (1 Timoteo 2:6.) "Se humilló a sí mismo, al hacerse obediente hasta la muerte, y muerte de cruz." (Filipenses 2:8.) "Los muchos" incluye a toda la posteridad de Adán. "Porque así como en Adán todos mueren, también en Cristo todos serán vivificados." (1 Corintios 15:22.) Toda la familia humana han de ser constituidos justos hasta el punto, y por el solo propósito, de ser levantados de los muertos. Son hechos justos con este fin. Por el pecado de Adán los muchos fueron hechos pecadores en cuanto a ser sujetos a la muerte; por la obediencia de Cristo los muchos fueron hechos justos en cuanto a ser levantados de los muertos. El objeto es mostrar que así como toda la posteridad de Adán han sido hechos pecadores por medio de la transgresión de Adán, así fueron hechos justos por medio de la muerte de Cristo; y puesto que la desobediencia de Adán trae muerte, así la obediencia de Cristo trae la resurrección — y todo esto sin referencia alguna a méritos personales o falta de mérito de los afectados. En otras palabras, lo que fue perdido incondicionalmente en Adán fue incondicionalmente ganado en Cristo.]

20 Pero la ley se introdujo — [Aparte del pecado y la muerte, la ley también entró. Tres cosas entraron al mundo — pecado, muerte, y la ley.] La ley de Moisés, o la ley de las obras, fue agregada a causa de la transgresión. "De manera que la ley ha sido nuestro ayo hacia Cristo, a fin de que fuésemos justificados por la fe. Pero venida la fe, ya no estamos bajo ayo." (Gálatas 3:24, 25.)

para que el pecado abundase; El espíritu rebelde estaba en el hombre; la ley vino para sacarlo y hacerlo que se manifestara.

mas donde el pecado abundó, — El pecado fue el estallido de la enfermedad innata. Cuando estalló en pecado, los hombres podrían entender que era pecado, y que había la necesidad de un remedio.

sobreabundó la gracia; — Cuando el pecado se mostró, la gracia por medio de nuestro Señor Jesucristo abundó para quitarlo; o cuando abundó, entonces las provisiones para justificación en Jesucristo sobreabundaron para quitarlo.

21 [para que así como el pecado reinó en la muerte, — [El pecado aquí es personificado y representado como reinando como un rey. El reinado es poderoso, y los resultados son temerosos. Antes del tiempo de Pablo estaba reinando, estaba reinando entonces, está reinando ahora, y continuará hasta que la muerte sea absorbida por la vida. La muerte aquí es representada como un tirano ubicuo, cuyo predominio abraza a todos.]

así también la gracia reine por medio de la justicia para vida eterna mediante Jesucristo, nuestro Señor. — La gracia aquí es personificada como un rey bueno que reina por medio de la dirección de los hombres a la justicia de Dios y a una vida eterna por medio de Jesucristo.

2. EL REINO DE GRACIA NO ANIMA AL PECADO
6:1-14

1 ¿Qué, pues, diremos? — ¿Qué inferencia hemos de sacar de la doctrina de pecado y gracia dada en el capítulo anterior?

¿Permanezcamos en el pecado para que la gracia abunde? — La doctrina de la justificación por la fe sin las obras de la ley era comúnmente mal representada como ánimo para hacer el mal para que el bien pueda venir; y, aparte de tal calumnia, había el peligro de que la doctrina podría ser abusada. (Gálatas 5:13.) Pablo aquí enfrenta y descubre la maldad de tal perversión. Hay gente que dice, y que son animados por sus maestros en decir: "Si yo creo que ya no peco, el pecado no está en mí, puesto que Cristo murió por mí y yo creo en El."]

2 ¡En ninguna manera! — De ningún modo.

Los que hemos muerto al pecado, — Una muerte en pecado es ser dado al pecado y ser muerto a Dios por servir al pecado. Una muerte al pecado es apartarse del pecado para servir a Dios. "Los que hemos muerto al pecado, ¿cómo viviremos aún en él?" Esto muestra que morir al pecado es dejar de vivir en el pecado. "Y él os dio vida a vosotros, cuando estabais muertos por vuestros delitos y pecados, en los cuales anduvisteis en otro tiempo, siguiendo la corriente de este mundo." (Efesios 2:1, 2.) Antes de que se les diese vida, mientras estaban en la corriente de este mundo, estaban muertos en pecados.

¿cómo viviremos aún en él? — Un hombre muere al amor y a la práctica del pecado por medio de la fe en Cristo el Señor y arrepentimiento hacia Dios. Está sepultado al pecado y aparta el cuerpo de pecado en el bautismo. "En él también fuisteis circuncidados con circuncisión no hecha a mano, al echar de vosotros el cuerpo pecaminoso carnal, en la circuncisión de Cristo; habiendo sido sepultados con él en el bautismo, en el cual fuisteis también resucitados con él, mediante la fe en la fuerza activa de Dios que le levantó de los muertos." (Colosenses 2:11, 12.) Aquí está en cuerpo muerto al pecado, o un cuerpo muerto al pecado en amor y práctica, y ese cuerpo de pecados de la carne es apartado en el bautismo. La persona es muerta al pecado; es muerta y sepultada y levantada y libre de pecado.

3 ¿O ignoráis que todos los que hemos sido bautizados en Cristo Jesús — [Todos a los que se dirige Pablo estaban perfectamente conscientes de haber sido bautizados. No era posible que ellos lo dudaran. Ser "bautizado en" es una transición en alguien o en algo. Las palabras serían sin significado si son privadas de este concepto. De acuerdo a esto, ser "bautizados en un cuerpo" (1 Corintios 12:13) es pasar de estar sin él a él, y, por medio de ello ser puesto en él, para formar un miembro constituyente con sus miembros. Ser "bautizados a Moisés" (1 Corintios 10:2) es pasar desde afuera del círculo de su autoridad para estar dentro de él, y entrando por medio de ello bajo su control indisputable sobre sus movimientos. Ser "bautizado a arrepentimiento" (Mateo 3:11) es pasar por medio del bautismo de una vida impenitente a un estado de uno que ha cesado del pecado. De la misma manera, ser "bautizado en Cristo" es pasar del mundo, en donde él no es creído y obedecido, a un estado de libertad del pecado y completa sujeción a Su voluntad.]

Fe, arrepentimiento, y bautismo son todos conectados con la entrada en Cristo por la misma palabra ("eis"). Muestra que todos estos actos están juntos, en el mismo lado de perdón de los pecados, entrada a Cristo. La fe lleva al arrepentimiento y al bautismo. Arrepentimiento y bautismo son frutos — la incorporación de fe. La fe, al gobernar el corazón, produce arrepentimiento; controlando el cuerpo, lleva al bautismo. Arrepentimiento y bautismo son pasos sucesivos de fe, son partes de la fe, y, por lo tanto, deben estar relacionados con la remisión de pecados, para entrar a Cristo y la salvación así como lo es la fe. La relación de estos actos entre sí y la conexión de cada uno de ellos a la remisión de pecados, entra a Cristo y salvación por la misma palabra, aclaran sin lugar a duda que son para el mismo fin o cosa. El hombre debe de creer en Cristo, pero esta fe lo lleva al arrepentimiento y bautismo antes de estar en Cristo. La fe que se detiene antes del arrepentimiento y el bautismo no lleva a un creyente a estar en Cristo.

Hay mandamientos de Dios que parecen ser arbitrarios. Las llamamos leyes positivas. Fracasamos en ver su propiedad en cumplir con este fin. Fracasamos en discernir que hay en el requisito la habilidad de amoldar la vida y el carácter en la semejanza de Dios. Tome por ejemplo el bautismo. Lo llamamos un mandamiento positivo. No hay nada en él, en cuanto pueda ver la sabiduría humana, que tenga una influencia amoldadora sobre el carácter. Esto puede ser un error. Es cierto que prueba nuestra voluntad para conformarnos a la voluntad de Dios. Y sea lo que sea lo que investiga, examina, prueba nuestra voluntad para seguir a Dios ayuda mucho para conformar la voluntad y fortalecer el propósito para seguirle. Pero los actos que llamamos positivos son tales como para dar expresiones abrumadoras al espíritu que somos requeridos posesionar es uno de auto-desconfianza, auto-renunciación, un rechazo, poniendo a un lado a sí mismo como gobernante y guía, y el tomarse a sí mismo como la regla, autoridad, y vida de Dios revelada en Cristo Jesús. ¿Qué podría expresar más ampliamente esta muerte a sí mismo y la nueva vida en Cristo que hemos de vivir que la sepultura fuera de sí como muertos a sí mismo y la nueva vida en Cristo que hemos de vivir como muertos a sí mismos y la nueva vida en Dios? Una sepultura fuera de sí y una resurrección en Jesucristo. Un bautismo en el nombre del Padre y el Hijo y el Espíritu Santo. Esta es una ley positiva, una prueba de aceptación de la nueva vida en Cristo. Pero es la expresión del espíritu que debe morar en nosotros y gobernarnos. Recordemos que en hacer Su voluntad es "Dios que obra en nosotros el querer y el hacer Su buen placer." Y esa ley no es más que la expresión de la forma en la cual Dios trabaja — que Dios es el factor supremo y siempre presente en guiar todos los asuntos del universo y que El nos guía, nos sostiene y nos bendice.

hemos sido bautizados en su muerte? — Fuimos bautizados en Su muerte al pecado, y así morimos al pecado así como El murió, y, como miembros del cuerpo de Cristo, no podemos vivir en el pecado. [La unión con Cristo, en la cual entramos por medio del bautismo, es así definida más cerca como la unión en Su muerte. Esto es claramente declarado en las siguientes palabras: "Al pecado murió una vez por todas." (6:10.) Su muerte es aquí vista como el rescate final y completo de una vida, en la que, por nosotros, El había sido sujeto a condiciones impuestas por nuestros pecados, y este sentido corresponde exactamente con el pensamiento que llevó a la mención de la muerte de Cristo. Al ser "bautizados en Cristo" llegamos a ser, como si fuera, uno con El, así que lo que El hizo, hacemos nosotros. Somos entonces sepultados a nuestro estado anterior.] El sepultar siempre implica la existencia de muerte, puesto que sólo los muertos son literalmente sepultados. Cuando la gente cede a la obediencia del evangelio de Cristo, muere al pecado — cesa de amar y practicar el pecado, y por consiguiente, están muertos al pecado cuando es sepultada con Cristo en el bautismo. Cristo murió por nuestros pecados y cuando muerto fue sepultado en la tumba. Así en figura somos sepultados con Cristo a un estado fijo de muerte al pecado y al mismo tiempo a un estado de vida en relación a Cristo. Así que la muerte de la cual se habla es la muerte al pecado, un estado de relación en que somos muertos a nuestras vidas anteriores de pecado, como Cristo fue muerto para siempre a su vida anterior de sufrimiento desde el momento que murió en la cruz. Así como Cristo se levantó a una nueva vida, para morir nunca más, así los cristianos, una vez que salen de la sepultura de agua, deben evitar vidas de pecado. Por lo tanto dice: "Así también vosotros consideraos muertos al pecado, pero vivos para Dios en Cristo Jesús." (verso 11.) Y mientras que los cristianos deben de continuar en un estado de muerte al pecado, deben también continuar en un estado de vida a Cristo.

Fuimos, pues, sepultados juntamente con él para muerte por medio del bautismo, — [Sin duda la expresión, "fuimos sepultados,"fue sugerida por una sepultura momentánea en agua de la persona bautizada. Declara nuestra unión con Cristo en muerte y toda nuestra separación de nuestra vida anterior en que reinó el pecado.] Todos los datos y circunstancias conectados con el bautismo y todas las figuras usadas para ilustrarlo apuntan sin equivocación a la idea de inmersión, el sentir abrumador y el entierro de la persona bautizada. Sobre este verso el Dr. Philip Schaff dice: "Todos los comentaristas de renombre (menos Stuart y Hodge) admiten declaradamente o lo toman por un hecho que en este verso el modo antiguo prevaleciente del bautismo por inmersión y sobreentendido emerger del agua, como dando fuerza adicional a la idea de salir del viejo hombre y levantarse con el nuevo." Albert Barnes: "Es muy probable que el apóstol aquí hace referencia a la costumbre de bautizar por inmersión." John Wesley: " 'Fuimos sepultados con él'" — refiriéndose a la manera de bautizar por inmersión." Adam Clarke: "Es probable que el apóstol aquí se refiere al modo de administrar el bautismo por inmersión, todo el cuerpo siendo puesto bajo el agua, que parecía decir: el hombre es ahogado, es muerto; y cuando salió del agua, parecía tener una resurrección de vida; el hombre es levantado otra vez; está vivo." Conybeare y Howson: "Este pasaje no se puede entender sólo que se tenga en mente que el bautismo primitivo era por inmersión." William Sunday: "El bautismo tiene una doble función. (1) Lleva al cristiano a un contacto personal tan íntimo con Cristo que puede describirse como una unión con él. (2) Expresa simbólicamente una serie de actos que corresponden a los actos redentores de Cristo. Inmersión = Muerte. Sumersión = Sepultura (ratificación de Muerte). Salida = Resurrección. El cristiano tiene que pasar por todos éstos en un sentido moral y espiritual, y por los medios de su unión con Cristo. Como Cristo por Su muerte en la cruz cesó de todo contacto con el pecado, así el cristiano, unido con Cristo en Su bautismo, ha acabado de una vez y por todas con el pecado y vive de aquí en adelante una vida reformada dedicada a Dios." (Testimonios y admisiones semejantes podrían fácilmente ser multiplicados, pero no hay necesidad; éstos entre los más recientes serán suficientes.]

a fin de que como Cristo resucitó de los muertos por la gloria del Padre, — Así como Cristo fue resucitado de los muertos por medio de la fuerza gloriosa de Dios a nueva vida, nosotros fuimos levantados para ya no andar en los pecados que han sido hechos a un lado en el bautismo, pero fuimos levantados [de la sepultura en agua con muerte entre nosotros y la antigua vida de pecado] para andar en la nueva vida en Cristo. Todavía está mostrando por qué no podemos pecar para que la gracia abunde.

así también nosotros andemos en novedad de vida. — [Novedad del elemento de vida, de los que viven, principio animador; no la vida que es vivida día a día, pero la vida que vive en nosotros. (Gá. 3:20; Col. 3:3, 4.) Debemos exhibir la conducta propia a aquella vida en la cual nacimos por medio de la fe en nuestro bautismo. La conducta de vida es aquí expresada por la figura de andar, como en el pasaje semejante en Gá. 5:25. Compare también "andad en amor" (Ef. 5:2) y "andad sabiamente" (Col. 4:5). La vida en Cristo es ahora, y esta calidad es hecha permanente por la forma substancial, "novedad de vida."]

5 Porque si fuimos plantados juntamente con él en la semejanza de su muerte, así también lo seremos en la de su resurrección; — Pues si hemos llegado a ser miembros del cuerpo de Cristo por la conformidad a Su muerte, al seguirlo en la semejanza de su sepultura en bautismo, también nosotros por nuestra resurrección de nuestra sepultura en bautismo debemos vivir en la semejanza de Su resurrección, libres del pecado. [Si hemos llegado a estar vitalmente unidos a Cristo en la semejanza de Su muerte, como significa nuestro bautismo, somos uno con El por medio de una vida semejante a la de El después de Su resurrección. Después de que fue levantado, ya no vivió la vida que vivió antes de Su muerte. Así con nosotros. Una vez levantados en el bautismo, no hemos de vivir la vida que vivimos antes; hemos de vivir una nueva vida, y, por lo tanto, no podemos continuar en el pecado.]

6 conocedores de esto, que nuestro viejo hombre fue crucificado juntamente con él, — [El hombre viejo que siguió el pecado fue crucificado por medio de la fe en Jesús y arrepentimiento hacia Dios, con una sepultura del pecado. El hombre viejo es nuestro antiguo ser — el antiguo ser que pecaba antes de que muriésemos al pecado. Al hacer contraste con su estado anterior con el presente, Pablo dice: "Con Cristo estoy juntamente crucificado, ya no vivo yo, sino que Cristo vive en mí." (Gá. 2:20.) Se siente como otro ser, y ha pasado por un cambio tan completo como la muerte. Su ser anterior ha fallecido; vive como un hombre nuevo en Cristo y Cristo en él. El hombre viejo es así visto como nuestro ser anterior en la antigua condición corrupta y pecaminosa.]

para que el cuerpo del pecado sea reducido a la impotencia, — [El cuerpo del pecado es de ser contado como inerte, inmóvil, y muerto en relación al pecado como lo es por una real crucifixión en relación a un patrón terrenal. Esto es hecho al mantener el cuerpo bajo control y resistir tenazmente la tentación, por medio del Espíritu que está adentro ayudando nuestras debilidades, y por la ayuda de Dios, quien está presente en cada tiempo de necesidad.]

a fin de que no sirvamos más al pecado. — Para que a través de estos medios no estemos más en esclavitud para servir al pecado.

7 Porque el que ha muerto, ha sido justificado del pecado. — Así como el esclavo cuando es muerto es librado de su amo, así el que ha muerto con Cristo es librado del pecado y no puede ya vivir en el pecado.

8 Y si hemos muerto con Cristo, creemos que también viviremos con él; — Ahora, si hemos muerto con Cristo al pecado, creemos que viviremos con El la vida que El vive, no una vida de servicio al pecado.

9 sabiendo que Cristo, habiendo resucitado de los muertos, ya no muere; — Nuestra esperanza que viviremos con Cristo descansa en nuestro conocimiento del hecho que El está vivo para siempre. No podríamos tener la seguridad de que viviremos con El sólo que supiéramos que El ya no morirá. Por lo tanto, Pablo repite la misma verdad importante aún más enfáticamente.

la muerte ya no se enseñorea más de él. — [Otros que habían sido levantados de los muertos volvieron a esa vida común de hombres en que la muerte aún tiene dominio sobre ellos, pero con Cristo no era así.] Habiendo sido levantado de los muertos, ya no muere, es libre para siempre del dominio de la muerte.

10 Porque en cuanto a lo que murió, al pecado murió una vez por todas; — Murió una muerte al pecado, de manera que ya no siente el impulso para pecar. [Cristo fue sujeto por nuestra causa al poder del pecado, en que soportó todos los males que el pecado pudo dar sobre uno "el cual no hizo pecado." (1 P. 2:22.) Esta tiranía del pecado — no la de él, pero la nuestra — fue permitida, por medio del consejo de Dios y la obediencia voluntaria de Cristo, marcó Su muerte. "Se humilló a sí mismo, al hacerse obediente hasta la muerte, y muerte de cruz." (Fil. 2:8.) Pero allí el poder del pecado sobre El cesó, porque el propósito por el cual fue permitido fue logrado. El pecado del hombre ahora, que le costó su vida, no puede ya tener dominio sobre El. Murió una vez "al pecado" — es decir su relación previa al pecado vino a un fin absoluto. Fue quitado para siempre del poder del pecado, y, por lo tanto, del poder de la muerte. Hay, por lo tanto, tres puntos para observar en la relación de Cristo al pecado: (1) Su vida, como un conflicto con el pecado y un triunfo sobre él, haciéndolo a El como hombre exento de la muerte; (2) Su rendimiento voluntario, por el pecado del mundo, de una vida no multada por pecados propios; y (3) el efecto de su sumisión voluntaria al castigo de nuestros pecados — es decir, su separación final del pecado y de la muerte. (véase He. 7:27; 9:25-28.)]

mas en cuanto a lo que vive, para Dios vive. — Pero Cristo ahora vive, y la vida que vive está en armonía absoluta y unión con Dios. [Vivir "para Dios" es vivir sólo para manifestar y servir a El, sin ser ya más sujetos a la tiranía usurpada del pecado y de la muerte — él "ya no muere." El Salvador glorificado vive y actúa para manifestar en el corazón del hombre la vida de Dios, que es su vida — vida eterna; y cuando recordamos que él murió para que compartamos Su vida de devoción a Dios.]

11 Así también vosotros consideraos muertos al pecado, — Desde que el creyente entró en Cristo al ser bautizado en El y muerto con El al pecado, debe considerarse muerto al dominio del pecado para siempre.

pero vivos para Dios en Cristo Jesús, Señor nuestro. — La muerte de Cristo rescataría del pecado y sus efectos a todo al que en El cree. Por lo tanto, la vida nueva del creyente pertenece totalmente a Dios, y debe, como Cristo cuya vida comparte, ser dedicada completamente a Su servicio. Estos versículos han de mostrar cómo el hombre no puede continuar en el pecado para que la gracia abunde, después que crea en Cristo.

12 No reine, pues, el pecado en vuestro cuerpo mortal, — Desde que habían sido traídos a Cristo para ser librados y guardados del pecado, no habían de dejar el pecado reinar en sus cuerpos mortales — tener dominio sobre ellos. [El pecado es personificado como un tirano cuya esfera de influencia es el cuerpo humano. Este tirano reina en o gobierna sobre el cuerpo, pero sólo mientras que los deseos del cuerpo tengan control y lo guíen al pecado.]

de modo que lo obedezcáis en sus concupiscencias; — No debemos permitir que estos deseos se exciten tanto como para obligarnos a obedecerles.

13 ni tampoco presentéis vuestros miembros al pecado como instrumentos de iniquidad, — Presentar nuestros miembros al pecado es entregarlos para ser usados en el servicio de injusticia. [El pecado pelea por el dominio; llama a un ejército de codicias, y busca usar cada facultad y poder del cuerpo humano para reestablecer su gobierno de iniquidad.]

sino presentaos vosotros mismos a Dios como vivos de entre los muertos, — La palabra "muertos" aquí incluye a todos los muertos. Los cristianos romanos habían estado entre los muertos y habían salido de entre ellos. Habían sido bautizados en Cristo, y en el acto habían sido sepultados con El. Esto los llevó para estar entre los muertos. Al ser levantados en el bautismo habían sido levantados con Cristo. "Habiendo sido sepultados con él en el bautismo, en el cual fuisteis también resucitados con él, mediante la fe en la fuerza activa de Dios que le levantó de los muertos." (Col. 2:12).) Por lo tanto, habiendo salido de entre los muertos, aunque aún muertos al pecado, estaban vivos; y ahora, como vivos, habían de presentarse a Dios. Según esto, debemos presentarnos a Dios hasta ser levantados con Cristo vivos de entre los muertos. A este punto se inicia el servicio de Dios; aquí la vida dedicada a El se establece.

y vuestros miembros a Dios como instrumentos de justicia. — Hay que presentar a los diferentes miembros del cuerpo como instrumentos para ser usados bajo la dirección de Dios para hacer la justicia. No hay que reservar nada.

14 Porque el pecado no se enseñoreará de vosotros; — Si sois siervos de Dios, el pecado no tendrá dominio sobre vosotros para gobernar sobre vosotros o usará vuestros miembros en el servicio del pecado. [El pecado tentará y acosará y atrapará; será un enemigo poderoso, peligroso y con frecuencia triunfará; pero no tendrá autoridad sobre ti; no será tu señor y amo, haciéndote a un lado a voluntad, y, como si fuera, de derecho.]

pues no estáis bajo la ley, sino bajo la gracia. — La ley no tocó el corazón, pero bajo penalidades prohibió el mal y excitó el espíritu rebelde. No estáis bajo esta ley de obras, sino bajo la gracia que toca al corazón, excita el amor, y guía a la obediencia a la ley de fe sin excitar el espíritu rebelde — una fe que obra por medio del amor.

3. LOS CREYENTES, AUNQUE NO ESTAN BAJO UNA DISPENSACION, ESTAN, NO OBSTANTE, BAJO LA OBLIGACION DE LA OBEDIENCIA A LA LEY DIVINA
6:15-23

15 ¿Qué, pues? — Acaba de concluir su argumento, en que muestra que un hombre que ha muerto con Cristo no puede vivir en pecado. Retorna ahora a la pregunta del verso 1 presentada en forma diferente:

¿Pecaremos, porque no estamos bajo la ley, sino bajo la gracia? ¡En ninguna manera! — Esto derrotaría el gobierno de gracia para rescatar del pecado y las consecuencias del pecado, muerte y ruina. [Porque no estamos bajo la ley, algunos han concluido que están sin freno, pero no pueden estar más lejos de la verdad; pues aunque no estamos bajo la ley, podemos pecar, que claramente implica que estamos bajo ley en algún sentido. La verdad es que estamos bajo ley al mismo tiempo que bajo la gracia, porque estar bajo la gracia es estar bajo "la ley del Espíritu de vida en Cristo Jesús" (8:2), que es el evangelio. Por lo tanto, estar bajo la gracia no excluye la ley. Es estar sin ley en un sentido, y estar bajo ella en otro. Toda la fuerza de la pregunta, es, por lo tanto: ¿Podemos pecar porque no estamos bajo la ley, que condena el pecado y no da provisión para perdonarlo; pero bajo la gracia, que, aunque pecamos, da provisión para perdonarlo?]

16 ¿No sabéis que si os sometéis a alguien como esclavos para obedecerle, sois esclavos de aquel a quien obedecéis, — El pecado es obediencia al diablo. Si, entonces, prestamos nuestros miembros al pecado, obedecemos a Satanás y llegamos a ser sus siervos, y el fin es muerte. (Véase 6:23.) [Esto declara la ley universal que el hombre es sujeto de lo que hace. Si cede al pecado, ese pecado lo domina; si miente una vez, no sólo es probable que lo vuelva a hacer, sino que esa mentira lo tiene en su poder. Ha manchado su consciencia y ha opacado la luz en su corazón. Esto también es la enseñanza en Mateo 6:24; Juan 8:34; 2 Pedro 2:19.)]

ya sea del pecado para muerte, ya sea de la obediencia para justicia? — Sin duda, la obediencia es el camino a la justicia; así como la desobediencia, a la injusticia. Obedecer a Jesucristo, el Señor, es ser Sus siervos. Si le obedecemos, por la obediencia a El llegamos a un estado de justicia para vida. [La palabra "ya" usada aquí dos veces muestra que la vida tiene sólo dos caminos abiertos, uno de los cuales debe escoger cada hombre; no hay otro recurso en el medio.]

17 Pero gracias a Dios que, aunque erais esclavos del pecado, — Puesto que es el objeto del apóstol mostrar a los creyentes que no pueden vivir en pecado, habiendo llegado a ser siervos de otro amo, aplica la verdad general declarada en los versos anteriores más directamente a sus lectores inmediatos, y da gracias a Dios que ellos, habiendo sido librados de su esclavitud anterior, están ahora atados a un amo cuyo servicio es libertad perfecta.]

habéis obedecido de corazón — El corazón es el hombre interior, espiritual, abrazando la voluntad, el intelecto, y las afecciones. La obediencia del corazón requiere que la mente, la voluntad y las afecciones entren todas en el servicio. La mente debe ser iluminada, la voluntad guiada, y las afecciones reclutadas antes de que la forma de enseñanza pueda ser obedecida. Una peculiaridad de la dispensación de Cristo es que el servicio debe ser del corazón — es decir, una actuación externa no es aceptable sin el deseo del corazón para obedecer a Dios. Todo servicio, entonces, deben nacer del deseo de obedecer a Dios. Es la motivación principal de todo servicio. El honor y la obediencia a Dios del corazón son muy parecidos. Dios dijo: "Yo honraré a los que me honran y los que me desprecian serán tenidos en poco." (1 S. 2:30.) Llegamos a ser siervos de justicia y siervos de Dios al obedecerle. El deseo de obedecer a Dios, entonces, es la razón fundamental de todo servicio, fines, deseos, motivo; el deseo de obedecer a Dios aun está debajo del deseo de entrar a Cristo. Deseamos entrar en Cristo para obedecerle. Entonces el deseo de obedecer a Dios debe estar presente en, y guiarnos a, todo servicio a Dios. Nada que hagamos es aceptable a Dios sólo que sea hecho para que podamos obedecerle y conocerle. Es el motivo principal que está debajo de todos los motivos. Otros motivos pueden estar ausentes sin invalidar el servicio, pero ningún servicio es aceptable en donde el deseo de obedecer a Dios esté ausente. Cuando entendemos a Dios correctamente, el deseo de salvación es el deseo de obedecerle. Pedro dijo: "Habiendo purificado vuestras almas en la obediencia a la verdad, mediante el Espíritu, para un amor fraternal no fingido, amaos unos a otros entrañablemente, de corazón puro." (1 P. 1:22.) El motivo principal y deseo que es esencial a todo servicio que rindamos a Dios es el deseo de obedecerle como Señor del cielo y de la tierra. Podemos desear obedecerle sólo cuando creemos y confiamos en El. La obediencia, pues, al evangelio significa el hacer las cosas que nos traen a Cristo y nos compromete y obliga a hacer toda la voluntad de Dios. La fe en el Señor Jesucristo, arrepentimiento del pecado, y entierro fuera de uno mismo nos pone en Cristo, y nos ata a una vida de servicio a El, y son la obediencia al evangelio.

a aquella forma de doctrina — La enseñanza era que Cristo murió por nuestros pecados, fue sepultado y levantado otra vez para nuestra justificación. La forma de enseñanza incluye el morir al pecado así como la sepultura y resurrección a vida. Muertos al pecado y levantados por fe; somos sepultados por medio del bautismo, y nos levantamos en Cristo Jesús para andar en novedad de vida impartida por medio de la fe, así como el principio de vida es impartido al ser engendrados, pero no puede gozar una vida personal distinta hasta ser rescatados a un nuevo estado apropiado para el desarrollo de vida. La obediencia a la forma de doctrina incluye la vivificación por medio de la fe, la muerte al pecado, la

100

sepultura y resurrección por medio del bautismo a una vida nueva en Cristo. Esto nos ata a una obediencia a todas las leyes y reglamentos de la religión cristiana que nos preparan para gozar de las bendiciones del cielo.

a la cual fuisteis entregados; — [Estas imágenes son tomadas de la costumbre de rescatar a los esclavos de un amo a otro. El pecado está en la mente de Pablo como un amo al cual los discípulos habían sido esclavos, y los concibe ahora como rescatados de este amo a la forma de doctrina para ser obedientes a ella de aquí en adelante.]

y libertados del pecado, vinisteis a ser siervos de la justicia. — Y siendo librados del pecado y de la ley del pecado, por la forma de enseñanza en la cual fueron echados, al ser sepultados con Cristo en el bautismo y levantados otra vez en novedad de vida, habían llegado a ser siervos de la justicia. Eran por su entierro fuera de sí mismo en la muerte con Cristo, y su resurrección para andar en novedad de vida, librados del pecado·y de la ley del pecado, y llegaron a estar obligados a la vida de justicia en Cristo.

19 Hablo en términos humanos, por vuestra humana debilidad; — Ilustró las verdades que enseñó con ejemplos conocidos al hombre a causa de su debilidad de la carne.

que así como para iniquidad presentasteis vuestros miembros como siervos a la inmundicia y a la iniquidad, así ahora para santificación presentad vuestros miembros como siervos a la justicia. — A causa de los días pasados, antes de creer, al presentar sus miembros como siervos al pecado para obrar la iniquidad y de un estado o grado de iniquidad a otro, en la misma manera habrían de presentar sus miembros como siervos a la justicia para obrar su santificación.

20 Porque cuando erais esclavos del pecado, erais libres respecto a la justicia. — Cuando eran incrédulos y sirviendo al pecado, no sentían obligación alguna para obrar la justicia. [El ser libres en cuanto a la justicia es ser libre en el sentido sólo en que un siervo, al estar atado a un amo, es libro de otro.]

21 ¿Qué fruto teníais entonces en aquellas cosas de las cuales ahora os avergonzáis? — [El hecho que cuando veían hacia atrás sobre sus vidas pasadas se sentían avergonzados de los pecados en que antes se habían gozado muestra un cambio profundo que había tomado lugar en sus mentes, e implica cuan sincero y completo había sido su arrepentimiento. Además, si no habían sacado beneficio de sus pecados pasados, pero, al contrario, sentían vergüenza de ellos, seguramente no tendrían razón para retornar a ellos; y esto es lo que Pablo quiere evitarles. El problema que está tratando con ellos es que no han de pecar porque están bajo la gracia.]

Porque el fin de ellas es muerte. — El final del fruto que sacamos fuera de Cristo es muerte. Pero aun en Cristo, por lo menos de aquellos que han entrado a Cristo, algunos llevan frutos malos, algunos buenos. Llevar mal fruto o fracasar en dar buen fruto en Cristo, es estar separado de Cristo y el fin de esto es de ser quemado.

22 Mas ahora que habéis sido libertados del pecado y hechos siervos de Dios, — Pero habiendo sido librados del pecado y habiendo sido sepultados con Cristo en el bautismo y levantados a andar en novedad de vida, estaban obligados a servir a Dios. [Ser libertados del pecado es ser perdonados. La esclavitud al pecado es la más terrible.]

tenéis por vuestro fruto la santificación, — Los santificados son separados para el servicio de Dios. Todos los que están en Cristo se han obligado a servirle. El crecimiento hacia la santificación se logra por un estudio constante y persistente de la palabra de Dios y un esfuerzo diario para producir una obediencia que lleve fruto.

y como fin, la vida eterna. — [No sólo es este servicio el más elevado y bendito en su propia naturaleza, sino que, su consumación segura es vida eterna. No podían, entonces, porque estaban bajo la gracia, abandonar esto y volverse una vez más al servicio del pecado. El acto sería irrazonable; arruinaría su esperanza y les aseguraría la muerte eterna.]

23 Porque la paga del pecado es muerte, — Toda muerte viene como resultado del pecado. La muerte y el sufrimiento del cuerpo vienen como el resultado del pecado; pero la muerte mencionada aquí significa muerte espiritual y eterna en el futuro. El que peca recibirá la paga del pecado — muerte eterna.

mas la dádiva de Dios es vida eterna — La dádiva que Dios da en Su abundante misericordia es la vida eterna. Es la dádiva de Dios. Nadie la puede dar; nadie la puede ganar; El la da a aquellos que la aceptan en la condición que El prescribe. Tales condiciones son tales que muestra, y aún más cultivan, la confianza en Dios que da con el carácter de vida eterna — por una vida con Dios en Su hogar para siempre. Equipar y preparar a los mortales para este hogar es el fin de todas las enseñanzas y requisitos que Dios ha dado al hombre. No requiere de nosotros servicio porque El lo necesita, sino porque nosotros necesitamos la escuela y la preparación que el servicio nos da.

en Cristo Jesús Señor nuestro. — [Cristo Jesús' y Su evangelio, entonces, en vez de ser ministros de pecado, como sus contrarios confiadamente afirmaban, aseguraron eficazmente lo que la ley nunca pudo lograr, en obediencia, consistiendo en santificación y resultando en vida eterna.]

4. LA NECESIDAD DE ESTAR BAJO LA GRACIA
Y NO BAJO LA LEY
7:1-6

1 ¿Acaso ignoráis, hermanos (pues hablo a los que conocen la ley), — [Conocían la ley, pues constantemente era leída y expuesta en su audiencia; y la práctica de apelar a la Escritura judía hizo que aun los creyentes gentiles estuviesen familiarizadas con ella.] Habiendo mostrado en el capítulo anterior que a los recipientes de la gracia divina su ley prohibe pecar "para que la gracia abunde," y que están obligados a servir a Dios. Ahora muestra que la ley de Moisés había sido quitada, y que ya no estaban sujetos a ella, habiendo sido comprometidos al servicio de Cristo.

que la ley se enseñorea del hombre entretanto que éste vive? — Hay dificultad en este verso como está traducido tanto en la Versión del Rey Santiago como en la Versión Americana Revisada (ambas en inglés). Lo hacen decir que el hombre está sujeto a la ley entre tanto que el hombre vive. Pero el contexto muestra que cuando la ley deja de estar en vigor, el hombre es eximido de la obligación a la ley. Greenfield, en sus "Notas sobre el Nuevo Testamento Griego," lo traduce: "La ley tiene dominio sobre un hombre mientras que esté en vigor, y no más." No hay nada en el griego que prohíba esta traducción, y el sentido lo requiere. La ley ha sido abolida por Jesús en Su muerte sobre la cruz. Había cumplido la ley, y fue clavada a la cruz en Su Persona.

2 Porque la mujer casada está sujeta por la ley al marido mientras éste vive; — [Está unida a él y está bajo su autoridad como cabeza de su casa. A él en particular se le da el ser cabeza de la familia, y ella está sujeta a su autoridad.] Los judíos y sus obligaciones a la ley son comparados a la mujer esposada a un marido.

pero si el marido muere, ella queda libre de la ley del marido. — [Si el marido muere, la esposa queda libre; si la esposa muere, el esposo es eximido. La muerte es común en ambos cónyuges. Cuando el esposo muere, la esposa muere con respecto a la relación legal. El esposo es representado como el partido que muere, porque la figura de un segundo matrimonio es introducida, con su aplicación a los creyentes. (Verso 4.) Como la mujer no está muerta, pero en respeto a su relación matrimonial es situada como muerta por la muerte natural de su marido, así los creyentes no han muerto a una muerte natural, pero son hechos muertos a la ley, puesto que están crucificados a la ley con Cristo.] Así estaban los judíos atados a la ley de Moisés, bajo la cual habían vivido, mientras que la ley vivía o estaba en vigor; pero puesto que la ley había sido quitada, fueron eximidos de su obligación a ella y quedaban libres para estar unidos a Cristo.

3 Así que, si en vida del marido se une a otro varón, será llamada adúltera; — [Ser unida a otro hombre durante la vida de su marido la haría adúltera, que la sujetaría al castigo más severo de la ley — apedreamiento. (Lv. 21:10; Jn. 8:5.)] Así que, si mientras que la ley de Moisés estaba en vigor, los judíos servían de acuerdo a otra ley, eran culpables de adulterio espiritual.

pero si su marido muere, es libre de esa ley, de tal manera que si se une a otro marido, no será adúltera. — [La misma ley que determina que la esposa es inseparable de su marido mientras que él vive la libra de ese yugo tan pronto que él muere. Una vez que el lazo conyugal es roto por la muerte del marido, la esposa también muere como esposa. Está muerta (al lazo conyugal) en su esposo muerto.] Si la ley está muerta, o abolida, entonces no serían culpables de adulterio espiritual, aunque sirvieran de acuerdo a otra ley.

4 Así que, hermanos míos, — ["Así que" introduce una consecuencia del principio general de la ley cuyo ejemplo ya ha sido dado en los versículos 1-3.]

también vosotros habéis muerto a la ley — Esto se refiere a la crucifixión del "viejo hombre" con Cristo (6:6), puesto que por ese medio el creyente mismo murió a la ley. "Porque por medio de la ley yo he muerto para la ley, a fin de vivir para Dios. Con Cristo estoy juntamente crucificado, y ya no vivo yo, sino que Cristo vive en mí." (Gá. 2:19, 20.)

mediante el cuerpo de Cristo; — Esas palabras fuertes nos recuerdan de la muerte violenta de Jesucristo en la cruz. En esa muerte fuimos bautizados. Esta participación en la muerte de Cristo ha sido completamente establecida en su significado explicado en el capítulo 6. Aquí, como allí, la unión en muerte llega a ser la fuente de unión en la nueva vida del Cristo resucitado. Esto es confirmado por lo siguiente: "Porque el amor de Cristo nos apremia, habiendo llegado a esta conclusión: que si uno murió por todos, luego todos murieron; y por todos murió, para que los que viven, ya no vivan para sí, sino para aquel que murió y resucitó por ellos." (2 Co. 5:14, 15.)

para que seáis de otro, del que resucitó de los muertos, — [Esto completa la ilustración en versos 2 y 3. Como la mujer es librada de la ley del marido por su muerte, y cuando se vuelve a casar viene bajo la autoridad de otro, así nosotros, cuando somos librados de la ley y de su maldición por la muerte de Cristo, somos puestos bajo una nueva ley de fidelidad y obediencia a El con quien estamos así unidos.]

a fin de que llevemos fruto para Dios. — El fruto es "amor, gozo, paz, paciencia, benignidad, bondad, fidelidad, mansedumbre, dominio propio." (Gá. 5:22, 23.) Es para la gloria y honor de Dios que debemos ser fructíferos en "buenas obras." (Tit. 3:8.)

5 "Porque mientras estábamos en la carne, — [Los que son controlados por propensidades corruptas, malas inclinaciones, y deseos de la carne se dicen estar en la carne. Por lo tanto, se refiere a nuestra condición antes que fuésemos obedientes al evangelio de Cristo.

las pasiones pecaminosas, La gratificación de deseos pecaminosos.

despertadas por la ley, — Esto no significa que la ley produce estas pasiones pecaminosas, sino que las revela y las manifiesta. Pablo dice: "Pero yo no conocí el pecado sino por la ley; porque tampoco habría sabido lo que es la concupiscencia, si la ley no dijera: No codiciarás." (Verso 7.) "Porque por medio de la ley es el conocimiento del pecado." (3:20.) Ahora, si Pablo tuvo que aprender de la ley lo que el pecado es en sí, más que seguro que tuvo que aprender que los deseos eran pecaminosos.

actuaban en nuestros miembros llevando fruto para muerte. — Cuando estábamos en la carne, las pasiones pecaminosas en nuestros miembros estaban tan excitados al traer fruto para muerte. ¡Cuán vano, entonces, esperar de la ley vida o ayuda cuando sólo amenaza con maldición y obra sólo para muerte! [No sólo obraron estos deseos pecaminosos en nuestros miembros cuando estábamos bajo la carne, sino que hasta cierto punto aún trabajan en ellos, de otra manera estaríamos sin pecado. La diferencia entre nuestro estado anterior y el presente es que estos deseos entonces nos gobernaban; y ahora nosotros los controlamos. Es cierto que la carne no nos controla ahora, pero aún estamos en ella; y mientras que éste sea el caso, seremos más o menos influidos por ella.]

6 Pero ahora estamos libres de la ley, por haber muerto para aquella en que estamos sujetos; — [Estuvimos sujetos en la ley, como bajo el poder de un amo, y fuimos sujetos de tal manera hasta que morimos en la Persona de Cristo cuando El murió en la cruz. Por esa muerte fuimos eximidos de la ley, y así pasamos a estar bajo la gracia, en donde ahora estamos firmes.]

de modo que sirvamos bajo el régimen nuevo del Espíritu, — Para que podamos en el nuevo estado espiritual, o en unión con Cristo, servir a Dios. Este servicio es el nuevo servicio de aquellos que viven nuevas vidas. Es un servicio espiritual. "Los verdaderos adoradores adorarán al Padre en espíritu y en verdad." (Juan 4:23.)

y no bajo el régimen viejo de la letra. — El "régimen viejo de la letra" era según la carne, cumpliendo con la letra, no en espíritu. La obediencia a la ley judía no requirió necesariamente el servicio del espíritu, o del corazón. Bajo Cristo todo servicio debe ser del corazón. La debilidad de la ley estaba en que condenaba al pecado, pero no reclutó y purificó el corazón.

5. LA RELACION DE LA LEY AL PECADO
7:7-12

7 ¿Qué diremos, pues? — Puesto que había dicho que la ley excitaba al pecado por sus prohibiciones, sin manifestaciones de misericordia y amor para vencerlo, ¿qué juicio pasaremos, o qué objeción haremos?

¿Es la ley pecado? — ¿Es la ley la causa de pecado?

¡En ninguna manera! — Seguramente que no. Realmente sacarle el velo al pecado es, en cierto sentido, lo contrario de producirlo.

Pero yo no conocí el pecado sino por la ley; — La ley mandaba santidad, sin embargo Pablo no hubiera conocido el pecado como pecado excepto por la ley que lo prohibía. [Si Dios hubiera guardado silencio en cuanto al pecado y nunca hubiera comunicado al hombre sobre ello en la forma de ley definiendo las cosas que eran pecados, el concepto del pecado jamás hubiese estado en la mente humana.]

porque tampoco habría sabido lo que es la concupiscencia, si la ley no dijera: No codiciarás. — Aunque había codicia en el corazón, no la hubiera conocido como pecado si la ley no hubiera dicho, "No codiciarás." [Pablo y todos los fariseos sabían y estaban listos para admitir que ciertos actos externos eran malos; pero que Dios tomaba conocimiento del corazón y de sus obras más secretas, y aun de sus hábitos de disposiciones, estaban menos dispuestos a imaginar, y eran, por lo tanto, deplorablemente ignorantes de la extensión y depravación de su condición pecaminosa ante Su vista.]

8 Mas el pecado, tomando ocasión por medio del mandamiento, produjo en mí toda clase de concupiscencia; — En el momento que el mandamiento vino a El, el pecado tomó el mandamiento como ocasión para revolver dentro de él toda clase de concupiscencia. Añoraba por ellos ahora que eran prohibidos. [La ley, entonces, no es pecado; ni causa esos malos deseos que lo inducen, pero el pecado mismo los causa. Esto es mostrado en los siguientes versículos, en donde semejantes expresiones son usadas: "Porque el pecado, tomando ocasión por medio del mandamiento, me engañó, y mediante él me mató." (Verso 11.) "El pecado, para mostrarse pecado, produjo en mí la muerte por medio de lo que es bueno." (Verso 13.) Estos pasajes enseñan que los efectos del pecado obrando por medio de la ley levantaron las malas pasiones y guían para el deseo de las cosas que la ley prohibía.] Es decir, cuando el corazón no era purificado del amor al pecado, el esfuerzo para controlarlo por penalidades excita a un espíritu más rebelde.

porque sin la ley el pecado está muerto. — Porque sin ley para manifestarlo, el pecado está muerto — inerte y pasivo. [Está muerto en cuanto a consciencia. El pecado no llenó a la consciencia con remordimiento hasta que la ley reveló lo que era el pecado.]

9 Y yo vivía en un tiempo sin la ley: — Mientras que el sentir pecaminoso dormía aparte de la ley, sintió como que ahora vivía. No tenía sentido de pecado o de su condenación. [Vivía en toda la libertad de una consciencia sin perturbación. Posiblemente se refiere al sentir no estorbado de una justicia legal, como con el joven gobernante rico, quien, al ser confrontado con el mandamiento, pudo decir: "Todo esto lo he guardado desde mi juventud. ¿Qué me falta todavía?" (Mateo 19:20.) Este parece haber sido el caso con Pablo, quien dice que él era, "en cuanto a la justicia que es en la ley, irreprensible." (Fil. 3:6.) En este sentido había guardado la ley, como lo hizo todo fariseo piadoso.]

pero venido el mandamiento, el pecado revivió, — Las lascivias reinaron y gobernaron en sus miembros, pero el sentido de pecado como conectado con ellos y la consciencia de la condenación revivió. [En este estado — "aparte de la ley, el mandamiento específico ya mencionado, "No codiciarás" (verso 7) — no había entendido hasta este momento que requería un servicio de corazón así como un servicio externo. Repentinamente el pecado vino a la vida, resumiendo el poder activo que con derecho le pertenece.]

y yo morí. — Sentía que estaba muerto en pecado. [Esto evidentemente apunta a algún período definitivo en su experiencia llena de recuerdos dolorosos. Exactamente cuándo o cómo Pablo primero comenzó a sentir el poder de la ley no es revelado, pero en un hombre tan fuerte y sincero como él lo era podemos discernir el esfuerzo intenso, pero inútilmente, para satisfacer por medio de una observancia externa las demandas de una ley santa y escudriñadora del corazón. Cuando llegó a ser un "blasfemo, perseguidor e injuriador" (1 Ti. 1:13), un celo por Dios mal guiado lo habrá aguijoneado en una furia por la picadura de una consciencia intranquila y los terrores de la ley. Algo de tal lucha desesperada seguramente es sugerido por las palabras del Señor cuando le dijo en el memorable día, cuando se acercaba a Damasco, mientras que perseguía a los santos: "Dura cosa te es dar coces contra el aguijón."

(Hechos 26:14.) Mientras que la lucha externa y la cólera interior se enfurecían con delirio no disminuido, la repentina "luz del cielo que sobrepasaba al resplandor del sol" lo rodeó y la voz acusadora, brotó convicción sobre su alma y sujetó su fuerte y orgullosa voluntad. Ese fue el momento decisivo de la lucha sobre la cual ahora reflexionaba, y llegó a entender que en vez de servir a Dios era aborrecible a El, de manera que por "tres días estuvo sin vista, y tampoco comió ni bebió." Al tiempo, Ananías, enviado por el Señor, vino a él con "la ley del Espíritu de vida en Cristo Jesús" y lo mandó ser bautizado y lavarse los pecados, invocando el nombre del Señor. (Hechos 22:16.) Hasta ese tiempo, en el sentido judío, bajo la ley, pero en realidad, "aparte de" ella. Aún no había llegado a su corazón y entendimiento. Las actividades de su alma estaban en pleno ejercicio sin refrenamiento. Pero cuando entró con su aprehensión a la ley, escudriñadora del corazón, no sólo vio que la había quebrantado, pero el pecado que no había sentido antes se levantó en rebelión activa contra esa ley, y él murió.

10 Y hallé; que el mismo mandamiento que era para vida, a mí me resultó para muerte; — Así que la ley que fue dada para promover vida excitó pecado y trajo un sentido de culpa y condenación a muerte.

11 porque el pecado, tomando ocasión por medio del mandamiento, me engañó, — El pecado, hallando ocasión por medio del mandamiento, me engañó y me excitó para violar la ley. [El engaño del pecado consiste en presentar el objeto de deseo como un bien, pero al obtenerlo resultó ser malo. En el caso de Adán y Eva el mandamiento dio ventaja. Dios dijo"No comeréis de él, ni le tocaréis, para que no muráis." Satanás ahora tenía la ventaja y, usándola, dijo a la mujer: "No moriréis." Esto la engañó. El precepto era la ocasión, y la mentira hizo el engaño. Y así en el caso de Pablo. El pecador, al quebrantar la ley, no encuentra realmente lo que espera; el placer esperado o ganancia parece peor que sin valor por razón de la pérdida y sufrimiento que le trae. En este sentido un transgresor de la ley es siempre defraudado o engañado.]

y mediante él me mató. — Violar la ley trajo muerte. [La ley, que fue ordenada por dar vida y había prometido vida en conexión con ella (10:5; Lv. 18:5), encontró ser para él, a causa de la pecaminosidad, sólo significa muerte; porque el pecado, encontrando oportunidad en la ley para lograr su ruina, lo engañó a quebrantar la ley, y, por ello traer sobre él la maldición de la ley violada, lo mató.]

12 De manera que — [La conclusión de la representación anterior del efecto de la ley es que no se le puede culpar por el mal que incidentalmente produce.]

la ley a la verdad es santa, y el mandamiento santo, justo y bueno.
— La ley que Dios dio a Moisés es la norma divina de santidad, justicia,
y bondad. [La ley es lo que *dice*, y el mandamiento es *aquello que es
dicho*. La ley es lo *abstracto*, el mandamiento lo *concreto*.]

6. ES ESENCIAL ESTAR BAJO LA GRACIA Y NO BAJO
LA LEY PARA LA VIDA DEL CREYENTE
7:13-25

**13 ¿Luego lo que es bueno, vino a ser muerte para mí? ¡En
ninguna manera!** — De ninguna manera. [El mandamiento es aquello
que se quiere decir por "lo que es bueno." Pablo acababa de decir: "El
mismo mandamiento que era para vida, a mí me resultó para muerte"
(verso 10); y, "El pecado, tomando ocasión por medio del mandamiento,
me engañó, y mediante él me mató" (verso 11). Sin lugar a duda que esta
pregunta se basa en dos declaraciones. Se encontró que el mandamiento
terminó en muerte, porque aquellos que en él entraron, incurrieron
penalidad. Fue el pecado y no la ley que engañó y cometió la muerte.
Como la ley estaba designada para prevenir el pecado, seguramente que
no lo incitó.]

**sino que el pecado, para mostrarse pecado, produjo en mí la
muerte por medio de lo que es bueno,** — El pecado usó la ley que era
buena como ocasión para excitar en el corazón los sentimientos rebeldes
y pecaminosos que trajeron la muerte.

**a fin de que por el mandamiento el pecado llegase al extremo de
la pecaminosidad**. — La ley dio la norma perfecta de la santidad.
Demandó que el hombre debiera vivir de acuerdo a ella sin que el corazón
fuera purificado. El pecado excitó al corazón más y más, alborotó el
espíritu de rebelión, e hizo al corazón pecaminoso en extremo. Jesucristo
buscó traer al hombre por la misma norma de santidad primeramente
purificando el corazón, echando fuera el amor del pecado, y motivando
en el corazón el amor a la santidad, y el servicio sería del corazón y no de
un temor carnal. [Tan atroz como era el pecado dentro de sí, su poder para
el mal aumenta como los medios por los cuales opera crecen mejor; y así
se exhibe en toda su odiosidad al pervertir aquello que es bueno en lo
malo.]

**14 Porque sabemos que la ley es espiritual: pero yo soy carnal,
vendido al poder del pecado.** — El hombre era carnal y no podía recibir
y querer en su corazón carnal el Espíritu morador. La mente percibe la
verdad, pero su corazón, inmóvil y dominado por la carne, no lo quería

ni lo obedecía, y mientras que estaba en esa condición no podía ser librado del pecado.

15 Porque no comprendo mi proceder; — Este es el cuadro de la lucha que ocurre entre la carne y el espíritu para gobernar la vida del hombre que está haciendo el intento de servir a Dios bajo la ley mosaica sin la purificación del corazón. La carne codicia contra el espíritu y el espíritu contra la carne. Son contrarios entre sí.

pues no pongo por obra lo que quiero, sino que lo que aborrezco, eso es lo que hago. — Las cosas que hace, su mente las desaprueba; y lo que él reconoce como dañino, eso hace. Explica esto en estas palabras: "Pero veo otra ley en mis miembros, que hace guerra contra la ley de mi mente, y que me lleva cautivo a la ley del pecado que está en mis miembros." (Verso 23.) Es decir, la ley que la mente aprueba no puede vencer a la ley del pecado gobernando en sus miembros. El dice que la ley del Espíritu de vida en Cristo Jesús lo libertó de la ley de pecado, y la muerte moraba en sus miembros. Porque lo que la ley de Moisés no pudo hacer, puesto que era débil por medio de la ley de pecado morando en la carne, Dios, enviando a Su propio Hijo en la semejanza de carne pecaminosa y por el pecado, condenó, o habilitó al hombre para vencer al pecado en la carne. (Véase capítulo 8:2, 3.) Aquí está mostrando que la ley de Moisés no podía vencer a la ley de pecado en la carne.

16 Y si lo que no quiero, eso es lo que hago, estoy de acuerdo con la ley, de que es buena. — Si la mente aprobaba lo que la carne rehusaba hacer, consentía a la ley que era buena.

17 De manera que ya no soy yo quien obra aquello, sino el pecado que mora en mí. — Así que no era el ser interior el que hacía el mal, sino el pecado que moraba en sus miembros. Y sólo que fuera rescatado del pecado que lo controlaba, mancharía a su espíritu y lo arrastraría a la ruina.

18 Porque yo sé que en mí, esto es, en mi carne, no mora el bien; — La carne busca su propia gratificación, y nunca algo que demanda el abatimiento, o crucifixión de la carne. El hombre interior debe ser educado, adiestrado, y traído bajo la palabra elevadora y purificadora de Dios a tal punto como para controlar y apocar las demandas excesivas de la carne. Dios no se propone quitar o destruir los deseos y apetitos de la carne. Sólo se propone educar y equipar al hombre como para hacer morir, crucificar, y controlar los impulsos de la carne. Esta es la gran obra de la vida del cristiano: controlar los deseos y los impulsos de la carne y de mantenerlos en armonía con la palabra del Señor.

porque el querer el bien lo tengo a mi alcance, pero no el hacerlo. — Su voluntad estaba presente para hacer el bien, pero con la carne en control encontró que no había manera para hacerlo. [El "bien" que no podía alcanzar es el bien absoluto — lo moralmente perfecto, la perfección requerida por la ley. Jesús también usa así el término: "¿Por qué me dices bueno? Ninguno hay bueno sino uno: Dios." (Mateo 19:17.) "¿Por qué me dices bueno? Nadie es bueno, sino sólo Dios." (Marcos 10:18.) La ley requiere bien absoluto. "Porque todos los que dependen de las obras de la ley están bajo maldición, pues escrito está: Maldito todo aquel que no permanezca en todas las cosas escritas en el libro de la ley, para hacerlas." (Gá. 3:10.) Hay una bondad relativa que se espera del hombre, pero ningún hombre es absolutamente perfecto; tampoco puede, en la carne, alcanzar esta perfección.]

19 Porque no hago el bien que quiero, — La carne en control le impedía hacer las cosas buenas de la ley que su mente aprobaba.

sino el mal que no quiero, eso es lo que pongo por obra. — Las cosas malas que su mente condenaba, la carne le impulsaba a hacer.

20 Y si lo que no quiero, eso es lo que hago, ya no lo obro yo, — Si hacía las cosas que su mente no deseaba hacer, no era su ser interior quien lo hacía.

sino el pecado que mora en mí. — Pero si gobierna el pecado que mora en él, mancharía su corazón y lo llevaría a la ruina.

21 Encuentro, pues, esta ley: Que, queriendo yo hacer el bien, — Hay dos leyes aquí — la ley del pecado y muerte, gobernando en sus miembros, y la ley de Moisés, luchando para vencer esta ley de pecado y muerte, pero no lo puede hacer a causa de la carne. Luego en el próximo capítulo la ley del Espíritu de vida en Cristo Jesús liberta de esta ley de pecado y muerte en sus miembros que la ley de Moisés no pudo hacer, Dios envió a Jesucristo y por medio de El dio la ley del Espíritu de vida, que cambió el corazón, las afecciones del hombre, y así por medio de Cristo venció a la carne.

el mal está presente en mí. — Esta ley de pecado en la carne estaba presente, de manera que era prevenido cuando deseaba hacer el bien.

22 Porque según el hombre interior, me deleito en la ley de Dios; — No sólo aprobaba la ley, sino que se deleitaba en ella, siendo "instruido" de ella. (2:18.) [Este deleite no era en hacer lo externo, sino que en el "hombre interior" — en su "deseo," en su "consentimiento," en su "odio" de lo que la ley condena. Probó su deleite en la ley por su esfuerzo persistente en guardarla no obstante su fracaso constante.] El "hombre interior" es la "mente" (versos 23, 25), el "espíritu" del hombre (1 Co. 2:11), en contraste con el "hombre exterior" — el cuerpo, o carne. Este "ser interior de la persona" (1 P. 3:4), sin el cual el hombre no sería hombre, es el ser espiritual, que tiene uso de razón y voluntad.

23 pero veo otra ley en mis miembros, que hace guerra contra la ley de mi mente, — Mientras que aprobaba esta ley de Dios con su hombre interior, había otra ley en sus miembros — el hombre exterior — haciendo guerra contra esta ley aprobada por el hombre interior.

y que me lleva cautivo a la ley del pecado que está en mis miembros. — [Esta ley de pecado no pelea meramente una batalla, pero mantiene una campaña exitosa contra la "ley de la mente" — la ley de Dios. Esta campaña es exitosa contra él porque lo deja en cautividad a la ley de pecado en sus miembros. Su sufrimiento no está en el camino de la maldad que él persigue, sino en la cadena que lo arrastra por ese camino destructivo — una cadena que no puede quebrantar. Su pecado no es un acto; es una sujeción desvalida a la ley del pecado en sus miembros. Esta es una experiencia legal, escrita para mostrar que la ley no puede rescatar a ningún hombre de la carne.]

24 ¡Miserable hombre de mí! ¿quién me libertará de este cuerpo de muerte? — Esta sujeción del espíritu a la ley del pecado en la carne trajo al hombre en su totalidad a la ruina. [A través de este párrafo el rescatador ha sido guardado fuera de vista, para que su presencia, como absolutamente indispensable a la vida y a la felicidad del creyente, pueda ser comprendida. La necesidad de estar en Cristo y bajo la gracia, en contraste con el estar bajo un sistema puramente legal, ha sido mostrado en el desarrollo de este argumento en estas palabras: "Porque mientras estábamos en la carne, las pasiones pecaminosas despertadas por la ley, actuaban en nuestros miembros llevando fruto para muerte. Pero ahora estamos libres de la ley, por haber muerto para aquella en que estábamos sujetos, de modo que sirvamos bajo el régimen nuevo del Espíritu y no bajo el régimen viejo de la letra." (Versos 5, 6.) Aquí "la ley, actuaba en nuestros miembros llevando fruto para muerte," que contesta a "cautividad" y "miserable," llamados el "cuerpo de muerte." Estamos bajo un estado de gracia en que "estamos libres de la ley, por haber muerto para aquella en que estábamos sujetos, de modo que sirvamos bajo el régimen nuevo del Espíritu y no bajo el régimen viejo de la letra." Piense, entonces, de uno como siendo dejado con todas sus imperfecciones bajo la ley, sin gracia, añorando hacer el bien, pero finalmente aprendiendo que el bien está más allá de su alcance. Saldría de él un llanto de rescate de su estado miserable. Este es el punto al cual Pablo está llevando su argumento. La experiencia muestra que la ley deja al hombre, no importa su sinceridad en guardarla, en un estado de esclavitud miserable.]

25 Gracias doy a Dios, por medio de Jesucristo nuestro Señor. — [El lenguaje es abrupto, y el sentido es expresado incompletamente, sin dar una respuesta directa a la pregunta, "¿Quién me libertará? Sin embargo, esta aspereza es prueba de legitimidad, contestando en la forma más natural a la erupción de angustia y a la revulsión repentina de sentimiento cuando Pablo se da vuelta para ver su estado actual en contraste con su miseria anterior. La causa de gratitud no es expresada, aunque es mucha según la forma de la emoción vivaz; pero un voto de gracias ofrecido a Dios por medio de Jesucristo implica que El es el Autor de la redención tan sinceramente deseada. La victoria era la sumisión de la carne al espíritu, de modo que podía decir: "Trato severamente a mi cuerpo, y lo pongo en servidumbre." (1 Co. 9:27.)]

Así que, yo mismo con la mente sirvo a la ley de Dios; — Con la mente él aprobaba la ley de Dios. [Esto es un conclusión del resumen sacado de lo que se ha dicho en este párrafo. Pablo aquí está hablando a sí mismo como cristiano, y resulta que lo que él dice es cierto de cada cristiano. La ley de Dios comprende el volumen total de su voluntad expresada en lo que aplica a los cristianos. Servir a Dios "con la mente" es lo mismo que "adorar en espíritu y en verdad." (Juan 4:24.) El servicio se levanta en la mente y consiste en la obediencia a la voluntad divina.]

Ningún hombre puede vivir a sus convicciones del bien sin fe en Cristo para ayudarlo a mantener en control el mal que mora en sus miembros para esclavizarlo, alma y cuerpo, al cuerpo de muerte. La ley de Moisés dio la norma de la moralidad, pero nadie la pudo guardar. La carne los venció, y ellos, bajo las lascivias de la carne, la avaricia de ganancia y poder y los placeres de la vida, no logran la meta que enseñaron. Salomón, con toda su sabiduría y bondad de su juventud, es un ejemplo asombroso de la debilidad de la carne. Jesús vino a la semejanza de carne pecaminosa para vencer el pecado en la carne, a fin de habilitar a los hombres obtener la justicia de la ley por medio de la fe.

mas con la carne a la ley del pecado. — La carne fue más fuerte que el espíritu y sirvió a la carne y no pudo ser librado del pecado bajo la ley. Servir a la ley de pecado con la carne es cometer pecado bajo la influencia de la carne. Seguramente que nadie puede servir tanto a la ley de Dios con la mente y a la ley de pecado con la carne a la misma vez. Estos dos principios hacen guerra entre sí, y sin la ayuda externa la carne vence al espíritu y lo trae a sumisión al gobierno de las lascivias y pasiones de la carne. Por eso, la lucha, la cautividad, el llanto del rescate.]

7. VENTAJAS Y BENDICIONES DE AQUELLOS QUE, EN CRISTO, SON LIBRADOS DEL PECADO Y DE LA MUERTE
8:1-17

Ahora, pues, ninguna condenación hay para los que están en Cristo Jesús, — Las provisiones del evangelio para aquellos que están en Cristo Jesús son tan completas que no queda ninguna razón porque debemos ser condenados. Pero hay una impresión general que Dios demandaba una obediencia más rígida a Su ley bajo la dispensación judía que bajo la cristiana. Es imaginado que por medio de la muerte de Cristo de alguna manera una indulgencia de Dios fue obtenida por medio de la cual el hombre puede ser permitido una licencia mayor en ser negligente con la ley de Dios e ir por su propio camino. Este es un error fatal.

2 Porque la ley del Espíritu de vida en Cristo Jesús me ha librado de la ley del pecado y de la muerte. — "La ley del Espíritu" es la ley dada por el Espíritu por medio del cual viene la vida. Es puesta en contraste con la ley de pecado y muerte que reina en nuestra carne, y su superioridad sobre la ley de Moisés es mostrada en que libertó de la ley de pecado y muerte, cosa que la ley no pudo hacer. El Espíritu mora y trabaja por medio de Su ley y El que toma la ley en Su corazón y lo nutre así como la simiente del reino tiene vida. Esa ley del Espíritu, si el hombre pudiese desde su nacimiento estar bajo ella, lo guardaría del pecado y de la muerte. Puesto que es imposible traer al hombre bajo esa ley desde su infancia hasta que es traído a Cristo; en cuanto trabaja la ley y se puede conformar a sólo al estar en Cristo, así hace provisión para librarlo de los pecados cometidos y para traerlo a Cristo, en quien puede encontrar rescate a través de la ley de los pecados cometidos. Pero recuerde que la ley es la dirección de Dios al canal en el cual trabaja. Define las condiciones sobre las cuales Dios bendice o rehúsa bendecir. La ley es una guía al hombre para llevarlo al canal en que Dios ejerce su poder para bien en que Sus bendiciones son dadas. Revela al hombre que al ponerse a sí mismo dentro de estos canales en que Dios trabaja puede ser recipiente de los frutos de la obra divina. Y al armonizarse a sí mismo con estas operaciones, siendo guiado por ellas, y ejerciendo sus poderes bajo estas direcciones de Dios, llega a ser un colaborador con Dios al obtener los resultados felices de las obras de Dios para con otros. El hombre es el canal en que Dios obra, y en armonía con las fuerzas de la vida divina es amoldado a la semejanza de Dios y llevado hacia adelante por la obra de Dios a una unión eterna y compañerismo con Dios. De manera que el destino de Dios llega a ser su destino y el hogar de Dios su hogar eterno.

3 porque lo que era imposible para la ley, por cuanto era débil a causa de la carne, — La ley de Moisés era débil en buscar controlar la carne en vez del corazón. [Si no fuera por la carne, podríamos ser perfectos. La debilidad está en la carne, no en la ley. La ley no nos justificará sólo que seamos perfectos, y nuestra debilidad por medio de la carne previene que lleguemos a nuestra perfección.]

Dios, enviando a su propio Hijo — Jesucristo vino para cumplir, para hacer toda la voluntad de Dios. Su comida y su bebida era el hacer la voluntad de Su Padre, y no hacer Su propia obra, sino la obra que Su padre lo envió hacer. Vino no para hacer esto, sino para inspirar a que todos creyesen en El con el mismo espíritu — con el mismo deseo ansioso para cumplir toda justicia, para hacer toda la voluntad de Dios. Uno no puede creer en Cristo Jesús con todo el corazón, sin beber de este espíritu del Maestro, sin ser llenados con el deseo de cumplir todo justicia, con el deseo de hacer no su propia voluntad sino la voluntad del Padre que está en los cielos. Jesucristo vino como la personificación viviente y perfecta de la obediencia a la ley de Dios, y con el propósito de inspirar a otros con el mismo espíritu y guiando a todos que confían en El a la misma obediencia del corazón a la ley de Dios. Su objeto era llamarlos de su propia sabiduría, su propio razonamiento, fuera de sí mismos, a la ley de Dios como dada por El, y ejemplificada en su propia vida como la única regla de vida del bien para guiar y bendecir al hombre.

en semejanza de carne de pecado — Jesús vino y tomó para Sí mismo nuestra naturaleza, fue tentado en todas las cosas como nosotros, pero sin pecado. [Esto describe la naturaleza animal del hombre como teniendo el asiento del pecado. Pero de esa naturaleza en sí, el pecado no es parte ni propiedad, sólo su falta y corrupción. Por lo tanto, el Hijo de Dios podía tomar de la carne humana de María, su madre, sin la calidad de pecaminosidad que el pecado obtuvo en la posteridad de Adán. En este caso la carne no llevó al pecado, porque él la mantuvo en sujeción perfecta. La controló perfectamente, y así la detuvo de llevarlo al pecado, y al hacerlo la hizo sin pecado.]

y en lo concerniente al pecado, condenó al pecado en la carne; — Dios, enviando Su propio Hijo en la carne, tentado por el pecado así como nosotros, y como un sacrificio para rescatar de pecado, venció el pecado que habitó en la carne. [Dios condenó el pecado en la carne al exhibir en la Persona de Jesucristo la misma carne en sustancia, pero libre de pecado; probó que el pecado estaba en la carne sólo como un tirano innatural y usurpador. Y, otra vez, condenó el pecado práctica y eficazmente al destruir su poder y al echarlo fuera. La ley podía condenar el pecado sólo en palabra, y no podía hacer su condenación eficiente.

Cristo, viniendo "por el pecado," no sólo murió por el pecado, pero, uniendo al hombre a Sí mismo "en novedad de vida" (4:6), dio efecto actual a la condenación de pecado al destruir su dominio en la carne.]

4 para que la justicia de la ley se cumpliese en nosotros, — Jesús vino y venció la ley de pecado, morando en la carne, y para que por medio de Su ayuda podamos alcanzar la justicia establecida en la ley. [En "semejanza de carne de pecado" en que vino, pagó el castigo fijado por la ley y condenó el pecado. "Al que no conoció pecado, por nosotros lo hizo pecado, para que nosotros fuésemos hechos justicia de Dios en él." (2 Corintios 5:21.) Vivimos hacia la justicia sólo en Cristo. Toda la raza humana es incluida en El, y El representa a toda la familia humana; por lo tanto, puede quitar nuestra culpa. Esta gran verdad fundamental que "Cristo murió por todos" fue proféticamente anunciada por Juan el Bautista al decir: "He ahí el Cordero de Dios, que quita el pecado del mundo." (Juan 1:29.) Dios no encuentra culpa en Su Hijo; y si estamos en Su Hijo, El no encontrará falta con nosotros. "Ciertamente él llevó nuestras enfermedades, y soportó nuestros dolores; y nosotros le tuvimos por azotado, por herido de Dios y abatido. Mas él fue herido por nuestras transgresiones, molido por nuestros pecados; el castigo de nuestra paz fue sobre él, y por sus llagas fuimos nosotros curados. Todos nosotros nos descarriamos como ovejas, cada cual se apartó por su camino; y Jehová cargó sobre él la iniquidad de todos nosotros." (Isaías 53:4-6.)]

los que no andamos conforme a la carne, — [Andar conforme a la carne es obedecer los dictados de la carne, para permitir a los apetitos y pasiones de la carne marcar su propio camino. Hacer esto es obedecer al pecado, que mora en la carne.]

sino conforme al Espíritu. — El Espíritu mora en la ley de Cristo revelado por medio de hombres inspirados, y el oír y obedecer sus palabras es andar conforme al Espíritu.

5 Porque los que son conforme a la carne, ponen su mente en las cosas de la carne; — Aquellos que son gobernados por la ley de la carne cuidan o buscan, las cosas que pertenecen a la carne. [O están absorbidos con la gratificación de lascivias mundanas o su objeto principal para vivir es de amontonar riqueza o la despilfarran en entretenimientos mundanos. Son amadores de placer más que amores de Dios, o su pensamiento principal es cómo introducirse en la sociedad, o para distinguirse a sí mismos. Buscan ser populares o tomar la iniciativa. Tienen a personas en admiración a causa de ventaja para sí mismos. Pablo enumera las obras de la carne: "Fornicación, inmundicia, lascivia, idolatría, hechicería, enemistades, pleitos, celos, explosiones de ira, contiendas, divisiones, sectarismos, envidias, homicidios, borracheras, orgías, y cosas semejantes a éstas." (Gálatas 5:19-21.) Como indicado por "y cosas semejantes," hay muchas disposiciones malas, vicios, y vanidades semejantes que destruyen la vida espiritual.]

pero los que son conforme al Espíritu, en las cosas del Espíritu. — Los que siguen la ley del Espíritu buscan frenar los deseos carnales y siguen las enseñanzas y deseos del Espíritu. [Toman en serio leer la palabra de Dios, la meditación, oración, y el dar gracias. Se ocupan en tales cosas sin importar cuán ocupados estén en sus vidas cotidianas, y a ello traen su religión.]

6 Porque la mentalidad de la carne es muerte, — El seguir la ley de la carne es traer a la mente y al espíritu en sujeción a la ley del pecado que mora en la carne y trae muerte. [Este estado de mente, este deseo de seguir las cosas carnales, es en su propia naturaleza, destructivo. Lleva a lo que todas las Escrituras quieren decir por muerte, separación de Dios, impiedad y miseria.]

pero la mentalidad del Espíritu es vida y paz. — El seguir la ley del Espíritu de vida en Cristo Jesús es apoyar el espíritu que nos trae a la vida con Dios. Esta es la única manera de equipar el alma para convivencia con Dios y los espíritus de la tierra celestial. Podemos obtener el hogar celestial sólo al ser equipados para respirar su atmósfera, para encontrar comunión con los espíritus que allí moran, y para añadir gozo y felicidad a sus esferas pacíficas. La iglesia es una escuela de capacitación para equipar al hombre para su morada eterna; y las enseñanzas de Cristo son una disciplina, una instrucción, para prepararnos para aquella convivencia sagrada.

7 Por cuanto la mentalidad de la carne es enemistad contra Dios; — Pablo dijo: "Porque yo sé que en mí, esto es, en mi carne, no mora el bien." (7:18.) Entonces la carne y sus deseos está en enemistad con Dios. ["Enemistad contra Dios" es expresivo de un sentimiento malo hacia El. Caracteriza un curso de conducta. "Mentalidad de la carne" es una vida, y como tal es contraria a la ley de Dios. Es, por lo tanto, llamada "enemistad."]

porque no se somete a la ley de Dios, ya que ni siquiera puede; Los que son gobernados por la carne no puede ser obedientes a la ley de Dios. La ley de Dios y la tendencia mala de la carne son dos cosas antagonistas; por lo tanto, deben darse vuelta del gobierno de la carne antes que puedan ser traídos a una armonía con Dios.

8 y los que viven según la carne, no pueden agradar a Dios. — La razón por la cual no pueden agradar a Dios es porque están pecando contra Dios constantemente. La carne debe ser traída en sujeción al Espíritu antes de que puedan ser traídas en armonía con Dios. El espíritu humano no puede dominar sobre la carne hasta que esté fortalecido por el Espíritu de Dios en Cristo Jesús.

9 Mas vosotros no vivís según la carne, sino según el Espíritu, si es que el Espíritu de Dios mora en vosotros. — Si estamos en Cristo Jesús, el Espíritu de Dios mora en nosotros; y si el Espíritu mora dentro de nosotros, nos libra de la ley del pecado que mora en la carne. [Estar en la carne es vivir la vida del pecador; estar en el Espíritu es vivir la vida del cristiano. La carne gobierna a uno; el Espíritu al otro.]

Y si alguno no tiene el Espíritu de Cristo, el tal no es de él. — Sólo que la ley del Espíritu more en nosotros y de esa forma nos controle, no somos de El. Si la ley de la carne nos gobierna, la ley del Espíritu no mora dentro de nosotros. Son antagonistas uno al otro. [La posesión del Espíritu Santo es declarado ser absolutamente necesario para que seamos aceptados por Dios. Ser destituidos del Espíritu, por lo tanto, es ser destituidos de todo lo que agrada ante la vista de Dios.]

10 Pero si Cristo está en vosotros, — [En versos 9, 10 hay tres frases que significan la misma cosa — "el Espíritu de Dios, "el Espíritu de Cristo, y "Cristo. Viene de Dios, el Padre (Juan 14:16, 26; Hechos 1:4); es dado en Cristo, el Hijo (8:2); y no "habla por su propia cuenta" (Juan 16:13), pero manifiesta a "Cristo" (Juan 14:21). La mención triple muestra la obra del Padre, del Hijo y del Espíritu Santo en la salvación del creyente en Cristo.]

el cuerpo en verdad está muerto a causa del pecado, — El cuerpo, o la carne, como el poder que gobierna, está muerto por medio de Cristo a los pecados que llevaría.

mas el espíritu vive a causa de la justicia. — El espíritu es vida hacia él; lleva a la justicia en Cristo. La práctica de justicia viene de la vida en Dios, y esa justicia crece más por el ejercicio.

11 Y si el Espíritu de aquel que levantó de los muertos a Jesús habita en vosotros, — El Espíritu Santo realmente mora en cada creyente obediente. (Hechos 2:38; 5:32.)

el que levantó de los muertos a Cristo Jesús vivificará también vuestros cuerpos mortales por medio de su Espíritu que habita en vosotros. — Dios por medio de ese Espíritu dará vida a nuestros cuerpos muertos y los levantará a vida inmortal. [Dos cosas pueden ser incluidas en esta parte del verso — (1) que la posesión del Espíritu, que es la fuente de vida, es una fianza y seguridad que nuestros cuerpos se levantarán otra vez, porque parecería improbable que cuerpos así honrados por el Espíritu debieran permanecer bajo el dominio de la muerte; y (2) que la resurrección de los santos es evidenciada por el levantamiento de Jesús; pues es levantado no sólo como su Señor y Juez, pero como su Cabeza, a la cual están unida como miembros de Su cuerpo, pues "él es la cabeza del cuerpo que es la iglesia, y él es el primogénito de entre los muertos" (Col. 1:18), como "las primicias," por medio de las cuales todo el montón es santificado y aceptado (Lv. 23:9-14); así, "Cristo ha resucitado de los muertos; primicias de los que durmieron" (1 Corintios 15:20). Los hijos de Dios están dotados con el Espíritu Santo, y, por ese modo, sus cuerpos llegan a ser "templos del Espíritu Santo." (1 Corintios 6:19.) Ahora, como la promesa del Espíritu Santo fue en la resurrección de Cristo, así el don y la posesión del Espíritu es una seguridad de la resurrección de todos aquellos que están en Cristo.]

12 Así que, hermanos, somos deudores, no a la carne, para que vivamos conforme a la carne: — Puesto que todo bien nos viene por vivir de acuerdo a la ley del Espíritu de vida en Cristo Jesús, y la ley del pecado que mora en la carne trae maldad y muerte, no estamos bajo la obligación de vivir según la carne, pero estamos bajo obligaciones a Dios, quien nos redimió, y a nosotros mismos, para vivir de acuerdo al Espíritu. Al seguir el Espíritu, hacemos morir y refrenamos las obras de la carne.

13 porque si vivís conforme a la carne, vais a morir; — Esto es así porque los cristianos pierden vida espiritual en proporción a cómo se entregan a los apetitos y deseos de la carne que son contrarios a las enseñanzas del Señor. Si, por ejemplo, un cristiano se entrega a la ira o la malicia, o a cualquiera de estas pasiones que el Señor condena, no sólo está violando la palabra del Señor, pero está destruyendo al hombre espiritual, y debilitándolo cada día, y dando a la carne más poder sobre el Espíritu; y así la carne dominará y controlará el hombre entero, mientras que el hombre espiritual se debilita y muere.

mas si por el Espíritu hacéis morir las obras de la carne, viviréis. — Si por el seguir la ley dada por el Espíritu de vida refrenamos y controlamos los deseos de la carne, viviremos con Cristo.

14 Porque todos los que son guiados por el Espíritu de Dios, éstos son hijos de Dios. — [Aquellos así guiados ya están en Cristo, y en ellos mora el Espíritu Santo. Son guiados tanto interna como externamente. Por cualquiera que sea la magnitud que el Espíritu Santo por Su morada interna fortalezca el espíritu humano para habilitarlo en controlar la carne, hasta ese grado guía internamente; por cualquiera que sea la magnitud de los motivos de "la ley del Espíritu," al ser traída para apoyar sobre el corazón del Nuevo Testamento, ilumina y fortalece, como para habilitarla para guardar al cuerpo en sujeción, a ese grado se guía en forma externa. La dirección, pues, consiste de todas las influencias de todas clases ejercitadas por el Espíritu Santo sobre el espíritu humano, habilitándola para mantener el cuerpo bajo control. Por lo tanto, la exhortación es dada:

"Procurad vuestra salvación con temor y temblor, porque Dios es el que en vosotros opera tanto el querer como el hacer por su buena voluntad." (Filipenses 2:12, 13.)]

15 Pues no habéis recibido espíritu de servidumbre para recaer en el temor, — [Esto apunta al tiempo cuando creyeron, fueron bautizados, y recibieron el Espíritu Santo (Hechos 2:38), por el cual fueron guiados (verso 14). La esclavitud que a través de esta Epístola es contrastada con la libertad de los hijos de Dios es la esclavitud del pecado (6:6, 16, 17, 20; 7:25), y de la corrupción de muerte como la consecuencia de pecado (verso 21). Todos estuvieron antes bajo esta esclavitud, que tiende hacia el temor de la muerte. (Hebreos 2:14, 15.)]

sino que habéis recibido espíritu de adopción como hijos, — Al venir a Cristo no recibieron, como bajo la ley, el espíritu de esclavitud, en el cual fueron movidos por temor. Habían ahora sido adoptados como hijos en la familia de Dios y recibido el espíritu de hijos. [La referencia aquí es al proceso legal romano por medio del cual un hombre tomaba el lugar de otro para ser su propio hijo. El hijo adoptivo tomó el nombre y rango del que lo adoptaba y estaba en la misma relación legal a él como un hijo que le había nacido.]

por el cual clamamos: ¡Abbá, Padre! — Habiendo sido adoptado como un hijo de la familia de Dios, podían clamar, "Padre." "Abbá" es la palabra caldea por "padre." Cuando ocurre (Marcos 14:36; Gálatas 4:6; y aquí), tiene la interpretación griega apegada a ella. Esto es aparentemente explicado por el hecho que el caldeo, aunque frecuente en la oración, gradualmente adquirió la naturaleza del nombre propio más sagrado, al cual los judíos que hablaban griego agregaron la apelación de su propia lengua. Bajo Cristo el corazón es tocado con amor, y nosotros llegamos a amar a Dios porque El nos amó primero; pero bajo Moisés servían con temor; bajo Cristo, por amor.

16 El Espíritu mismo da juntamente testimonio a nuestro espíritu, de que somos hijos de Dios. — El Espíritu da instrucciones a través de la palabra de verdad cómo llegar a ser hijos de Dios. Nuestros espíritus dan testimonio si de corazón hemos cumplido con estas condiciones, y así juntamente da testimonio que somos hijos de Dios. Cuando es establecido que hemos llegado a ser hijos de Dios, debe haber un testimonio en conjunto de los dos testigos que continuamos en la fe. El Espíritu Santo da instrucciones en cuanto a la clase de vida que hemos de vivir, y nuestro propio espíritu da testimonio si conformamos nuestro vida a estas instrucciones. Pero el Espíritu Santo, por medio de este testimonio, amolda el espíritu humano a Su semejanza, mora con nuestro espíritu, dirige nuestro espíritu; de manera que el mismo Espíritu que estaba en Cristo Jesús mora en nosotros. Somos guiados por el Espíritu, y por medio de nosotros el Espíritu de Dios actúa y obra, porque nuestro espíritu está dotado con los propósitos, pensamientos, temperamento, y ser del Espíritu divino. Entonces, pues, si fielmente llevamos el fruto del Espíritu (Gálatas 5:22, 23), hay una unión feliz y armónica del Espíritu con nuestro espíritu que trae confianza y seguridad a nuestro corazón que nos permite clamar: "Mirad qué amor tan sublime nos ha dado el Padre, para que seamos llamados hijos de Dios." (1 Juan 3:1.)

17 Y si hijos, también herederos; herederos de Dios y coherederos con Cristo, — Si el Espíritu de Dios y nuestro espíritu dan la seguridad que hemos sido adoptados como hijos de Dios, sabemos que hemos llegado a ser herederos de Su herencia y coherederos con Jesús, el primogénito Hijo de Dios.

si es que padecemos juntamente con él, para que juntamente con él seamos glorificados. — Como hijos debemos compartir los sufrimientos de Jesús aquí para que seamos glorificados en un estado futuro. "Que si somos muertos con él, también viviremos con él; Si sufrimos, también reinaremos con él." (2 Timoteo 2:11, 12.) "Amados, ahora somos hijos de Dios, y aún no se ha manifestado lo que hemos de ser; pero sabemos que cuando él se manifieste, seremos semejantes a él, porque le veremos tal como él es." (1 Juan 3:2.) Somos herederos con El de toda Su gloria.

8. LA ESPERANZA DE LA GLORIA FINAL OBTENIDA POR CRISTO ES SUFICIENTE PARA SOSTENER A LOS REDIMIDOS EN TODAS LAS PRUEBAS
8:18-30

18 Pues considero que las aflicciones del tiempo presente — [Esta no es meramente una suposición u opinión, sino la conclusión alcanzada al comparar las cosas del presente y las que han de venir, que las anteriores no tienen peso o valor en comparación.]

no son comparables con la gloria venidera que ha de manifestarse en nosotros. — Pablo sufrió mucho como seguidor de Cristo, pero como dice, era demasiado insignificante al compararse con la gloria que nos será revelada. "Porque esta leve tribulación momentánea nos produce, en una medida que sobrepasa toda medida, un eterno peso de gloria." (2 Corintios 4:17.) En ese estado eterno todos los que han sido adoptados en la familia de Dios compartirán con Cristo Su gloria eterna.

19 Porque el anhelo ardiente de la creación es el aguardar la revelación de los hijos de Dios." — La "creación" aquí significa el mundo, abrazando de la naturaleza animada debajo del hombre. El pecado del hombre trajo maldición sobre toda la tierra, y mortalidad y muerte vino sobre todas las criaturas, y son representadas como esperando fervientemente la aparición de los hijos de Dios de la sepultura, cuando el mundo será librado de la maldición bajo la cual trabaja a causa de los pecados del hombre, su gobernante. [Pablo personifica el mundo, así como los profetas hacen cuando hacen que los diluvios y árboles baten sus manos. (Salmos 98:8; Isaías 55:12.) Es una de las frecuentes figuras de oratoria hacer así que la naturaleza simpatice con el hombre. Cuando los asirios fueron derribados, Jehová dijo: "Ensombrecí al Líbano por él, y todos los árboles del campo se desmayaron." (Ezequiel 31:15.) En el pasaje ante nosotros, sentimientos humanos son atribuidos a cosas inanimadas sin razón. Bajo esta figura se presenta la verdad revelada en el Antiguo Testamento que todo el mundo de la naturaleza puesto bajo el dominio del hombre tiene una verdadera preocupación en la historia pasada y en el destino futuro del hombre. Cuando Dios dijo a Adán, "Maldita será la tierra por tu causa; con dolor comerás de ella todos los días de tu vida" (Génesis 3:17); Cuando castigó la maldad del hombre al traer el diluvio, en que "fue destruido todo ser que vivía sobre la faz de la tierra, desde el hombre hasta la bestia, los reptiles, y las aves del cielo; y fueron raídos de la tierra" (Génesis 7:23); y cuando "la tierra se contaminó bajo sus moradores; porque transgredieron las leyes, violaron el estatuto, quebrantaron el pacto sempiterno. Por esta causa, la maldición consumió la tierra, ya que sus moradores fueron hallados culpables; por esta causa fueron consumidos los habitantes de la tierra, y disminuyeron los hombres. Se perdió el vino, se marchitó la vid, gimieron todos los que eran de corazón alegre" (Isaías 24:5-7). En tales pasajes la misma verdad es expresada que "la creación fue sometida a vanidad."]

20 Porque la creación fue sometida a vanidad, — Como un resultado del pecado de Adán, toda la creación fue maldecida y cayó de su diseño original y fue sometida al reino de la muerte. [La palabra es, por lo tanto, usada apropiadamente del carácter desilusionador de la existencia presente, que en ningún lugar alcanza la perfección de la que es capaz.]

no por su propia voluntad, — No su propia acción o falta, sino por medio del pecado del hombre, que trajo mortalidad y muerte sobre la creación.

sino por causa del que la sometió en esperanza — [Esto, de acuerdo a la historia, no puede ser otro más que Dios. Aquel que primeramente puso a la creación bajo el dominio del hombre también la sujetó a los efectos del pecado del hombre (Génesis 3:17-19; 5:29), y la hará participante de la bendición en su restauración.]

21 de que también la creación misma será librada de la servidumbre de la corrupción, a la gloriosa libertad de los hijos de Dios. — La esperanza es mantenida que cuando el rescate venga a los hijos de Dios, cuando son rescatadas de la esclavitud de la corrupción y de la casa de prisión de la sepultura, entonces toda la creación compartirá de este rescate y será libertada de la corrupción y mortalidad a la cual ha sido sometida por el pecado del hombre. Compartió la corrupción y la mortalidad del pecado del hombre, y compartirá su rescate de ello.

22 Porque sabemos que toda la creación gime a una, y a una está con dolores de parto hasta ahora; — Toda la creación sufre de los efectos del pecado del hombre. Es representada como sufriendo y gimiendo en su mortalidad y con dolores de parto. La naturaleza animada sufre, la naturaleza vegetal lucha contra, pero sucumbe a, muerte y podredumbre, y las leyes de toda la naturaleza están molestas y en tumulto a causa del pecado del hombre. [Estas angustias de un mundo en dolores de parto no pueden quedar sin significado. Apuntan a un tiempo venidero de rescate, cuando "según su promesa, cielos nuevos y tierra nueva en los cuales habita la justicia." (2 Pedro 3:13.)]

23 y no sólo esto, sino que también nosotros mismos, — No sólo gime así toda la creación, pero aun los cristianos, quienes tienen las primicias del Espíritu, gimen y sufren dentro de sí mismos.

que tenemos las primicias del Espíritu, — Las primicias eran esa porción de lo que la tierra producía que eran ofrecidas a Dios. (Ex. 23:19; 34:26; Le. 23:10-12.) De la naturaleza del caso, contenían evidencia y seguridad de obtener toda la cosecha. La idea, pues, de una prenda o garantía es incluida en la frase, además de aquello de prioridad. Este es el uso general y constante de la palabra en el Nuevo Testamento. Por eso Cristo es llamado "primicias de los que durmieron" (1 Corintios 15:20), no meramente porque fue levantado primero, pero también porque Su resurrección fue una garantía de la resurrección de aquellos que "están en Cristo en Su venida." En los siguientes pasajes — Romanos 11:16; 16:5; 1 Corintios 16:15; Santiago 1:18 — ambas ideas pueden estar, y posiblemente deben ser retenidas. En los pasajes ante nosotros lo que es llamado "primicias del Espíritu" es en otras partes (2 Corintios 1:22; 5:5; Efesios 1:14) llamado "las arras del Espíritu." Las frases, "primicias del Espíritu" y "las arras del Espíritu," son, por lo tanto, sinónimas. La expresión, por lo tanto, es descriptiva de todos los cristianos y no sólo una clase particular de ellos.]

nosotros también gemimos dentro de nosotros mismos, esperando la adopción, la redención de nuestro cuerpo. — [La palabra "adopción" es aplicada a dos eventos muy diferentes en la vida de los redimidos. Es aplicada a sus entradas al reino de Dios cuando fueron convertidos. Ellos, por lo tanto, entran al ser nacidos "del agua y del Espíritu." (Juan 3:5.) Al reino eterno entrarán al ser nacidos del sepulcro. De una sepultura en el agua emergen al reino de Dios aquí en la tierra; de un sepulcro aquí en la tierra, al reino eterno. Por lo tanto, aunque los dos eventos denotados por adopción están muy aparte y completamente distintos, se asemejan mucho — tanto, en realidad, que la misma palabra es usada para expresar a ambos.] Los cristianos están esperando la redención de sus cuerpos de mortalidad y sufrimiento. Su redención no será completada hasta que sus cuerpos sean levantados de entre los muertos y glorificados y lleguen a ser como Jesús en su estado inmortal y glorificado. Pablo nos ha presentado en estos versículos los extensos resultados espantosos del pecado, y nos ha dado una escena del futuro estado glorioso que vendrá al hombre y a la tierra cuando el rescate del pecado sea completado. La tierra se regocijará y estará contenta así como el hombre.

24 Porque en esperanza fuimos salvos; — [Este verso y el siguiente parecen depender sobre la mención de "esperando" en el verso 23. Ahora, esta espera es la mera sustancia y esencia de la esperanza. Cuando creímos en Cristo, creímos en Uno que vendrá otra vez y nos recibirá a Si mismo.] Cuando fuimos bautizados en Cristo, fuimos bautizados en Uno que había muerto y se levantó otra vez, en la esperanza asegurada que si hemos sido plantados en la semejanza de su muerte y habiendo sido hecho partícipes de ella, también seremos en la semejanza de su resurrección y seremos hechos finalmente participantes completos de ella. Pero en cuanto a la adopción y redención de nuestros cuerpos, es en el futuro, y por lo tanto, es un objeto de esperanza; y así la fe, en cuanto a la renovación del cuerpo, y su estado espiritual, concierne (1 Corintios 15:44), "es la firme seguridad de las realidades que se esperan" (Hebreos 11:1). La seguridad de los últimos seis versículos nos da esperanza de un estado inmortal venidero; y por esta esperanza somos fortalecidos para continuar trabajando y sufriendo por las bendiciones prometidas.

pero la esperanza que se ve, no es esperanza; porque lo que alguien ve, ¿a qué esperarlo? — Las cosas que están presentes, que ahora gozamos, no son objetos de esperanza; pues, ¿quién, tiene esperanza por las cosas que ahora posee? La esperanza ve hacia las bendiciones del futuro.

25 Pero si esperamos lo que no vemos, mediante la paciencia lo aguardamos. — Pero si tenemos esperanza ahora por tesoros fuera del alcance, que esperamos ganar después, entonces aguantamos con paciencia los trabajos presentes y las demoras necesarias para ganarlos después.

26 Y de igual manera, también el Espíritu nos ayuda en nuestra debilidad; — No sólo nos mantiene a flote la esperanza y nos fortalece, pero el Espíritu de Dios que mora en nosotros nos ayuda en nuestras debilidades.

pues qué hemos de pedir como conviene, no lo sabemos, pero el Espíritu mismo intercede por nosotros con gemidos indecibles. — Aunque no tengamos un concepto definitivo de lo que deseamos, y no podamos declarar con lenguaje apropiado en nuestra oración, pero sólo podemos manifestarlo con gemidos de un modo inarticulado, Dios, sin embargo, recibe estos gemidos como oraciones aceptables, puesto que vienen de un alma llena del Espíritu Santo. El espíritu de un hijo de Dios con frecuencia desea las bendiciones que no pueden ser expresadas en lenguaje. Es el Espíritu de Dios que mora en él que lo lleva a hacer esto y obtener bendiciones por las cuales no sabe cómo pedir.

27 Y el que escudriña los corazones — [Este es un paráfrasis común por Dios, y aquí es muy apropiada.]

sabe cuál es la mentalidad del Espíritu, Puesto que ningún hombre sabe los pensamientos de un hombre salvo el espíritu del hombre que mora en él, leer esas emociones del alma no expresadas es una prerrogativa de aquel Ser a cuyos ojos todas las cosas están desnudas y abiertas. "Yo, Jehová, escudriño el corazón y pruebo los riñones, para dar a cada uno según sus caminos, según el fruto de sus obras." (Jeremías 17:10.)

28 Y sabemos que todas las cosas cooperan para bien de los que aman a Dios, — El propósito de Dios es llamar a las almas dignas y verdaderas de la humanidad a Su iglesia y disciplinarlas y educarlas como para adiestrarlas a morar con El en Su hogar eterno; y para aquellos que le aman y son llamados en armonía con Su propósito, todas las cosas obran juntas para bien. Cuando dice "todas las cosas," el quiere decir aun cosas que son dolorosas; pues aun en aflicción, pobreza, encarcelamiento, hambre, muerte o cualquier otra cosa que venga sobre ellos y las acepten como medios de disciplina de la mano del Padre, se juzgan a sí mismos indignos de la vida eterna. Si fracasan en hacer Sus requisitos, se roban a sí mismos de la educación que los adiestrará para servicio en el Reino Eterno.

de los que son llamados — Estos han sido llamados por el evangelio, y lo han aceptado. Muchos otros son llamados, judíos y gentiles; pero sólo los que oyen y obedecen son los escogidos de Dios. (Mateo 22:14.)

conforme a su propósito. — Dios determinó que el hombre debería ser llamado por el evangelio; por lo tanto, ser llamado de acuerdo al propósito de Dios es ser llamado por el evangelio. Al hablar de este llamado, Pablo dijo: "Pero nosotros debemos dar siempre gracias a Dios respecto a vosotros, hermanos amados por el Señor, de que Dios os haya escogido desde el principio para salvación, mediante la santificación por el Espíritu y la fe en la verdad, a lo cual os llamó mediante nuestro evangelio, para alcanzar la gloria de nuestro Señor Jesucristo." (2 Tesalonicenses 2:13, 14.)

29 Porque a los que de antemano conoció, también los predestinó a ser modelados conforme a la imagen de su Hijo, para que él sea el primogénito entre muchos hermanos. — Aquí prueba la declaración del verso anterior por la bendición dada sobre aquellos quienes fueron fieles a El en edades pasadas. De ellos se dice: "Y todos éstos, aunque alcanzaron buen testimonio mediante la fe, no recibieron lo prometido; porque Dios había provisto para nosotros algo mejor, para que no fuesen ellos perfeccionados aparte de nosotros." (Hebreos 11:39, 40.) No fueron perfeccionados hasta que la provisión fue hecha por medio de Cristo. La promesa no fue cumplida mientras que vivían bajo la antigua dispensación. "Y por eso es mediador de un nuevo pacto, para que interviniendo muerte para redención de las transgresiones que había durante el primer pacto, los llamados reciban la promesa de la herencia eterna." (Hebreos 9:15.) Las transgresiones del primer convenio no fueron quitadas hasta la muerte de Cristo. Dios ordenó que estos antiguos dignatarios fueran conformados a la imagen de la semejanza de Su Hijo, para que fuese el primogénito del sepulcro de entre muchos hermanos. El salió del sepulcro. "Y se abrieron los sepulcros, y muchos cuerpos de santos que habían dormido, se levantaron; y saliendo de los sepulcros después de la resurrección de él, entraron en la santa ciudad, y se aparecieron a muchos." (Mateo 27:52, 53.)

30 Y a los que predestinó, a éstos también llamó; y a los que llamó, a éstos también justificó; y a los que justificó, a éstos también glorificó. — Estos antiguos dignatarios a quienes había así ordenado para ser conformados a la imagen de Jesucristo El llamó de sus tumbas, los justificó, y los glorificó con Jesús en el trono de Dios. Es probable que ascendieron con Jesús en Su tren triunfante, como lo predijo David: "Alzad, oh puertas, vuestras cabezas, y alzaos vosotras, puertas eternas, y entrará el Rey de la gloria. ¿Quién es eses Rey de la gloria? Jehová el fuerte y valiente, Jehová el poderoso en batalla. Alzad, oh puertas, vuestras cabezas, y alzaos vosotros, puertas eternas, y entrará el Rey de la gloria? ¿Quién es ese Rey de la gloria? Jehová de los ejércitos, El es el

Rey de la gloria." (Salmos 24:7-10.) El Cristo resucitado y glorificado fue el primero en entrar. "Pero estando ya presente Cristo, como sumo sacerdote de los bienes venideros,...entró una vez para siempre en el santuario, habiendo obtenido eterna redención." (Hebreos 9:11, 12.) Esto es dado como explicación de cómo todas las cosas obran para bien para aquellos que aman a Dios, y es una seguridad que aquellos quienes son hijos fieles de Dios compartirán sus glorias inmortales en el mundo venidero.

9. LA SEGURIDAD TRIUNFANTE DE LOS CREYENTES FUNDADA EN LA GRANDEZA Y CONSISTENCIA DEL AMOR DIVINO
8:31-39

31 ¿Qué, pues, diremos a esto? — De todo lo que se ha dicho, ¿qué consuelo sacamos de ello? Somos perseguidos y despreciados, es cierto; pero así como Dios nos llamó para amarle, y todas las cosas obran a bien para aquellos que le aman, y si continuamos poseyendo aquella fe que obra por amor, nos va a traer, ambos cuerpo y alma, a su gloria eterna. Viendo, por lo tanto, que estas cosas son así, ¿qué consuelo sacaremos de nuestra tribulación?

Si Dios está por nosotros, ¿quién contra nosotros? Ningún ser lo es, y nadie lo puede ser. Dios está por nosotros, y mientras que eso sea cierto, no tenemos nada que temer.

32 El que no eximió ni a su propio Hijo, sino que lo entregó por todos nosotros, — Si Dios nos amó de tal manera que no escatimó a su propio Hijo, sino que lo entregó para sufrir por nosotros, ¿no nos dará con El gratuitamente todas las cosas necesarias para alcanzar la salvación por la cual Jesús murió para ganarla por nosotros?

¿cómo no nos dará también con él todas las cosas? — Puesto que Dios ha hecho lo mayor en darnos el Ser más precioso en Su vista, nos dará con El dádivas menos costosas necesarias para perfeccionar nuestra salvación. ¿Se me permite preguntar, si Dios ha hecho tales provisiones para la salvación del hombre con tanta liberalidad, podemos creer que El va a permitir que una sola alma dispuesta a aceptar el evangelio y ser salva por medio de él muera sin el conocimiento de él? El Espíritu declaró por medio de Pedro: "En verdad comprendo que Dios no hace acepción de personas, sino que en toda nación, el que le teme y practica lo que es justo, le es acepto." (Hechos 10:34-35.) El declaró esto en la ocasión que Dios envió el evangelio a Cornelio, un gentil, porque vio que él estaba deseoso en conocer y hacer la voluntad de Dios. Si Dios no hace acepción de personas y El escogió a Abraham mientras aun era un idólatra, a Pablo mientras que era un perseguidor, a Cornelio y a Lidia en medio de la idolatría, porque vio que estaban ansiosos de conocer y de hacer la verdad y tuvieron valor y perseverancia para ser fieles hasta el fin, podemos tener la seguridad que El nunca ha permitido, ni lo permitirá, que una sola alma con la misma voluntad y habilidad para saber y continuar en la verdad perezca sin el conocimiento de la misma.

33 ¿Quién acusará a los escogidos de Dios? — ¿Quién pondrá cualquier cosa a la carga de aquellos a quienes Dios ha seleccionado y purificado?

Dios es el que justifica. — Cuando él justifica por medio de su propio Hijo, ¿quién puede condenar? Esto es para mostrar lo completo y la suficiencia del cuidado de Dios y Sus bendiciones para nosotros. Dios y Su Hijo y todos sus siervos están por nosotros; ¿quién, salvo el enemigo de todo, está contra nosotros? ¿Quién puede efectuar cualquier cosa para nuestro daño?

34 ¿Quién es el que condena? Ningún tribunal humano, ningún juez mundanal puede condenar. Todo juicio ha sido entregado al Hijo, quien es nuestro Abogado para con el Padre. (1 Juan 2:1.) [En apoyo de esta declaración las cuatro grandes verdades sobre Cristo Jesús son aquí presentadas.]

Cristo es el que murió; — [Toda base de condenación es quitada por Su muerte por nuestros pecados.]

más aún, el que también resucitó, — Su resurrección como la evidencia de la validez de todos Sus reclamos es una prueba mucho más decisiva de la seguridad de todos los que en El confían que lo que puede ser Su muerte, pues por medio de ella El fue probado ser el Hijo de Dios. En su discurso ante los filósofos epicúreos y estoicos en Atenas, Pablo dijo: "Por tanto, Dios, habiendo pasado por alto los tiempos de esta ignorancia, ahora manda a todos los hombres en todo lugar, que se arrepientan; por cuanto ha establecido un día en el cual va a juzgar al mundo con justicia, por aquel varón a quien designó, dando fe a todos con haberle levantado de los muertos." (Hechos 17:30, 31.) Otro hombre inspirado dice: "Bendito sea el Dios y Padre de nuestro Señor Jesucristo, quien según su gran misericordia, nos hizo renacer para una esperanza viva, mediante la resurrección de Jesucristo de los muertos." (1 Pedro 1:3.)

el que además está a la diestra de Dios, — [Esta investidura solemne con poder " en el cielo y en la tierra" es con referencia declarada a la salvación de Su pueblo. (Mateo 28:18-20; Juan 17:2; Efesios 1:20-23.)]

el que también intercede por nosotros. — Está ante el trono de Dios listo para presentar nuestra causa. Ya ha propiciado el favor de Dios a todo el mundo por medio de su propio sacrificio en su favor. Si encontró gozo en soportar la cruz y el despreciando la vergüenza por nosotros cuando éramos pecadores, ¡cuánto más estará dispuesto para ofrecer peticiones por Sus discípulos errantes!
(1 Juan 2:1.)

35 ¿Quién nos separará del amor de Cristo? — Si Dios está por nosotros, nos justifica, y Jesús es nuestro Abogado a la diestra de Dios, y el Espíritu Santo mora dentro de nosotros e intercede por nosotros con gemidos indecibles, ¿quién nos separará del amor que nos guarda de tal manera?

¿Tribulación, o angustia, o persecución, o hambre, o desnudez, o peligro, o espada? — ¿Vamos a dejar que las cosas traídas sobre nosotros para adiestrarnos para el gozo de los honores eternos que Dios tiene para nosotros en los cielos, que nos desanimen, desalienten y nos hagan volver y causarnos perder esos honores y glorias compradas para nosotros por la sangre de Jesucristo, nuestro Redentor?

36 Como está escrito: Por tu causa somos muertos todo el día; somos considerados como ovejas de matadero. — Todo el Salmo se refiere al sufrimiento del pueblo de Dios, y este verso es típico de lo que los seguidores de Cristo sufrirían por Su nombre. Todo esto eran pruebas y sufrimientos para disciplinarlos para honores eternos. Era una parte del sufrimiento presente que obraría para ellos mucho más un eterno peso de gloria.

37 Pero en todas estas cosas somos más que vencedores — En vez de hacernos para atrás del sufrimiento por la causa de Jesús, o dejarlo por causa de la tribulación por medio de estas cosas, seremos coronados más que vencedores. [¿Pero quién puede ser "más" que un vencedor? Seguramente aquel que no puede ser vencido. Estos sufrimientos son una gran batalla, pero pasamos por ellos más que victoriosos. Triunfamos gloriosamente.]

por medio de aquel que nos amó. — [Este grito de triunfo no es egoísta, pues el grito que abunda es: por medio de Jesús, nuestro Señor, quien nos amó y murió por nosotros.] Su muerte por nosotros es la manifestación de amor para con nosotros que engendra heroísmo en el hombre que lo lleva a regocijarse en los sufrimientos por la causa de Jesús y el bien del hombre.

38, 39 Porque estoy persuadido de que ni la muerte, ni la vida, ni ángeles, ni principados, ni potestades, ni lo presente, ni lo por venir, ni lo alto, ni lo profundo, ni ninguna otra cosa creada nos podrá

separar del amor de Dios, que es en Cristo Jesús nuestro Señor. —
Persuadir es ganar para un propósito o curso en donde hay dificultades,
de las cuales el testimonio mezclado con el deseo sincero convencen que
puede ser logrado. Sinceridad y abnegación para lograr el fin deseado
gana la aceptación por la oración y obtiene la bendición. Sin esta
sinceridad del corazón que nos hace estar dispuestos para sacrificar a
Dios, nuestras oraciones no llegarán al trono de Dios y no prevalecerán.
Quizás no sea necesario sacrificar todo para que por lo que oramos ante
Dios sea oído y conteste la oración, pero es necesario que en nuestro
corazón estemos dispuestos a trabajar y sacrificar para ganar el fin
deseado antes de que Dios oiga y conteste la oración. Con esta verdad
entendida, no tenemos que estar sorprendidos que tan pocas de nuestras
oraciones son oídas o contestadas. Jesucristo mismo es el gran y perfecto
ejemplo en todas estas cosas para el hijo de Dios. Lo que se necesita para
ganar la aceptación y favor por nuestras oraciones es una labor sincera,
renunciadora y con devoción de nuestra parte para ganar aquello por lo
cual oramos. Entonces Dios oirá y concederá nuestras oraciones aún antes
que pidamos. El problema con nosotros es que no somos diligentes en
nuestro servicio, no es rendido del corazón, y nuestras oraciones son
vanas, hablando sin obras correspondientes de devoción. Lo que hace
falta para nuestro propio bien y para el bien del mundo es que
reconozcamos que nuestras vidas religiosas debieran ser más fervientes
y devotas. Podemos lograr que nuestras oraciones prevalezcan si tenemos
la voluntad, pero no podemos hacer esto sin sacrificio propio como
aquellos que prevalecieron con Dios y cuyos ejemplos son dados para
nuestro ánimo e imitación.

V. LOS PRINCIPIOS AHORA ESTABLECIDOS JUSTIFICAN LOS TRATOS DE DIOS TANTO CON LOS JUDIOS COMO LOS GENTILES, Y DAN CUENTA POR EL RECHAZO Y LA ACEPTACION ANTERIOR DE LOS ULTIMOS
9:1 a 11:36

1. LA SIMPATIA PROFUNDA DEL APOSTOL PARA CON LOS JUDIOS
9:1-5

1 Verdad digo en Cristo, no miento, y mi conciencia da testimonio conmigo en el Espíritu Santo, — Habiendo mostrado Pablo que las obras de la ley judía no podían salvar pecadores, pero que deben ser salvos por la obediencia de fe, al andar en las pisadas de la fe de Abrahán, y que los judíos y los gentiles por igual están condenados sin la fe en Cristo Jesús, por si acaso los judíos podrían pensar que Pablo estaba separado de ellos, él llama a Cristo y al Espíritu Santo para dar testimonio a la verdad de la seguridad de su amor para con ellos. [Algunos reclaman que este es un juramento solemne, pero esta interpretación no es apoyada por los mejores exegetas, como es atestiguado por lo siguiente: Moisés E. Lard dice: "La expresión no es un juramento, pero meramente una forma fuerte de aseverar la verdad. El significado es: `Hablo la verdad como en Cristo y doy cuenta a El. Tanto como para decir: Aquellos que están en Cristo están bajo las más solemnes obligaciones, siempre cuando hablamos, hablar la verdad; y ahora yo hablo bajo el sentido completo de esta obligación.'" Felipe Schaff: "Esta es una triple aseveración del apóstol, y es introducida precipitadamente, sin conjunción, de acuerdo al sentimiento que la promueve. `En Cristo' no es un juramento (la forma de juramento en griego sería totalmente en griego), pero significa en comunión con Cristo, el elemento en el cual vive. Tal comunión con Aquel que está en la verdad implica la sinceridad de uno que la disfruta." H.A. W. Meyer: "La explicación adoptada por la mayoría de los comentaristas más antiguos de `en' en el sentido de juramento es una perfecta salida arbitraria de la manera del apóstol, quien nunca jura por Cristo, y también del uso griego." Carlos Hodge: "Estas palabras no han de ser tomadas como un juramento."]

2 de que tengo gran tristeza y continuo dolor en mi corazón. — La causa de la tristeza y angustia del corazón de Pablo por los judíos era porque habían rechazado a Cristo y no estaban en un estado salvo. [¡Cuán noble que aparece Pablo aquí, con su gran amor para aquellos quienes desde el día de su conversión lo habían perseguido con odio implacable!]

3 Porque desearía yo mismo ser anatema, separado de Cristo, — No es posible que Pablo en verdad deseaba ser anatema de Dios para salvar a su pueblo judío, si hubiese sido posible para salvarlos. La madre a veces en su angustia por la pérdida de un hijo dice: "¡Oh, moriría para salvar a mi hijo!" Ella no quiere decir que realmente ella desea hacer esto; pero si fuera guiada sólo por su sentimiento de amor para su hijo, daría su vida por él. Pero hay otras consideraciones que impiden su deseo para hacer esto. Hay otros hijos por los cuales vivir. Las obligaciones bajo las cuales está hacia sus amigos y hacia Dios y hacia ella misma le impiden hacer lo que el amor por un solo hijo la hacen sentir que haría. Así, si Pablo sólo habría de obrar de parte de su amor intenso por sus hermanos judíos, lo movería a perder a Cristo mismo, si por medio de ello los podría salvar. Pero hay otras consideraciones que impedirían su actuación en éstas, aun si esto los salvaría (que no lo haría). Pablo estaba expresando la intensidad de su amor para con ellos.

por amor a mis hermanos, los que son mis parientes según la carne; — [Obsérvese la forma tierna en que el apóstol caracteriza a los judíos. Su tristeza para con ellos tenía la base en el hecho que aparte de Cristo estaban expuestos a la ira de Dios y en el camino a la muerte eterna. Era esta tristeza en la pérdida de hombres, este deseo ardiente por su salvación, que hacía de Pablo el predicador que era.]

4 que son israelitas, — Eran los hijos de Israel y herederos de las promesas hechas a él. El nombre "israelita" era para el judío su distintivo especial y título de honor. El ser descendientes de Abraham, este honor tenían que compartir con los ismaelitas (Génesis 16:15); de Abraham e Isaac, con los idumeos (Génesis 25:26); pero solamente ellos eran de la simiente de Jacob, tal como en este nombre de israelita eran declarados ser. Ni era esto todo, pero, más glorioso aún, su descendencia fue aquí trazada a él, no como Jacobo, pero como Israel, quien, como Príncipe, tenía poder con Dios y con los hombres, y prevaleció (Génesis 32:28). Que este título fue contado como el más noble tenemos amplia evidencia. Cuando Pablo usa este nombre, él recuerda a sus lectores que es sólo para aquellos cuya salvación sobre todo el Mesías habría de venir, quien al venir, son aparentemente cortados de todo compartimiento en los privilegios de Su reino.

y la gloria, — [El esplendor sobrenatural en que Dios manifestó Su presencia en Sinaí es aquí referido. (Exodo 24:16, 17.) Esta gloria apareció a Moisés, y se comunicó a sí misma, en una medida, a él; de manera que cuando bajó de la montaña brilló en su rostro (Exodo 34:29-

35), y a veces sobre el tabernáculo de reunión (Exodo 29:43; 40:34, 35), y sobre el propiciatorio del arca (Levítico 16:2). Estos fueron peculiares a los israelitas.]

el pacto, — El pacto que Dios hizo con Abraham (Génesis 15:18; 17:2, 4, 7-11), y después renovado a Isaac (Génesis 26:24), a Jacob (Génesis 28:13, 15), y a todo el pueblo de Israel (Exodo 24:7, 8). [Este pacto de gracia, expresó los propósitos y planes de Dios, y fue renovado en cada ocasión sucesiva, con creciente plenitud y con más definición.

la promulgación de la ley, — La ley de Moisés fue dada a ellos. [La referencia aquí, sin duda, alude no sólo al contenido de la ley, sino a la manera en la cual Dios la dio. Nunca jamás fue el Ser Supremo manifestado con tales señales externas de terror y majestuosidad. "Ha oído pueblo alguno la voz de Dios, hablando de en medio del fuego, como tú la has oído, sin perecer?" (Deuteronomio 4:33.)]

el culto, — [Era un honor especial que Dios había puesto sobre aquellos que El prescribió su servicio en el tabernáculo y el templo aun con los detalles más minúsculos. El mostró a Moisés el patrón del tabernáculo, y levantó a hombres especialmente dotados por Su Espíritu con sabiduría para cumplir con Sus direcciones. (Exodo 35:30-35.) El ordenó a los sacerdotes y el ministerio, los sacrificios, el altar, y todos los vasos del servicio.]

y las promesas; — Eran los herederos de las promesas hechas por medio de Abrahán para la salvación del mundo. [La promesa del Mesías era una posesión de Israel en el sentido que habría de cumplirse por medio de ellos aunque no exclusivamente para Israel.]

5 de quienes son los patriarcas, — Probablemente la referencia es especialmente a Abraham, Isaac, y Jacob, a quienes Dios se deleitó en honrar, y cuyos nombres han sido preservados para todas las edades. [Haber salido de tales antepasados era uno de los pensamientos más apreciados de un israelita. (2 Corintios 11:22.) Estas personas sagradas son ahora mencionadas, después de las cosas sagradas, como para introducir la mención de Cristo mismo.]

y de los cuales,...procede Cristo, — Esto es puesto como el más exaltado privilegio: que su nación había dado nacimiento al largamente esperado Mesías, la esperanza del mundo.]

según la carne, — [Esto implica, claro, que el tenía otra naturaleza aparte de la humana, o que mientras que era un hombre, era algo más; que había una naturaleza en El que no descendía de "los padres." Que esto es el significado aparecerá más adelante al observar las distinciones importantes tan cuidadosamente expresadas por las palabras de Pablo y aun en su orden exacto — "y de los cuales, según la carne, procede

Cristo." Cristo no es en el mismo sentido como los patriarcas propiedad peculiar de los israelitas, "de quienes son los patriarcas." El emana, en realidad, de su raza, pero El es "sobre todas las cosas"; y no sólo es su origen israelita contrastado así con su supremacía universal, pero es expresamente limitada por su naturaleza humana. El énfasis final de la cláusula cae sobre las palabras, "según la carne," que apunta adelante a su contraste natural en el aspecto de Su Persona, quien es "Dios...bendito por los siglos."]

el cual es ...sobre todas las cosas, — En esta vista del pasaje, como un testimonio de la divinidad suprema de Cristo, atestigua toda la revelación de Dios, como lo demuestra claramente lo siguiente: Dios el Padre, es la base de toda vida (1 Corintios 8:6); y "Porque como el Padre tiene vida en sí mismo, así también le ha dado al Hijo el tener vida en sí mismo; y también le dio autoridad de ejecutar juicio, por cuanto es el Hijo del Hombre." (Juan 5:26, 27.) La "imagen del Dios invisible." (Colosenses 1:15; 2 Corintios 4:4.) Aun, como la imagen de Dios, el Hijo es perfectamente expresivo del Ser Divino. "Porque en él habita corporalmente toda la plenitud de la Deidad." (Colosenses 2:9.) El es "en forma de Dios" e "igual a Dios." (Filipenses 2:6.) Es expresamente llamado "Dios nuestro Salvador" (Tito 1:3) y "gran Dios y Salvador Jesucristo" (Tito 2:13). De acuerdo a esto, el Hijo es también el objeto de adoración para los ángeles y los hombres. (Filipenses 2:10.) Estas Escrituras, con muchas otras, declaran que Jesucristo estaba con el Padre, en el seno de la Deidad, antes de que los mundos fueran creados; que El era el consejero de la Deidad; que El era Dios, como divino y necesariamente de la misma naturaleza y ser como Dios, el Padre. Todo poder y majestuosidad que pertenecen a la Deidad fueron entregados al Hijo. Fue envestido con toda autoridad "en los cielos y en la tierra." (Mateo 28:18.) Todo el poder del Padre es concentrado en El.

Dios...bendito por los siglos. Amén. — [Esta atribución de alabanza a Cristo es aquí especialmente apropiada, en vista de haber sido menospreciado por los israelitas, y está exactamente en línea con el método de Pablo, como indicado en 1:25, en donde, en contraste con el deshonor amontonado sobre Dios por los gentiles, la afirmación es hecha que El es "bendito por los siglos." Una doxología a Dios no sería adecuada con la angustia del rechazo de Israel, a lo cual se dirige Pablo en este párrafo; por otro lado, las palabras, referidas a Cristo, a quien los israelitas rechazaron a pesar de Su dignidad, da una razón por su angustia.]

2. FALSOS RECLAMOS REFUTADOS Y LA DIVINA PROMESA VINDICADA EN JUSTIFICACION DE LOS TRATOS DE DIOS CON LOS ISRAELITAS
9:6-13

6 No es que la palabra de Dios haya fallado; — Los israelitas, habiendo recibido la palabra de Dios y estos privilegios y honores, luego habiendo rechazado a Jesucristo, no prueba que la palabra de Dios no había tomado efecto. [La palabra de Dios aquí debe ser tomada comprensiblemente de todas las promesas a Abraham y a su simiente.]

porque no todos los que descienden de Israel son israelitas, — Todos los que eran de la familia de Abraham después de la carne no pertenecían a la verdadera familia, y no eran los hijos de las promesas.

7 ni por ser descendientes de Abraham, son todos hijos; — Tampoco ser de su familia los hace a todos verdaderos hijos de acuerdo a la promesa. [El objeto de Pablo es mostrar que las promesas hechas a los hijos de Abraham no fueron hechas a los descendientes naturales como tales.]

sino que: En Isaac te será llamada descendencia. — La promesa fue a la simiente de Isaac, no a los hijos de Ismael ni a los hijos de Cetura. Abraham tuvo muchos descendientes de estas familias a los cuales la promesa no fue hecha. Sólo a los hijos de Isaac fueron hechas las promesas.

8 Esto es: no son hijos de Dios los que son hijos según la carne, — Todos los hijos de Abraham según la carne no eran hijos de Dios. [Esto explica el principio sobre el cual Dios actuó al hacer a Isaac, pero no a Ismael, el heredero de la promesa de Abraham. Los hijos meramente de la carne no fueron en el pasado aceptados por Dios como sus hijos. Por el contrario, fueron echados fuera, como fue el caso de Ismael.]

sino que son los hijos según la promesa los que son contados como descendientes. — Solo aquellos que vinieron por medio de Isaac fueron contados como simiente. [Todo los otros hijos de Abrahán fueron hijos de la carne. Su única relación con él fue externa y de acuerdo a las leyes naturales. Conexión física con él no fue en sí fundamento para heredar la promesa.]

9 Porque la palabra de la promesa es esta: Por este tiempo vendré, y Sara tendrá un hijo. — La promesa como fue hecha a Abraham fue hecha al hijo de Sara, nacido en el tiempo indicado. [En el verso 6 los israelitas incrédulos han de reclamar las promesas de los hijos de Abrahán, y decir si ellos fueron excluidos del reino de Dios, la palabra de Dios caerá a tierra. Este reclamo descansa sobre la asunción que todos los descendientes de Abraham tienen derecho al convenio; pero Pablo prueba que este derecho no fue admitido por Dios en el caso de los hijos de Abraham. Por lo tanto, el reclamo basado en ello por los israelitas es inválido. Más todavía, el reclamo de los israelitas incrédulos es precisamente el mismo que el de Ismael; pero los creyentes tienen una posición semejante a la de Isaac. El evangelio siendo verídico, Dios está actuando en referencia al hijo de Israel como actuó en antaño en referencia a los hijos de Abraham; porque el evangelio anuncia que sólo los creyentes son los herederos de la promesa, porque "los que son de fe, éstos son hijos de Abraham" (Gálatas 3:7); "Y si vosotros sois de Cristo, entonces sois descendencia de Abraham, y herederos según la promesa" (Gálatas 3:29.)]

10 Y no sólo esto, sino también Rebeca cuando concibió de uno, de Isaac nuestro padre — La promesa no sólo estaba limitada al hijo de Sara, sino cuando Rebeca concibió a Isaac, hubo aún más limitación de la promesa a Jacob y no a Esaú, como está expuesto en el próximo versículo. [Este caso es más significante que el anterior. Estamos ahora en la línea pura de Abraham por Isaac, el antepasado por medio del cual es la simiente prometida; y sin embargo, su esposa ve a la selección divina que había sido ejercitada a los hijos de Abraham reproducida como entre sus propios hijos. La expresión, "de uno," es ocasionado por el contraste aquí al caso de Isaac e Ismael. Luego había dos madres, que podrían justificar la preferencia dada a Isaac. Aquí, en donde los hijos eran de la misma madre, la única diferencia posible sería de parte del padre. Pero como el caso era uno de gemelos, la comunidad de origen era completa. Ningún motivo externo de preferencia podría, por lo tanto, influir en la selección divina.]

11 (pues no habían aún nacido, ni habían obrado aún ni bien ni mal, para que el propósito de Dios conforme a la elección permaneciese, no en virtud de obras, sino de Aquel que llama), — Antes que nacieran los gemelos Dios dijo que el mayor serviría al menor. El orden natural y usual era al contrario. Dios vio las personalidades de los dos hijos, y escogió al menor para llegar a ser cabeza de una raza escogida porque él podría confiar en Dios en lugar del otro. No era un registro de obras propias que haría uno de los dos, pero Jacob confiaría en Dios y le obedecería. Aquellos que hacen esto, Dios siempre los escoge como su pueblo amado. Pero la limitación de la promesa a la familia de Jacob es el punto aquí.

12 se le dijo: El mayor servirá al menor. — [No hay ningún registro de que Esaú haya personalmente servido a Jacob. La referencia, entonces, debe de ser a sus respectivas descendencias, y esto confirman los hechos de la historia. Se dice de David que él puso guarniciones por todo Edom, y que "todos los edomitas fueron sometidos a David." (1 Crónicas 18:13.) Bajo Joram se rebelaron (2 Reyes 8:20), pero fueron derrotados por Amasías (2 Reyes 14:7), y Elat fue tomado de ellos por Azarías (2 Reyes 14:22). De hecho, los edomitas fueron sujetos a los reyes de Israel por largo tiempo, estos últimos con frecuencia matándolos en gran número. Parecían sacar deleite especial en cultivar el odio de Esaú hacia Jacob, y nunca dejaban pasar la oportunidad para mostrarlo. Desde la destrucción de Jerusalán por Tito, los edomitas, como un pueblo separado, desaparecen de las páginas de la historia.]

13 Como está escrito: A Jacob amé, mas a Esaú aborrecí. — Muchos piensan que esto se escribió antes de que nacieran los hijos, pero esto no es correcto. Sin embargo es cierto que Dios dijo de antemano que Esaú, el mayor, serviría a Jacob, el menor, antes de que nacieran. Esto, sin duda, fue hecho porque Dios, viendo el fin desde el principio, vio que Jacob confiaría en El y le serviría y que Esaú no lo haría. "Amar" y "aborrecer" como Dios usa los términos significa aprobar o desaprobar, bendecir o maldecir.

3. LA VINDICACION DE LOS TRATOS DE DIOS CON LOS ISRAELITAS A CAUSA DE LA ABSOLUTA LIBERALIDAD DE SUS MISERICORDIAS
9:14-18

14 ¿Qué, pues, diremos? ¿Acaso hay injusticia en Dios? ¡En ninguna manera! — Porque Dios escogió a Jacob antes de que nacieran ¿diremos que fue injusto? ¿Trató con parcialidad o favoritismo y no por la regla del bien que reveló por medio de Pedro cuando dijo: "En verdad comprendo que Dios no hace acepción de personas, sino que en toda nación, el que le teme y practica lo que es justo, le es acepto"? (Hechos 10:34, 35.) [Pablo ahora muestra que las Escrituras aprueban esta libertad, y estas Escrituras, veneradas por el israelita objetor al cual está escribiendo, no asignaría a Dios injusticia. El argumento es totalmente bíblico.]

15 Pues a Moisés dice: Tendré misericordia del que yo tenga misericordia, y me compadeceré del que yo me compadezca. — Este lenguaje fue dicho a Moisés (Exodo 33:19), y es citado para probar que la selección no es de acuerdo a la carne ni de acuerdo a los inventos y obras de los hombres, pero de acuerdo a la voluntad de Dios; y Dios tiene la voluntad de escoger a aquellos que le siguen y en El confían; no aquellos que confían en sus relaciones carnales ni en sus propias obras sabias. Cuando la gente confió y obedeció a Dios, tuvo misericordia en ellos; cuando rehusaron confiar en El y seguirle, El rehusó tener misericordia sobre ellos. Esto era tan universalmente entendido ser la ley de Dios que Salomón lo puso en un proverbio: "El que encubre sus pecados no prosperará; mas el que los confiesa y se enmienda alcanzará misericordia." (Proverbios 28:13.) Todos los tratos de Dios con el hombre bajo las dispensaciones patriarcal y mosaica ilustran y refuerzan esta verdad. Cuando Dios dice, "me compadeceré del que yo me compadezca," quiere decir que tendrá misericordia sobre aquellos que confiesan y se arrepientan de sus pecados y transgresiones, y nada que otros puedan hacer lo cambiarán de ello.

16 Así que no depende del que quiere, ni del que corre, sino de Dios que tiene compasión. — Ilustra lo que quiere decir por el caso de Jacob y Esaú. Isaac quería que Esaú recibiera la bendición de la herencia, y Esaú corrió con apuro para obtener la vianda para su padre para poder recibir la bendición; pero ni la voluntad de Isaac ni el correr de Esaú pudieron derrotar el propósito de Dios para bendecir a Jacob. Si Esaú hubiera tenido el carácter aprobado por Dios, Dios hubiera tenido la voluntad para bendecirlo; pero como no tenía el carácter aprobado por Dios, la ansiedad de su padre por él para tener la bendición no la pudo obtener.

17 Porque la Escritura dice a Faraón: Para esto mismo te he levantado, para mostrar en ti mi poder, — Nunca levantó ni causó Dios al faraón para hacer lo que hizo, o cualquier otra maldad, en el sentido de hacerlo malo. "Y a la verdad yo te he puesto para mostrar en ti mi poder." (Exodo 9:16.) Esto no dice que Dios lo levantó para hacer algo, pero para que Dios mostrara su poder en destruir a uno tan malo como el faraón, y en destruirlo dar clara evidencia que El destruirá a todo el que peque contra El en tal manera, y en castigarlo de una forma tan clara por sus pecados contra el humilde pueblo de Dios. Después que el faraón de su propia voluntad hubo hecho lo malo, siendo malo, cometió grandes crímenes contra Dios y el pueblo de Dios, Dios hizo un ejemplo público de él, lo castigó de una forma pública, y lo levantó ante el mundo, para que todo el mundo pudiese ver la maldad del faraón y el castigo dado por Dios. Así que El levantó al faraón malo ante el mundo para mostrar que todo el poder del trono egipcio no podía destruir Su propósito.

y para que mi nombre sea anunciado por toda la tierra. — De esa manera Dios causó que Su nombre fuera declarado por toda la tierra como el Vengador de Su propio pueblo. [El juicio de Dios sobre los egipcios consistió en las plagas, por medio de las cuales la nación fue casi destruida; y la fama de estas plagas, y el cruce seguro de los israelitas por el Mar Rojo, y la destrucción dentro del mar de los egipcios, causó terror a las naciones circunvecinas, como es indicado por las muchas referencias a ellas. Las palabras cantadas después del cruce del Mar Rojo: "Lo oirán los pueblos, y temblarán; se apoderará dolor de la tierra de los filisteos. Entonces los caudillos de Edom se turbarán; a los valientes de Moab les sobrecogerá temblor." (Exodo 15:14, 15.) También las palabras de Rahab a los espías enviados por Josué: "El temor de vosotros ha caído sobre nosotros, y todos los moradores del país ya han desmayado por causa de vosotros. Porque hemos oído que Jehová hizo secar las aguas del Mar Rojo delante de vosotros cuando salisteis de Egipto...porque Jehová vuestro Dios es Dios arriba en los cielos y abajo en la tierra." (Josué 2:9-11.) También las palabras de los gabaonitas: "Tus siervos han venido de tierra muy lejana, por causa del nombre de Jehová tu Dios; porque hemos oído su fama, y todo lo que hizo en Egipto." (Josué (9:9.) Así fue que la catástrofe que distinguió la salida de Egipto, provocada por la resistencia ciega del faraón, preparó el camino para la conquista de Canaán. Y aun hasta el día presente, por el mundo en donde se lea Exodo, la intención divina es realizada: "Para mostrar en ti mi poder, y para que mi nombre sea anunciado por toda la tierra."]

18 De manera que de quien quiere, tiene compasión, — Dios tiene compasión de aquellos que en El confían para poder ser salvos.

y al que quiere endurecer, endurece. — El faraón es un ejemplo de aquellos que son endurecidos para ser destruidos. [De este ejemplo se deduce el principio de que ningún hombre puede decir: "Soy, en lo que haga, libre del juicio de Dios, o de otra manera, lo que él haga, es indigno del divino favor." Los israelitas pensaban que de ninguna manera podrían ser abandonados por Dios, y en ningún caso serían los gentiles recibidos por El. Pablo muestra aquí que estaban muy equivocados. La historia del endurecimiento de faraón era, sin duda, bien fijada en las mentes de todos los israelitas. Dios, al levantarlo, vio de antemano su resistencia orgullosa, y tiene en reserva castigarlo después por una ceguera completa que serían los medios para lograr los resultados deseados. El endurecer saca de un hombre el sentido de lo verdadero, lo justo, y aun lo útil, de manera que ya no está abierto a admoniciones sabias y circunstancias significantes que lo podrían hacer dar vuelta del mal camino en el cual había entrado. La palabra "endurecer" no puede significar, en el registro (Exodo 4:1 al 14:9), algo más que el acto de Dios que lo que significa como el acto del faraón cuando dice que se endureció a sí mismo. Pero lo que no se debe olvidar, y lo que aparece distintamente de toda la narrativa, es que el endurecimiento del faraón fue al principio su propio acto. Cinco veces se dice que él mismo endureció su corazón (Exodo

7:13, 14, 22; 8:15, 32; 9:7), antes del tiempo cuando al final que Dios le endureció el corazón (Exodo 9:12); y aun después de eso, como si un remanente de libertad aún permanecía en él, se dice por última vez que se endureció a sí mismo (Exodo 9:34, 34). Luego a lo largo, como si por vía de una terrible retribución, Dios lo endureció cinco veces. (Exodo 10:1, 20, 27; 11:10; 14:8.) De esa manera, cerró su corazón obstinadamente contra la influencia ejercitada sobre él por las convocaciones de Moisés y por los primeros castigos que vinieron sobre él — ese fue su pecado; y después, pero aún dentro de límites, Dios lo ensordeció no sólo a la voz de la justicia, sino al sonido de sentido y prudencia sencilla — ese fue su castigo. Lejos, pues, de haber sido Dios quien le animó al mal, Dios le castigó con los más terribles castigos por los males a los cuales él voluntariamente se entregó.

En esta expresión, "endurecimiento," encontramos la misma idea como en "Dios los entregó," por medio de la cual el apóstol expresó el juicio de Dios sobre los gentiles, "Pues habiendo conocido a Dios, no le glorificaron como a Dios." (Romanos 1:21.) Cuando el hombre voluntariamente apaga la luz que ha recibido y las primeras represiones de misericordia divina, y cuando él persiste en entregarse a sí mismo a un mal curso, viene un tiempo cuando Dios retira de tal persona la acción benéfica de Su gracia. El hombre llega a ser insensible aun a los consejos de prudencia. Ha rechazado la salvación para sí mismo; era libre para hacerlo; pero no puede prevenirle a Dios de hacer uso de él y de su ruina para avanzar la salvación de otros. Al ser el fin, es degradado al rango de medios. Tal fue el caso del faraón. Todo Egipto vio claramente a donde llevaba esta loca resistencia. Sus magos le dijeron: "Este es el dedo de Dios." (Exodo 8:19.) Sus siervos le dijeron: "¿Hasta cuándo será este hombre un lazo para nosotros? Deja ir a estos hombres." (Exodo 10:7.) El mismo, después de cada plaga, sentía su corazón ablandar. Aun fue al punto de exclamar: "He pecado esta vez; Jehová es justo, y yo y mi pueblo impíos." (Exodo 9:27.) Ahora era el instante decisivo; porque la última vez después de este momento de ablandamiento se endurecía a sí mismo. (Exodo 9:34.) Luego la justicia de Dios se apoderó de él. Había rehusado glorificar a Dios activamente; lo debe glorificar pasivamente. Los israelitas en los días de Pablo no desaprobaban de esta conducta de parte de Dios siempre concerniera sólo al faraón o a los gentiles; pero lo que ellos afirmaban, en virtud de haber sido escogidos como el pueblo peculiar de Dios, era que nunca, y bajo ninguna condición, podrían ellos mismos ser los objetos de tal juicio. Limitaban la libertad de juicio divino sobre sí mismos, así como limitaban la gracia hacia los gentiles. En este verso, él vuelve a establecer ambas libertades, vindicando el derecho único de Dios para juzgar cuál hombre posee las condiciones sobre las cuales El pensará ser habilitado para mostrarle favor, o aquellos que son apropiados para castigar y endurecer.]

4. LA VINDICACION DE LOS TRATOS DE DIOS CON LOS ISRAELITAS SOBRE LA BASE DE SOBERANIA DIVINA ACOMPAÑADO CON MUCHA PACIENCIA
9:19-29

19 Entonces me dirás: ¿Por qué, pues, lanza reproches? — Luego algunos dirán: "Si todos son endurecidos y perdonados de acuerdo a la voluntad de Dios, ¿por qué encuentra falta de todos modos?"

porque ¿quién ha resistido a su designio? — [Dios no hace a los hombres como son y luego encuentra falta con ellos por ser como los hizo. Moralmente, los hombres se hacen lo que son, que al principio no es lo que deben ser. Por esto sólo es que Dios encuentran falta con ellos. Es cierto que Dios a veces escoge, como en el caso de Jacob y Esaú; pero El no encuentra falta con nadie que por ser lo que Su voluntad lo hizo. Dios a veces endurece a los hombres, como en el caso de Faraón; pero El no encuentra falta con ellos por ser duros cuando El los endurece. Encontró falta en Faraón por endurecer su corazón y resistir perversamente Su voluntad.]

20 En todo caso, oh hombre, ¿quién eres tú, para que alterques con Dios? — Esta es una fuerte represión de la queja capciosa contra el Creador. El hombre, con sólo un entendimiento de su propia debilidad y su vista corta, y la sabiduría de Dios y bondad, diría, "Dios sabe todas las cosas, Dios es bueno y el Juez de toda la tierra hará bien"; así que reconoce que Dios entiende, mientras que el hombre no entiende, y confía en Dios aun cuando el hombre no entienda el camino. En realidad, ésta es la única forma de pensar de fe verdadera.

¿Acaso dirá el vaso de barro al que lo formó: Por qué me has hecho así? — [La intención en esto es para tapar la boca del objetante quien deja la inferencia de mal departe de Dios al conceder favores sobre algunos que detiene de otros.]

21 ¿O no tiene potestad el alfarero sobre el barro, para hacer de la misma masa un vaso para uso honroso y otro para uso despreciable? — Esto se refiere a la parábola del alfarero y el barro, y es de tanto significado que doy la cita completa: "Palabra que vino a Jeremías de parte de Jehová, diciendo: Levántate y vete a casa del alfarero, y allí te haré oír mis palabras. Y descendí a casa del alfarero, y he aquí que él trabajaba sobre las dos ruedas. Y siempre que la vasija que él hacía se echaba a perder en su mano, volvía a hacer otra vasija, según le parecía mejor hacerla." (Jeremías 18:1-4.) En esto se ve claramente que el alfarero se propuso hacer un vaso de barro para honra, y sólo cuando la vasija se echaba a perder en su mano y se mostraba inadecuada para ser hecha que "volvía a hacer otra vasija, según le parecía mejor hacerla." Al echarse a perder la vasija en sus manos, era inadecuada para ser un vaso de honra; así pues, hizo un vaso común para uso despreciable.

Ahora, hay que tener en mente el punto para ser ilustrado en la figura, y encontraremos que la forma en la cual Dios trató con Israel fue condicional: "Entonces vino a mí palabra de Jehová, diciendo: ¿No podré yo hacer de vosotros como este alfarero, oh casa de Israel?, dice Jehová. He aquí que como el barro en la mano del alfarero, así sois vosotros en mi mano, oh casa de Israel. De pronto puedo hablar contra un pueblo y contra un reino, para arrancar, y derribar, y destruir. Pero si ese pueblo contra el cual hablé se vuelve de su maldad, yo me arrepiento del mal que había pensado hacerles, y en un instante hablo de la gente y del reino, para edificar y para plantar. Pero si hace lo malo delante de mis ojos, no escuchando mi voz, me arrepiento del bien que había determinado hacerle." (Jeremías 18:5-10.)

Todo esto es explicativo de la expresión: "Como el barro en la mano del alfarero, así sois vosotros en mi mano, oh casa de Israel." Es evidente que no significa que como el barro es pasivo en las manos del alfarero, así Israel es destituido de todo poder en las manos de Jehová; sino que como el barro es sujeto al poder del alfarero, que hará de ello un vaso de honor o deshonor, de acuerdo a lo adecuado del material, así hará el Dios de Israel con su pueblo de acuerdo al uso apropiado o el abuso pecaminoso de su libre albedrío, en hacer el bien o el mal ante Su vista.

22 ¿Y qué, si Dios, queriendo mostrar su ira y hacer notorio su poder, soportó con mucha paciencia los vasos de ira preparados para destrucción, — ¿Por qué ha de pensarse extraño si Dios, para mostrar su odio del pecado y su determinación para castigarlo, aguantaría por largo tiempo a esos israelitas, quienes, como Faraón, se vistieron como vasos de ira para destrucción, y luego envió ruina a ellos, para que todo el mundo lo viera? ¿Esto El aplica a los israelitas, quienes, bajo el trato de Dios, de tal manera mancharon su carácter como para ajustarse para destrucción? Concerniente a la paciencia de Dios para con estos mismos vasos de ira Pablo dice: "¿O menosprecias las riquezas de su benignidad, paciencia y longanimidad, ignorando que su benignidad te guía al arrepentimiento? Pero por tu dureza y por tu corazón no arrepentido, atesoras para ti mismo ira para el día de la ira y de la revelación del justo juicio de Dios." (2:4, 5.) Aquí vemos a estas personas como vasos de ira a pesar del esfuerzo de Dios para salvarlos por medio del ejercicio de su bondad y paciencia, que tenía la intención de llevarlos al arrepentimiento.

Para hacer esto aún más claro, leamos el comentario de Pedro sobre el entendimiento de Pablo del propósito de Dios en el ejercicio de la paciencia: "El Señor no retarda su promesa, según algunos la tienen por tardanza, sino que es paciente para con nosotros, no queriendo que nadie perezca, sino que todos vengan al arrepentimiento." (2 Pedro 3:9.) En esto él nos da su propia interpretación inspirada del propósito de Dios en el ejercicio de la paciencia. Se refiere al uso de Pablo del término como idéntico con la manera en la cual él mismo lo explica; por lo tanto, él agrega: "Por lo cual, oh amados, estando en espera de estas cosas, procurad en espera de estas cosas, procurad con diligencia ser hallados por él sin mancha e irreprensibles, en paz. Y considerad que la longanimidad de nuestro Señor es para salvación; como también nuestro amado hermano Pablo, según la sabiduría que le ha sido dada, os ha escrito asimismo en todas sus epístolas, hablando en ellas de estas cosas." (2 Pedro 3:14-16.) Sin lugar a dudas, entonces, vemos que, de acuerdo a la exposición inspirada de la enseñanza de Pablo de la paciencia de Dios, Dios se estaba esforzando para salvar a estos vasos de ira al guiarlos al arrepentimiento, mientras que ellos por su parte estaban atesorando para sí mismos ira en el día de la ira al despreciar "las riquezas de su benignidad, paciencia y longanimidad." De acuerdo a esto, cuando el oponente de Pablo debe preguntar, "¿Por qué, pues, lanza reproches?; porque ¿quién ha resistido a su designio?" Es evidente por el pasaje ante nosotros tiene la intención de mostrar que la pregunta capciosa del contrario es fundada sobre una falsa asunción — que el terreno en sí de su objeción es el mero hecho que persiste en oponerse a la voluntad de Dios. El apóstol fuertemente ilustra la longanimidad de Dios y la resistencia perversa de parte de Israel cuando dice: "Todo el día extendí mis manos hacia un pueblo desobediente y contradictor." (10:21.)

23 y para hacer notorias las riquezas de su gloria, las mostró para con los vasos de misericordia que él preparó de antemano para gloria, — ¿Es extraño que él, mientras que rechaza los vasos de ira, mostrase las riquezas de su gloria a los vasos dignos de recibir Su misericordia? Los preparaba para gloria cuando, en consecuencia de su obediencia al evangelio, les perdonó sus pecados.

24 a los cuales también ha llamado, estos es, a nosotros, no sólo de los judíos, sino también de los gentiles? — Tanto los judíos como los gentiles, a quienes Él había llamado por medio del evangelio, son vasos de misericordia, dignos para recibir las riquezas de la gracia en Jesucristo. [Esto fue un propósito directo y primordial de la longanimidad de Dios hacia los vasos de ira. "La salvación viene de los judíos" (Juan 4:22); y, por lo tanto, la raza escogida, a pesar de todas sus transgresiones, fue preservada para que la promesa pueda ser abrazada en su logro tanto para el remanente de los judíos como para la plenitud de los gentiles. La destrucción de los judíos predicha por Jesús (Mateo 24:15-28) fue demorada en misericordia hasta que miles de israelitas y gentiles aceptaron a Cristo. Todo el pasaje muestra que Dios sufrió los pecados de la raza judía sin cortarlos, porque su existencia fue esencial en Sus planes para salvar al mundo.]

25 Como también en Oseas dice: Llamaré pueblo mío al que no era mi pueblo, y a la no amada, amada. — Cita de Oseas para mostrar que desde el principio Dios había tenido el propósito de traer a los gentiles a Cristo, quienes en ese tiempo no eran hijos de Dios y no eran amados por su confianza en Dios; llegarían a ser fieles, y así ser llamados amados.

26 Y en el lugar donde se les dijo Vosotros no sois pueblo mío, allí serán llamados hijos del Dios viviente. — Esto lo cita para mostrara que Dios había desde el principio tenido el propósito de traer a los gentiles a Cristo. [Pablo cita estas palabras, que se refieren primordialmente a las diez tribus, en prueba que Dios, cuando El llamó a hombres en medio de los gentiles para ser vasos de misericordia, actuó sobre los principios anunciados por Oseas. Los gentiles no podrían estar más completamente alejados que aquellos de quienes Dios declaró no ser ni Su pueblo ni los objetos de Su misericordia. Pero predijo que en los días que vendrían hablaría otra vez a los repudiados y los llamaría Sus hijos. En el evangelio se cumple esta profecía, y el cumplimiento, aunque más amplia que la promesa, está completamente de acuerdo con su espíritu. El pasaje citado quizás fue escogido porque es una promesa clara, no sólo de las bendiciones del evangelio, pero del anuncio en sí (1:2) de las buenas nuevas. Lo que en los días de Oseas Dios prometió decir en días entonces en el futuro, lo dijo realmente (8:14) en el evangelio. Ser llamados hijos de Dios es una apelación más distinguida y honorable. Ningún favor puede ser conferido sobre los mortales que ser hijos del Dios viviente, miembros de Su familia, con derecho a Su protección, y asegurados de Su protección y cuidado. La recepción de los gentiles siendo ahora establecida por Oseas, Pablo procede ahora a probar por medio de Isaías que sólo el remanente de Israel sería salvo.]

27 También Isaías clama tocante a Israel: Aunque sea el número de los hijos de Israel como la arena del mar, tan sólo el remanente será salvo; — Cita a Isaías (10:22, 23) para mostrar que los hijos de Israel, aunque "como la arena del mar," fueron al cautiverio, sólo un remanente de ellos fueron fieles a Dios y regresaron. Esto es citado como una ilustración profética de su rechazo de Cristo. De la multitud, sólo un remanente lo recibirían y serían preservados de la destrucción y dispersión que les esperaba. No todos serían rechazados; un remanente sería salvo, ahora como entonces.

28 porque el Señor ejecutará su sentencia sobre la tierra cabalmente y con brevedad. — Dios, después de su larga paciencia, terminará Su obra de tratar con los judíos, y en justicia y fidelidad El va a castigarlos velozmente según demanden sus pecados.

29 Y como predijo Isaías: Si el Señor de los ejércitos no nos hubiera dejado descendencia, habríamos venido a ser como Sodoma, y seríamos semejantes a Gomorra. — Y como había dicho Isaías de su cautiverio anterior, sólo porque el Señor de los ejércitos había hecho gracia de unos cuantos como simiente, hubieran sido totalmente destruidos, como lo habían sido los pueblos de Sodoma y Gomorra. Dios había propuesto salvar a Sodoma, si tan sólo unos cuantos justos habrían sido encontrados. El remanente en Israel lo salvó de completa destrucción como la que vino a Sodoma.

5. EL VERDADERO CASO DE RECHAZO DE LOS ISRAELITAS Y LA ACEPTACION DE LOS GENTILES
9:30-33

30 ¿Qué, pues, diremos? — [¿Que conclusión sacaremos de las profecías de Oseas e Isaías, y del hilo de previos comentarios sobre ello? ¿A qué conclusión hemos llegado concerniente a los israelitas y los gentiles?]

Que los gentiles, que no iban tras la justicia, han alcanzado la justicia, es decir, la justicia que proviene de la fe; — Los gentiles, que anteriormente rehusaron seguir a Dios y buscar la justicia requerida en la ley de Moisés, ahora han alcanzado la justicia por medio de la fe en Cristo Jesús. Esto nos da la razón por la cual los judíos rechazaron el evangelio y los gentiles lo aceptaron. Los judíos buscaron la justicia por medio de una observancia externa sin la purificación de sus corazones por medio de la fe; los gentiles la buscaron por fe, que purifica el corazón y obra por amor.

31 mas Israel, que iba tras una ley de justicia, no la alcanzó. — Israel, quien, confiando en su propio mérito y buenas obras, acudió a sí mismo por justicia a su misma supuesta completa obediencia a la ley de Moisés, no alcanzó ni logró justicia en tal ley.

32 ¿Por qué? — ¿Por qué es que Israel quien la buscó fracasó en alcanzarla?

Porque iban tras ella no por fe, sino como por obras de la ley. — Porque la buscaron, no por medio de la fe del corazón y así purificar su corazón por fe, pero sólo reguló las acciones externas.

Tropezaron en la piedra de tropiezo, — No eran guiados por fe, de otro modo no hubieran tropezado en Cristo Jesús. La ley de Moisés regulaba las acciones externas y fracasó en alcanzar al corazón. El profeta predijo que Dios haría un nuevo convenio con la casa de Israel: "He aquí que vienen días, dice Jehová, en los cuales haré nuevo pacto con la casa de Israel y con la casa de Judá. No como el pacto que hice con sus padres el día que tomé su mano para sacarlos de la tierra de Egipto; porque ellos invalidaron mi pacto, aunque fui yo un marido para ellos, dice Jehová. Pero este es el pacto que haré con la casa de Israel después de aquellos días, dice Jehová: Daré mi ley en su mente, y la escribiré en su corazón; y yo seré a ellos por Dios, y ellos me serán por pueblo. Y no enseñará más ninguno a su prójimo, ni ninguno a su hermano, diciendo: Conoce a Jehová; porque todos me conocerán, desde el más pequeño de ellos hasta el más grande, dice Jehová; porque perdonaré la maldad de ellos, y no me acordaré más de su pecado." (Jeremías 31:31-34.)

33 como está escrito: He aquí que pongo en Sión piedra de tropiezo y roca de caída; — Se había predicho que Dios pondría en Sión una piedra de tropiezo. Esa piedra de tropiezo es el Señor Jesucristo. [Nunca hubo otra profecía cumplida tan literalmente. Cuando habló con claridad, se ofendían; y cuando hablaba en parábolas, se disgustaban. Cuando sanaba, tomaban ofensa; cuando no sanaba y rehusaba dar una señal, no estaban satisfechos. Si venía a la fiesta, lo querían matar; si no venía, se ocupaban en buscarle. Nada de lo que hizo o no hizo les agradó. Toda su vida mundana desarrolló un odio creciente hacia El y animosidad amarga hacia Sus reclamos.]

Y el que crea en él, no será avergonzado. — El que crea en él no será avergonzado en el juicio de Cristo. [El hombre que crea en Jesucristo con todo su corazón no será agitado o echado en conmoción por el temor o falta de éxito, no será desilusionado en su esperanza, y nunca se avergonzará que consagró su vida a Dios por medio de Jesucristo. Los que no creen en Jesucristo serán agitados, caerán y se hundirán en vergüenza eterna y desprecio. (Daniel 12:2.)]

6. EL CONTRASTE ENTRE LA JUSTICIA LEGAL INALCANZABLE Y LA JUSTICIA DE FE COMO UNA OFRENDA DE SALVACION SOBRE TERMINOS ALCANZABLES
10:1-13

1 Hermanos, ciertamente el anhelo de mi corazón, y mi oración a Dios por Israel, es para salvación. — En el principio del capítulo anterior Pablo afirma su amor poderoso para sus hermanos en la carne, y aquí lo repite como el deseo en su corazón de que ellos puedan ser salvos.

2 Porque y les doy testimonio de que tienen celo de Dios, — Testifica por parte de ellos que tienen celo de Dios. Los judíos de este tiempo no se habían ido a la idolatría como lo habían hecho en los días de los reyes. Eran celosa y devotamente religiosos hacia Dios, y su celo religioso obstaculizaba su obediencia a la ley divina. Una religión que se cierra u obstruye el conocimiento de la voluntad de Dios e impide su obediencia, está entre ese hombre y Dios y pone trabas a su salvación. "No todo el que me dice: Señor, Señor, entrará en el reino de los cielos, sino el que hace la voluntad de mi Padre que está en los cielos." (Mateo 7:21.) Hacer la voluntad de Dios es el único camino para unirnos con El.

pero no según el perfecto conocimiento. — [Esto significa saber lo que Dios ha enseñado sobre el tema de la justificación. Si hubiesen leído correctamente la ley de Moisés y los profetas, de inmediato habrían reconocido en Jesús a su largamente esperado Mesías y lo habrían aclamado con gran gozo. Su falta de conocimiento, debido a su propio rechazo terco para ver u oír, era sin excusa.]

3 Porque ignorando la justicia de Dios, — "Justicia" aquí se usa para el plan de hacer al hombre justo. Los judíos no ignoraban que Dios era un ser justo y santo, pero en la ceguera de sus corazones eran ignorantes de las provisiones que Dios había hecho para justificar a los hombres, o hacerlos justos por medio de Jesucristo.

y procurando establecer la suya propia, — [Buscaban una justicia propia, de obras, obtenida por guardar la ley y la obediencia a las tradiciones de los hombres. (Mateo 15:3-8; Marcos 7:7, 8.) No sólo buscaban justificar su teoría, sino que cerraban sus ojos y oídos contra toda verdad que tuviera cualquier medida de efecto para probarlos mal. Asumían que su teoría era infalible, y, como consecuencia, llegó a ser impenetrable para argumentar contra ella.]

no se han sometido a la justicia de Dios; — Al depender en sus propias formas para justificar al hombre, habían rechazado a Dios y habían sido rechazados de parte de El. Siempre ha sido una idea popular en el mundo que si un hombre adoraba según sus convicciones del bien, su adoración sería aceptable a Dios.

Estos judíos eran muy celosos de Dios; pero en ignorancia de la forma de Dios de justificar al hombre, fueron rechazados por Dios.

4 porque Cristo es el fin de la ley, para justicia a todo aquel que cree. —— Puesto que Cristo es el fin al cual la ley trae a cada uno que cree por la justicia, si uno no es traído por la ley para aceptar a Cristo, muestra que está equivocado en cuanto al final y al propósito de la ley. El mismo pensamiento es expresado en estas palabras: "De manera que la ley ha sido nuestro ayo hacia Cristo, a fin de que fuésemos justificados por la fe. Pero venida la fe, ya no estamos bajo ayo." (Gálatas 3:24, 25.) Aquellos que reclaman seguir la ley, sin embargo rechazan a Cristo, son ignorantes del final y de la enseñanza de la ley. Cristo en su vida cumplió perfectamente con la justicia requerida por la ley. [Si los judíos hubieran usado la ley en vez de abusar de ella, hubiera sido su mejor preparación para la venida del Salvador; puesto que por la debilidad del hombre no tenía poder para justificar. Tuvo la intención de impartir al hombre un conocimiento de su pecaminosidad y despertar en su corazón anhelos sinceros por algún rescatador poderoso. Usado así, hubiera asegurado la recepción del Mesías por los judíos. Al esforzarse para alcanzar santidad verdadera, y al estar más conscientes de la imposibilidad de alcanzarla por medio de una obediencia imperfecta a los requisitos de la ley, debieran felizmente haber reconocido a Jesucristo como el fin de la ley para justificación.]

5 Porque Moisés describe así la justicia que es por la ley: El hombre que haga estas cosas, —— "La justicia que es por la ley," como Moisés la definió, era: "Por tanto, guardaréis mis estatutos y mis ordenanzas, los cuales haciendo el hombre, vivirá por ellos" (Levítico 18:5) —— es decir, había un cumplimiento externo por el cual podían vivir y ser bendecidos temporalmente.

vivirá por ellas. —— Es la doctrina clara de las Escrituras que la obediencia a la ley, para obtener justificación, había que ser perfecta, pues decía: "Maldito el que no confirme las palabras de esta ley para hacerlas" (Deuteronomio 27:26; Gálatas 3:10); y, "Porque cualquiera que guarda toda la ley, pero ofende en un punto, se hace culpable de todos" (Santiago 2:10). El sistema legal, entonces, que demanda obediencia, requiere obediencia perfecta. [Pero en este mundo nunca se ha hecho, excepto en el caso de nuestro Señor. No hay, por lo tanto, ley que simplemente como ley pueda dar vida, y no hay tal cosa como una "justicia que es por la ley."]

6, 7 Pero la justicia que procede de la fe dice así: — [Pablo aquí personifica la justicia por la fe, y en ese carácter es representado como haciendo lo que el maestro viviente de justicia por la fe hace. Moisés describe la justicia que es por la ley, y al hacerlo muestra que es imposible.]

No digas en tu corazón: ¿Quién subirá al cielo? (esto es, para hacer bajar a Cristo); o, ¿quién descenderá al abismo? (esto es, para hacer subir a Cristo de entre los muertos). — No hay que demandar una demostración de la venida de Cristo bajando de los cielos o saliendo de la tumba. Estas cosas no se han de ver, salvo por aquellos que fueron sus testigos especiales, quienes han dado su testimonio de tal manera que todos pueden oír y creer. Nada maravilloso o difícil es requerido. [Los judíos esperaban un Salvador, reinando sobre la tierra, un rey visible de un reino terrenal;l por lo tanto dijeron: "Bajen a Cristo de los cielos, en donde dicen que está, y creeremos en él." Otra cosa que hacía tropezar a los judíos era la muerte y sepultura de Cristo. Cuando Jesús murió en la cruz, sostuvieron que era prueba positiva que El no era el Cristo. Aún demandaban que tendrían que ver a Cristo levantado con sus propios ojos, o que tendría que ser levantado de entre los muertos.]

8 Mas ¿qué dice? — Pero, ¿qué dice la justicia que viene por fe?

Cerca de ti está la palabra, en tu boca y en tu corazón. — La palabra de Dios que viene por fe está cerca de ti; se encomienda a sí mismo al corazón y encuentra un hogar en el corazón, de manera que por la palabra el corazón es cambiado, y el servicio que sale de la fe no es una conformidad formal a la ley, pero un servicio amoroso, de corazón, ofrecido a Dios porque le amamos y le honramos.

Esto es, la palabra de fe que predicamos: Esta palabra de fe recibida en el corazón fue predicada por los apóstoles y debe ser recibida por medio de la predicación por los apóstoles y debe ser recibida por medio de su predicación. Véase el siguiente versículo.

9 que si confiesas con tu boca que Jesús es el Señor, — Las palabras predicadas por los apóstoles causó a los que oían creer con el corazón que Jesús es el Cristo, y que Dios le levantó de los muertos y lo ha levantado a los cielos. Esto implica e incorpora una creencia de todo lo que es dicho concerniente a El después de Su ascensión. Su resurrección y ascensión permanecen como la conclusión y testimonio culminante de sus reclamos como el Hijo de Dios. Fue declarado ser el Hijo de Dios con poder por su resurrección de entre los muertos. (1:4.) La confesión con la boca es la declaración al mundo de fe en el corazón. Es necesario que uno tenga el valor para declarar al mundo su fe en Cristo Jesús. "A cualquiera, pues, que me confiese delante de los hombres, yo también le confesaré delante de mi Padre que está en los cielos. Y a cualquiera que me niegue delante de los hombres, yo también le negaré delante de mi Padre que está en los cielos." (Mateo 10:32, 33.)

Yo no entiende esto como una referencia a una confesión formal de fe antes del bautismo, por la siguientes razones: En la comisión, en su cumplimiento en el día de Pentecostés, y en los ejemplos de conversión registrados en los Hechos de los Apóstoles, no hay ejemplo de una confesión formal requerida como un precedente al bautismo, sólo que el caso del eunuco sea considerado como tal. En referencia a esto, es reclamado por los críticos textuales en general que la confesión allí registrada es una interpolación. El contexto y las circunstancias indicarían que tal confesión fue hecha. Es también evidente que Felipe no buscaba una confesión formal, sino evidencia de fe. La confesión que se haya hecho vino en respuesta a esta búsqueda. La evidencia natural de fe en el corazón es la confesión con la boca. Cuando Felipe dijo, "Si crees de todo corazón, bien puedes," la respuesta natural sería: "Creo que Jesucristo es el Hijo de Dios." Pero fue hecha para manifestar la presencia de fe, no para hacer una confesión formal. Pero si esto no requiere la confesión, el hecho singular es presentado que en las Escrituras una condición de salvación ha quedado afuera de todos los preceptos y ejemplos concerniente a la remisión, y ha de ser encontrado sólo en una referencia en una carta a cristianos en cuanto a lo que había sido requerido. Entonces es necesario que a cada paso de la vida religiosa, aun después de haber envejecido en el servicio del Señor, con la boca confesión debe ser hecha para salvación, y con el corazón debe creer para justicia. Debe vivir y caminar por fe hasta el final. Es tan necesario que la confesión de Cristo se haga a todo tiempo o no perteneceremos a Cristo. Pero que alguna confesión formal fue requerida antes del bautismo, más que a cualquier otro paso de su vida religiosa, no es claro. La confesión de Cristo en nuestras palabras es necesaria. Es necesaria al venir a Cristo y en toda nuestra vida cristiana. Estoy seguro que las preguntas y la obediencia en el día de Pentecostés fueron una confesión aceptable. Así como en la casa de Cornelio y en todos los otros ejemplos.

y crees en tu corazón que Dios le levantó de los muertos, serás salvo. La confesión aquí precede a la fe en el corazón, pero no es una indicación del orden del desarrollo de las mismas en el carácter cristiano. El próximo versículo dice que la fe en el corazón debe preceder la confesión con la boca y es esencial a la vida que lleva a la salvación.

10 Porque con el corazón se cree para justicia, — La justicia no puede existir sólo que tenga su raíz en el corazón. Debe comenzar con y primeramente cambiar el corazón. Luego la fe que está en el corazón lleva a la justicia de vida en Cristo Jesús. Si la fe en el corazón no encuentra crecimiento en la vida, morirá. "Así también la fe, si no tiene obras, está muerta en sí misma." (Santiago 2:17.) Una fe viviente producirá obras. Si las obras no son buenas, la fe tiene fallas.

y con la boca se confiesa para salvación. — La confesión abierta de Jesús como el Hijo de Dios lleva a la vida de devoción a Cristo Jesús que equipa para salvación ante Dios. Fe en Dios y valor para confesar a Cristo es tan esencial para la salvación en cada paso de la vida hasta la muerte así como lo es al principio.

11 Pues la Escritura dice: Todo aquel que cree en él, no será avergonzado. — Esto levanta la pregunta si era un fe viviente, trabajadora o simplemente creyendo sin completarse a sí misma. La explicación de Pablo debiera establecer esto. En el verso anterior él muestra que él hablaba de una fe que llevaba a la obediencia. Allí explica que la confesión con la boca debe acompañar la fe en el corazón. Luego el verso 16 dice, "Mas no todos obedecieron al evangelio," mostrando claramente que la fe mencionada abarcaba la obediencia al evangelio. La fe en el corazón da valor para hablar y actuar de acuerdo a la fe. Consecuentemente, al no estar condenado, no tendrá razón para vergüenza.

12 Porque no hay diferencia entre judío y griego, — [Como los judíos habían estado bajo el dominio de los griegos por varios siglos, y como los cultos entre los romanos, sus amos posteriormente, también hablaban griego, el término "griego" llegó a ser un sinónimo de "gentil," pues tenían más trato con los griegos que con cualquier otra gente.] La conclusión del argumento es que no hay diferencia en la vista de Dios entre el judío y el griego. Todos han pecado, y todos serán aceptados bajo los mismos términos.

pues uno mismo es el Señor de todos, que es rico para con todos los que le invocan; — El mismo Señor está sobre todos, sean judíos o griegos, y El es rico hacia todos los que le buscan. [Ahora, puesto que hay sólo un Señor, los judíos y los griegos estaban obligados a recibir bendiciones del mismo Señor; y como todos estaban bajo la misma necesidad de salvación, el Señor ofrecía la misma salvación a cada uno bajo las mismas condiciones. (Efesios 2:11-22.) Así Dios mostró las riquezas de Su gracia a todos, y su misericordia y provisiones son tan ricas que ninguna multitud las puede acabar; por lo tanto, el judío no tiene razón para envidiar el llamamiento de los gentiles, puesto que de ninguna manera lo empobrece.

13 porque todo aquel que invocare el nombre del Señor, será salvo. — Esto no quiere decir una invocación formal del Señor, sino un compromiso de sí mismos a El como su Señor y Amo. [El llamamiento aquí es como la que le encargó Ananías a Saulo: "Levántate y bautízate, y lava tus pecados, invocando su nombre." (Hechos 22:16.) Desde el momento que creemos en El, y en adelante, no hemos de ignorar Su nombre. Debemos reconocerlo en cada acto e invocar Su dirección y bendición constantemente.]

7. EL EVANGELIO OFRECE GRATUITAMENTE SALVACION A TODOS, HABIENDO SIDO ANUNCIADO A TODOS, LOS DESOBEDIENTES, YA JUDIOS O GENTILES, SON INEXCUSABLES
10:14-21

14 ¿Cómo, pues, invocarán a aquel en el cual no han creído? — Puesto que es necesario que se entreguen a sí mismos al mandamiento de Dios para ser salvos, ¿cómo pueden invocar en él para ser su Dios sólo que crean en El? Ningún servicio puede ser aceptable a El sólo que venga del corazón. El corazón puede rendir homenaje a Dios sólo así como es guiado por fe en El.

¿Y cómo creerán en aquel de quien no han oído? — No pueden. [La predicación de los mensajeros de Cristo es idéntico con la predicación de Cristo mismo. (Efesios 2:17; 4:21.)]

¿Y cómo oirán sin haber quien les predique? — Pablo aquí demuestra la necesidad absoluta de predicar a los gentiles, quienes no habían conocido a Dios como los medios de salvación.

15 ¿Y cómo predicarán si no han sido enviados? — Aquí muestra la necesidad de aquel que es enviado a predicar que sea enviado de Dios. Debe de tener las credenciales de Dios. Esto, claro, se refiere a la proclamación original del evangelio. Antes y en anticipación de dejarlos, Jesús dijo a Sus apóstoles, escogidos para dar testimonio de lo que habrían de hablar al mundo, que El les enviaría el Espíritu Santo, quien les recordaría todas las cosas que El les había mandado y los guiaría a toda la verdad. (Juan 16:13, 14.) Después de Su muerte y resurrección, por cuyo medio fue declarado ser el Hijo de Dios con poder, e inmediatamente antes de Su ascensión al trono del Padre, El les dio la comisión. (Mateo 28:18-20; Marcos 16:15, 16; Lucas 24:45-49.) El luego ascendió, y los apóstoles permanecieron en Jerusalén; el Espíritu Santo vino sobre ellos, "Y todos fueron llenos del Espíritu Santo, y comenzaron a hablar en otras lenguas, según el Espíritu les daba que se expresasen." (Hechos 2:4.) En ese día los apóstoles, bajo la dirección del Espíritu Santo, les hicieron saber las condiciones de remisión de pecados y la entrada a la iglesia de Dios. Este mensaje feliz fue predicado por ellos por todo el mundo. Y el Señor Jesús apareció a Saulo cuando iba en su camino a Damasco para hacerlo "un ministro y un testigo" (Hechos 26:16), y Pablo dijo del evangelio que él predicaba: "Pues yo ni lo recibí ni lo aprendí de ningún hombre, sino por revelación de Jesucristo" (Gálatas 1:12).

Nadie predica ahora en el mismo sentido que aquellos que fueron enviados como heraldos para proclamar una nueva revelación de Dios; aquellos que vinieron después lo repiten. Uno es un predicador en el verdadero sentido de la palabra; el otro, un maestro de lo que se ha predicado o proclamado por los heraldos enviados de Dios, dotados con el Espíritu Santo, para guiarlos a toda la verdad.

Este pasaje es a veces usado para probar que la iglesias deben de enviar predicadores para predicar ahora. Tal aplicación es una perversión, y destruye la fuerza de la gran verdad que aquellos quienes proclamaron el evangelio en el período apostólico fueron dotados sobrenaturalmente y enviados de Dios para hacer conocer los términos de salvación tanto a judíos como gentiles.

Como está escrito: ¡Cuán hermosos son los pies de los que anuncian la paz, de los que anuncian buenas nuevas! — Isaías (52:7) declara lo precioso del mensaje, y ese gozo que dio a los que lo recibían daría un halo de hermosura a los pies de aquellos que traían buenas noticias de cosas buenas. Es correcto que las iglesias y los cristianos individualmente ayuden a aquellos que van a enseñar la palabra de verdad, pero estos maestros originales fueron enviados por Dios.

16 Mas no todos obedecieron al evangelio; — Aquellos que oyeron el evangelio no lo habían creído y obedecido.

pues Isaías dice: Señor, ¿quién ha creído a nuestro anuncio? — En el tiempo de Pablo era como lo había sido en los días de Isaías, quien, después de predicar y profetizar mucho, viendo sus pobres resultados, pregunta: "Señor, ¿quién ha creído a nuestro anuncio," o predicación? Sentía que su obra había sido en vano.

17 Así que la fe viene del oír; y el oír, por medio de la palabra de Dios. — No obstante el fracaso del hombre para creer, él afirma que la fe viene por el oír de la palabra de Cristo. "La semilla es la palabra de Dios." (Lucas 8:11.) No hay ninguna creencia o conocimiento de Dios, de Cristo, o del Espíritu Santo, salvo como venga por medio de la palabra de Dios y es recibida en fe. De la palabra de Dios como en la semilla primeramente aparece el pimpollo, u hoja, luego el brote de maíz, después el maíz maduro en la mazorca, esto siendo grados de crecimiento o desarrollo de fe — fe por medio de estados sucesivos. Desde el primer ascenso de la mente a la verdad probable de una proposición histórica, a una confianza desarrollada plena en Dios por medio de Jesucristo como Su Hijo. [La fe así producida es creencia que lleva a una obediencia aceptable, y consecuentemente la remisión de pecados. Por eso, la necesidad de la predicación. Si Dios por una operación directa del Espíritu produjo fe en el corazón, podría hacer a un lado al predicador. Pero el arreglo divino es que debe resultar del oír de la palabra de Dios al ser predicada.]

18 Pero digo: ¿Acaso no han oído? — Si la fe viene por el oír, la responsabilidad hasta cierto punto estaba porque aquellos que tenían la palabra para proclamar — es decir, en aquellos que Dios envió para predicar.

¡Sí, por cierto! Por toda la tierra ha salido la voz de ellos, y sus palabras hasta los confines de la tierra. — En el día de Pentecostés, había en Jerusalén hombres de cada nación bajo el cielo. Vivían en las provincias de Asia, Africa, y Europa — todo el mundo conocido — y el evangelio fue pronto predicado entre todas las naciones. Sin embargo, no habían creído en Cristo. Esto parece aplicarse a los judíos; especialmente, los esparcidos entre todas las naciones.

19 Y además digo: ¿No ha conocido esto Israel? — ¿A qué se refiere esta pregunta? La respuesta parece indicar: ¿No sabían ellos que el evangelio sería predicado a los gentiles? Si no, era porque habían cerrado sus ojos y rehusado ver la enseñanza clara de las Escrituras judías.

Primero, Moisés dice: Yo os provocaré a celos con un pueblo que no es pueblo; con un pueblo insensato os provocaré a ira. — [Si cualquier israelita hubiese cuidadosamente, en un espíritu creyente, considerado las palabras de Moisés así citadas, él seguramente hubiera entendido por medio de ellos que Dios retiraría Su favor de aquellos que hasta ahora habían sido Su pueblo, debido a su incredulidad y rechazo del Mesías, y lo daría a aquellos que hasta ahora no habían sido Su pueblo. Ahora, esto describe exactamente el estado de cosas que existían entonces. El cumplimiento de esta profecía es así descrita por Lucas: "Al sábado siguiente, se reunió casi toda la ciudad para oír la palabra de Dios. Pero viendo los judíos la muchedumbre, se llenaron de celos, y se oponían a lo que Pablo decía, contradiciendo y blasfemando. Entonces Pablo y Bernabé, hablando con denuedo, dijeron: Era necesario que la palabra de Dios os fuera anunciada primero a vosotros; mas puesto que la desecháis, y no os juzgáis dignos de la vida eterna, mirad, nos volvemos a los gentiles...Los gentiles, oyendo esto, se regocijaban y glorificaban la palabra del Señor." (Hechos 13:44-48.) Así que los judíos tenían entonces ante sus ojos el cumplimiento de una de las profecías más antiguas — los judíos cerraron sus oídos al mensaje de salvación; los gentiles, hasta entonces no pueblo, escuchando y creyendo; y los judíos, llenos de envidia y celos, enfurecidos a la recepción de parte de los gentiles del mismo evangelio que ellos habían rechazado.]

20 E Isaías dice resueltamente: Fui hallado por los que no me buscaban; me manifesté a los que no preguntaban por mí. — Según la manera de la profecía, Isaías habla de cosas futuras como si ya hubiesen acontecido. [Los gentiles idólatras, ocupados totalmente con la adoración de sus ídolos, jamás pensaron en preguntar por el Dios verdadero o adorarle. No obstante, para ellos, al estar en ese estado, Dios, por la predicación del evangelio, se hizo manifiesto y se ofreció a Sí mismo como el objeto de su adoración, y ellos con gusto respondieron. Rompieron sus ídolos, quemaron sus libros, se rindieron a la autoridad de Cristo, y comenzaron a andar en novedad de vida.]

21 Pero acerca de Israel dice: Todo el día extendí mis manos hacia un pueblo desobediente y contradictor. — Mientras que se habían hecho estas profecías de los gentiles aceptando a Cristo, El dice de los judíos: "Todo el día [todos los días de la existencia del pueblo judío] extendí mis manos" para llamar, advertir, y rogar a un pueblo desobediente y contradictor. Esto ante el hecho de los convenios repetidos que habían declarado de obedecerle y de ser Su pueblo. Así muestra que tenían advertencia que los gentiles entrarían, mientras que ellos, a pesar de sus ventajas, serían rechazados por su incredulidad.

8. ISRAEL, NO RECHAZADO COMPLETAMENTE, UN REMANENTE ES SALVO POR GRACIA Y EL RESTO RECHAZADO POR SU CEGUERA
11:1-10

1 Digo, pues: ¿Acaso ha desechado Dios a su pueblo? — Pablo, habiendo mostrado que los judíos habían rechazado a Cristo y que Dios los había rechazado, ve la conclusión a la cual ellos podrían llegar. — que Dios había desechado a Israel como nación; por eso hace la pregunta y la responde.

¡En ninguna manera! Porque también yo soy israelita, de la descendencia de Abraham, de la tribu de Benjamín. — Pablo era de la sangre más pura entre los israelitas. Si Dios los hubiese rechazado por ser israelitas, Pablo no sería Su siervo. Ellos se apartaron porque rechazaron al Mesías largamente esperado.

2 Dios no ha desechado a su pueblo, al cual conoció de antemano. — Dios no había desechado completamente a Su pueblo a quienes antes había escogido, pero que él los había rechazado como nación es indisputable. [Antes de la venida de Cristo, Israel era el pueblo de Dios en virtud de su descendencia de Abraham; pero tan pronto como Cristo envió a Sus apóstoles con una comisión mundial, la base de la aceptación cambió. La base para la aceptación no era el linaje. Sólo la fe en Cristo obtenía el favor. Sin rendirle obediencia a El, el judío más devoto era rechazado; con ella, nadie lo era.]

¿O no sabéis qué dice de Elías la Escritura, cómo invoca a Dios contra Israel, diciendo: — Elías acusó a Israel de un crimen contra Dios, y suplicó con El por el rechazo de ellos.

3 Señor, han dado muerte a tus profetas, y han derribado tus altares; y sólo yo he quedado, y procuran matarme? — Su queja contra ellos era que habían matado a los profetas, destruido los altares de Dios, suplantándolos con altares de ídolos, y sólo a él dejaron entre los profetas, y buscaban su vida. Huía por su vida, desanimado, y pensaba que todo Israel había abandonado a Dios. (1 Reyes 19:10-14.) [Elías, en el estado de desánimo profundo al cual los eventos anteriores lo habían arrojado, veía en Israel como a los demás idólatras, o creyentes demasiado cobardes para merecer el nombre.]

4 Pero ¿qué dice la respuesta divina? — Dios le contestó diciéndole que no era tan mal como le aparecía a él.

Me he reservado siete mil hombres, que no han doblado la rodilla ante Baal. — Tenía reservado a siete mil que le adoraban a El verdaderamente, quienes no habían ido a la adoración idólatra de Baal. [Baal era el dios principal de los fenicios, y representaba al sol. Jezabel, la reina de Acab, era fenicia, y buscaba suplantar la adoración de Jehová con la adoración de Baal. (1 Reyes 16:31-33.)]

5 Pues bien, del mismo modo, también en este tiempo ha quedado un remanente — Pablo les asegura que no está tan mal como las apariencias externas lo indican. Al tiempo que escribía había un remanente de Israel que había aceptado la gracia de Dios ofrecida en Cristo Jesús y eran escogidos de El.

conforme a la elección de la gracia. — Dios ofreció misericordia de antemano y perdón por medio de Jesucristo, y quienquiera que creyera en El era escogido y aprobado de Dios. Jesús es llamado "la gracia de Dios." (Tito 2:11.) En Cristo y en Sus enseñanzas se abrazan las provisiones llenas de gracia de Dios para salvación. [La elección era un escogimiento procedente de gracia. La gracia residía en Dios, y el acto de escoger era de El; pero Su gracia impulsaba el acto. Aunque la gracia impulsaba la elección, la gracia no era la razón por ello. La razón existía en aquellos que eran escogidos, no en quién escogió; y dependía en su obediencia a Cristo. La nación de Israel, Dios rechazó a causa de la desobediencia a Cristo; el individuo, retenía Su favor a causa de su obediencia a El. Elección en el caso de los redimidos no precede a la obediencia, y, por lo tanto, ni es la causa de ello ni la razón por ello. De lo contrario, obediencia precede la elección, y es tanto la condición por ello y la razón por lo mismo. Obediencia es el acto libre y propio del hombre, el cual nunca es movido por cualquier elección anterior de parte de Dios. Por otro lado, el escogimiento es el acto gratuito de Dios, impulsado por gracia, y sobre la condición de la obediencia. Esta obediencia El busca sonsacar por Su amor manifestado en Jesucristo (Juan 3:16); pero a esto El es guiado sólo por Su amor al hombre y nunca por un escogimiento previo. Verdadera elección bíblica, pues, es una cosa simple e inteligible.]

6 Y si por gracia, ya no es a base de obras; — Si fueron salvos por las provisiones de la gracia en Cristo, no era por las obras de la ley judía, o por cualquier otro sistema de obras por las cuales haya jactancia. El Espíritu Santo dice: "Porque por gracia habéis sido salvados por medio de la fe; y esto no proviene de vosotros, pues es don de Dios; no a base de obras, para que nadie se gloríe. Porque somos hechura suya, creados en Cristo Jesús para buenas obras." (Efesios 2:8-10.) Dios, movido por amor, ha presentado en Cristo términos llenos de gracia que el hombre puede apropiar por medio de la fe. La salvación no vino de obras que permitiría jactancia, pero fue dada por Dios a aquellos quienes por medio de la fe la aceptaron y anduvieron en los caminos de Dios.

de otra manera, la gracia ya no es gracia. — Si la salvación bajo Cristo es por obras, entonces la gracia y las obras han perdido sus marcas distintivas.

7 ¿Qué, pues? — [¿Qué conclusión por medio de resultados sacaremos de lo que recién se ha declarado?]

Lo que buscaba Israel, no lo ha alcanzado; — Israel por las obras de la ley no alcanzó la justicia que buscó, y no fue aceptado de Dios.

pero los escogidos sí lo han alcanzado, — Pero aquellos quienes por fe aceptaron la gracia de Dios ofrecida por Jesucristo, y así fueron escogidos de Dios, lo han alcanzado.

y los demás fueron endurecidos; — Endurecidos por rehusar creer en Jesucristo.

8 como está escrito: Dios les dio espíritu de sopor, ojos con que no vean y oídos con que no oigan, hasta el día de hoy. — Pablo muestra que esta ceguera fue predicha por sus profetas. Isaías predijo que Dios enviaría ceguera sobre ellos, porque fueron obstinados en su rebelión.

"Dice, pues, el Señor: Porque este pueblo se acerca a mí con su boca, y con sus labios me honra, pero su corazón está lejos de mí, y su temor de mí no es más que un mandamiento de hombres que les ha sido enseñado." (Isaías 29:13.) Sus corazones no estaban cerca de Dios; así que le temían no las enseñanzas de Dios, sino los preceptos de los hombres. Cuando la gente ve a la sabiduría y preceptos de hombres en vez de ver hacia Dios para instrucción, Dios dice que sus corazones están lejos de El; y cuando persisten en este curso, El los entrega a ceguera para que traigan ruina sobre sí mismos.

9 Y David dice: Conviértase su mesa en trampa y en red, en tropezadero y en retribución; — Deja aquello que tuvo la intención para su bien llegue a ser una trampa para atraparlos, un tropezadero sobre el cual ellos puedan caer, y una recompensa para devolverles su iniquidad. Esto muestra los tratos de Dios con los hombres. El propone bendecirlos si confían en El; pero si están determinados en su rebelión, entonces las cosas dadas para bendecirlos serán una maldición, los llevará a un pecado mayor y su ruina será más grande.

10 Sean oscurecidos sus ojos para que no vean, y agóbieles la espalda para siempre. — Deja que los ojos espirituales de aquellos de Israel quienes rechazan al Mesías se obscurezcan; deja que su percepción llegue a ser brusca y su entendimiento apagado para que permanezcan ignorantes. Ellos voluntariamente rehúsan ver en Cristo su propio largamente prometido Mesías. Cuando los hombres persistentemente rehúsan hacer el bien, la regla de Dios es dejarlos al efecto de su propia necedad. David, su rey halagador, había así visto qué tan irremediables habían llegado a ser en su rebelión.

9. DECLARACION DE LOS PRINCIPIOS QUE REGULAN LA ELECCION DE GRACIA
11:11-24

11 Digo, entonces: ¿Acaso han tropezado los de Israel para quedar caídos? ¡En ninguna manera! — ¿Han tropezado para que caigan finalmente y nunca más retornen a Dios otra vez?

Pero con su caída vino la salvación a los gentiles, — Es difícil ver cómo un apartamiento de Dios de los judíos podría facilitar la entrada de los gentiles; sin embargo, ese parece ser el significado. A los judíos se les prohibió la asociación con los gentiles, no para cortarles del conocimiento de Dios, pero para proteger a los judíos de las influencias corruptoras de la idolatría entre los gentiles. Dios sabía que en la entonces condición de judíos y gentiles — de la posesión ligera que El tenía sobre los judíos, y la fuerte tendencia de ser llevados a la idolatría, con su cultivación de sentimientos lascivos y gratificación de las lujurias — la asociación llevaría a los judíos a la idolatría a un grado mayor que el traer a los gentiles a Dios; así que prohibió la asociación. Pero en violación del mandamiento de Dios, los judíos se afiliaron con los gentiles hasta estar con corrompidos que Dios los envió al cautiverio entre los gentiles, con los cuales habían formado una alianza. Esta fue la culminación de su apostasía; pero los gentiles por un largo curso de sufrimiento habían llegado a estar listos para aceptar a Dios. El cautiverio de los judíos llevó a algunos judíos fieles así como algunos infieles a los gentiles. Daniel, Sadrac, Mesac y Abed-negó; Esdras y Nehemías — todos fieles y verdaderos a Dios — no sólo fueron llevados al cautiverio, pero fueron traídos a una asociación inmediata con los reyes y con los de su casa. Fueron hechos siervos en las casas de los reyes, y por virtud de su sabiduría superior, conocimiento, y bondad llegaron a ser tutores de los príncipes jóvenes y consejeros de los reyes. Les enseñaron el conocimiento del Dios verdadero y prepararon a los gentiles para recibir a Cristo, como no se hubiera hecho si los judíos hubieran mantenido su estado exclusivo.

Como un ejemplo, Ciro, rey de Persia, dio órdenes a los judíos de regresar y reconstruir Jerusalén. Dios puso en sus corazones el hacerlo. ¿Cómo lo hizo? Daniel y los siervos con él en la casa del rey le enseñaron del Dios verdadero, y de la historia de los judíos. Por medio de esta influencia Dios guió a Ciro a hacer el decreto del retorno de los judíos y para que ellos reconstruyeran Jerusalén y restauraran el templo de Dios. Muchos de los judíos más fieles, como Daniel y otros hijos hebreos, no retornaron a Jerusalén, pero permanecieron con muchos judíos, enseñando el conocimiento del Dios verdadero, y así preparando a los gentiles para recibir a Cristo cuando viniese.

Mucho del trato de Dios con los judíos y mucha de la enseñanza de los profetas tuvo la intención de afectar a los gentiles tanto como a los judíos. Faraón fue levantado para que Dios mostrase a los egipcios y a otras naciones el poder de Dios. David, el joven pastor, mató a Goliat, un gigante preparado, — "y toda la tierra sabrá que hay Dios en Israel." (1 Samuel 17:46.)

para provocarles a celos. — La denegación de los judíos de aceptar a Cristo fue una ocasión de su destrucción y dispersión como una nación, y el removimiento de un obstáculo para la venida de los gentiles a Cristo. Luego la venida de los gentiles, su recepción de dones del Espíritu, y la prosperidad general que el reconocimiento de Jesucristo trae a las naciones, provocaría a los judíos a celo y los haría ansiosos de obtener una vez más el favor de Dios.

12 Y si su caída es la riqueza   del mundo, y su fracaso la riqueza de los gentiles; — La dispersión de los judíos entre los gentiles ayudó mucho en el esparcimiento del cristianismo cuando vino Cristo. "Había en Jerusalén judíos que allí residían, varones piadosos, procedentes de todas las naciones bajo el cielo" (Hechos 2:5), en el día de Pentecostés, quienes, al regresar a sus hogares respectivos, esparcieron las noticias entre las naciones. Pero esta dispersión fue el resultado de su apostasía de Dios y los preparó para la venida de Cristo.

A veces naciones y hombres, en su descenso de una posición más alta a una más baja, se encuentran con otros ascendiendo de lo más bajo a lo más alto e imparten a ellos verdades que han aprendido en la condición más alta que ayudan al otro en su movimiento hacia arriba.

Se preguntará: Si los judíos habrían sido fieles a Dios, ¿habrían estado en peor condición los gentiles que en lo que estaban por los pecados de los judíos? De ninguna manera. Si los judíos hubieran sido todos fieles a Dios, hubieran sido tan bendecidos que hubieran atraído a los gentiles a Dios por su prosperidad y felicidad; pero Dios, quien ve el final desde el principio, predomina como para bendecir aquellos dispuestos a recibir la bendición en las condiciones que se levantan.

Luego, otra vez, el levantamiento de un pueblo debe de ser gradual. Porque los hijos de Israel pecaron, la ley fue agregada como un tutor para capacitarlos para recibir al Mesías — es decir, no eran capaces de recibir Su enseñanza en el estado bajo y carnal en el cual habían caído; así que Dios los capacitó para recibirlo. ¿No era esto cierto de familias y naciones entonces, y no es así de ellos hoy? ¿No es cierto que hay naciones de pueblos ahora no calificados para recibir la verdad como es en su pureza, pero primeramente necesitan ser capacitados y edificados y gradualmente preparados por formas menos puras de la verdad para que puedan ser adiestrados por medio de ellas para recibir las verdades más altas y puras de Dios?

¿cuánta más su plena restauración? — Ahora, si la caída de los judíos era el medio de la apertura de las riquezas de las bendiciones de Dios para el mundo al traerlos en el favor de Dios, y disminuyó su propia importancia, ayudó a los gentiles gozar más el favor de Dios, ¿cuánto más bendecirá al mundo su retorno a Dios? Si retornan, no será no el pueblo exclusivo de Dios. Cuando retornen, reconocerán a todos gozando el favor de Dios en Cristo Jesús. Vendrán como pecadores confiando en Dios para su salvación.

13 Porque a vosotros os digo, gentiles: — El esfuerzo es para excitar su gratitud y para advertirles contra el abuso de las misericordias de Dios bondadosamente concedidas a ellos.

Por cuanto yo soy apóstol de los gentiles, honro mi ministerio, — El magnificaba y glorificaba su obra. Hacía esto al mostrar que la conversión de los gentiles había sido predicha en profecía y lo que sería su influencia maravillosa sobre el mundo.

14 por si en alguna manera pueda provocar a celos a los de mi sangre, — [Pablo honraba su ministerio por su celo incansable y energía para convertir tantos gentiles posible, con la esperanza que entre más de ellos traía a Cristo, lo más podría estimular a los judíos a la imitación. En una forma muy limitada logró alcanzar su propósito.]

y hacer salvos a algunos de ellos. — [Aquellos que son instrumentos de salvación se dice que salvan. (1 Corintios 7:16; 9:22; 1 Timoteo 4:16.) Sólo por hablar así se puede comprender la grandeza de la obra de aquellos que tornan a pecadores del error de su camino.] Puede significar que él podría provocarles a fidelidad a Dios para que puedan ser salvos.

15 Porque si su exclusión es la reconciliación del mundo, ¿qué será su admisión, sino vida de entre los muertos? — Porque si el desecharlo como el pueblo exclusivo de Dios abrió el camino para otras naciones para aceptar a Cristo, ¿qué será su retorno al favor de Dios mas como recibirlos como de entre los muertos? Estaban muertos y en condenación de Dios mientras que le rechazaban. Su retorno a Dios les daría vida con Dios.

16 Si las primicias son santas, también lo es la masa restante; — Esto se refiere al requisito de ofrecer los primeros frutos a Dios antes que la cosecha pudiese ser comida por los hombres: "Habla a los hijos de Israel y diles: Cuando hayáis entrado en la tierra que yo os doy, y seguéis su mies, traeréis al sacerdote un omer por primicia de los primeros frutos de vuestra siega. Y el sacerdote mecerá el omer delante de Jehová, para que seáis aceptos; el día siguiente del día de sábado la mecerá. Y el día que ofrezcáis la gavilla, ofreceréis un cordero de un año, sin defecto, en holocausto u Jehová. Su ofrenda será dos décimas de efa de flor de harina amasada con aceite, ofrenda encendida a Jehová en olor gratísimo; y su libación será de vino, la cuarta parte de un hin. No comeréis pan, ni grano tostado, ni espiga fresca, hasta este mismo día, hasta que hayáis ofrecido la ofrenda de vuestro Dios; estatuto perpetuo es por vuestras edades en dondequiera que habitéis." (Levítico 23:10-14.) El grano era inmundo para ser comido por el pueblo hasta que los primeros frutos habían sido ofrecidos al Señor. Así que como los primeros frutos del evangelio fueron de los judíos en el primer Pentecostés después de la resurrección de

Jesucristo de entre los muertos, y puesto que fueron tomados y aceptados de Dios, así todo Israel será aceptado si aceptan a Jesucristo y llegan a ser obedientes a la fe.]

y si la raíz es santa, — Esto evidentemente tiene referencia a Abraham, Isaac, y Jacob, en quienes Dios escogió a la raza judía y por quienes fueron aceptados y amados. Ahora, ¿es posible para esas dos cosas, tan distantes una de la otra, juntarse? Sí. Se juntan en Jesucristo. [Ningún cristiano puede pensar en el "remanente" judío sin pensar en Aquel que llamo a los apóstoles Sus "hermanos." (Mateo 28:10; Juan 20:17.) En cuanto a la naturaleza humana, El fue el primero del sistema judío. Su madre, Su educación, Su adoración, fueron judíos, "de quienes...según la carne, procede Cristo" (9:5), y El es igualmente la raíz. Si El era la raíz y descendencia de David (Isaías 11:10; Romanos 15:12; Apocalipsis 22:16), también lo fue de Abrahán. De El vino el llamado, "la elección de gracia," y las promesas; y sin embargo no en un sentido exclusivo, porque El fue las primicias de Israel, pero también las primicias de la humanidad. Era la raíz de Abrahán, pero también de toda la naturaleza humana. "Y él es antes de todas las cosas, y todas las cosas tienen consistencia en él." (Colosenses 1:17.)]

también lo son las ramas. — Como la raíz fue aceptable a Dios, también las ramas si creen en El. "Santas" aquí significa aceptable en el servicio de Dios. Si Dios ha aceptado a los primeros convertidos de entre los judíos, da seguridad que El no rehusará el servicio de miembros de la familia que vengan después, si creen y sirven a Dios por medio de Jesucristo. Era la seguridad que los judíos no eran finalmente desechados por Dios.

17 Pero si algunas de las ramas fueron desgajadas, y tú, siendo olivo silvestre, has sido injertado entre ellas, y has sido hecho participante con ellas de la raíz y de la rica savia del olivo. — El punto delante del apóstol era: ¿Cómo y por qué fue cortada una y la otra injertada en donde la vida es recibida? Las ramas del olivo recibieron vida de la raíz. Mientras que recibían vida de la raíz, perdieron su fe; así que no dieron fruto, o mal fruto. Si Pablo tenía la intención de decir que la rama debe llevar fruto como la raíz, de donde había recibido vida, no podía representar que dejó de dar buen fruto, es injertado en la raíz, recibe su vida de la raíz, no de la raíz de la rama. Pero la rama del olivo silvestre injertado entre estas ramas del olivo que aún está de pie por medio de la fe, "con ellos" participa "de la raíz y de la savia del olivo. La pregunta que Pablo tenía delante de él era ¿Cómo y por qué fueron cortadas las ramas del olivo? ¿Cómo y por qué son las ramas del olivo silvestre injertadas para recibir su vida de la raíz, y cómo puede permanecer? El dice que recibió su vida de la raíz y de la savia del tronco al cual fue injertado.

Todos los datos de la horticultura están precisamente de acuerdo con Pablo. No dice nada directamente del fruto producido por injertar en este tronco. El fruto producido es implicado en el permanecer y continuar en la bondad de Dios. Comprendo que si hubiera seguido la figura para ilustrar las condiciones de llevar fruto más especialmente, hubiera dicho: "Puesto que las ramas del olivo por incredulidad habían cambiado su naturaleza de tal manera como para llevar mal fruto, y puesto que la rama del olivo silvestre por medio de la fe es habilitado para llevar buen fruto, pon atención por si acaso por incredulidad seas cortado." El dijo, "De otra manera tu también serás cortado," y perecerás. La raíz en ninguna parte de la figura es representada como dando la calidad de la fruta. El carácter de la rama alcanzada por medio de fe, o por falta de fe, determinaba la calidad del fruto que lleva y esta cualidad determina si las ramas serán cortadas y mueren o ser injertadas y permanecer. La parábola en todas sus enseñanzas e implicaciones está en acuerdo completo con los datos y procesos de la naturaleza.

Estos datos muestran dos verdades: (1) la verdad no será perpetuada por medio de organizaciones de iglesia perpetuadas de edad a edad; (2) los hombres deben seguir la ley de Dios si van solos. No hay necesidad de pensar que el crecimiento o la popularidad de partidos agradan o indican el éxito de la verdad o indica el favor de Dios. Dios bendice a los que todo entregan para seguirle a El, y El es la fuerza y el poder de Sus siervos que son fieles y verdaderos.

18 no te jactes contra las ramas; —— Esta es una exhortación a aquellos entre los gentiles que habían sido injertados al olivo para no jactarse contra las ramas naturales, los judíos, que habían sido cortadas. Todo su deber era de aprender lo que Dios les decía hacer, y en el espíritu de verdadera confianza en El hacerlo de la manera que El dirigía, teniendo cuidado de no ir más allá de lo dicho y dejar los resultados con El. Cuando hacían esto, era Dios obrando en y por medio de ellos. Debe ser la ambición de cada hijo de Dios dejar a Dios usarlo para que el éxito sea el éxito de Dios. Dios fracasa sólo cuando el hombre rehúsa dejar a Dios que obre por medio de él. (2 Crónicas 16:9.)

y si te jactas, sabe que no sustentas tú a la raíz, sino la raíz a ti. —— Si se jactaban, tenían que recordar que los judíos habían estado en el favor de Dios, y, como la raíz, llevaban las ramas del olivo silvestre que habían sido injertadas en la raíz. [No hacemos justicia a este lugar si lo limitamos a la recepción de los gentiles entre la simiente espiritual de Abraham; parece más bien significar que todo el esquema de redención tuvo su fundación en el sistema judío. No sólo era Abraham el padre espiritual de todos los fieles; no sólo era el Redentor un judío y todos los apóstoles y primeros maestros del evangelio de Cristo también judíos, sino que todos los libros de las Escrituras, tanto del Antiguo como del Nuevo Testamento, fueron escritos por judíos.]

19 Dirás entonces: Las ramas fueron desgajadas para que yo fuese injertado. — Esto fue dicho como una advertencia contra un sentimiento de orgullo jactancioso que pudiesen tener contra los judíos. Es posible que los gentiles pudiesen decir a los judíos: "Vosotros os habéis mostrado indignos, así que fuisteis rechazados, mientras que nosotros nos hemos mostrado dignos y hemos sido injertados en el favor de Dios."

20 Bien; por su incredulidad fueron desgajadas, — La única causa por lo que los judíos fueron cortados fue su incredulidad en Cristo.

pero tú por la fe estás en pie. — La única base de aceptación de los gentiles era su fe en Cristo. Nada más fuerte puede ser dicho de la fe de alguno que está en pie por ella; está justificado. "Justificados, pues, por la fe, tenemos paz para con Dios por medio nuestro Señor Jesucristo; por medio del cual hemos obtenido también entrada por la fe a esta gracia en la cual estamos firmes, y nos gloriamos en la esperanza de la gloria de Dios." (5:1, 2.) "Porque por la fe estáis firmes." (2 Corintios 1:24.)

No te ensoberbezcas, sino teme. — No te ensoberbezcas con un sentimiento de superioridad, sino teme por si llegas a caer. [Pablo exhorta solemnemente: "Procurad vuestra salvación con temor y temblor." (Filipenses 2:12.) Y sin embargo este temor no es inconsistente con el regocijarse en el Señor ni con con la comodidad más alta en Su servicio, porque las iglesias primitivas "tenían paz...siendo edificadas y andando en el temor del Señor, y se acrecentaban fortalecidas por la consolación del Espíritu Santo." (Hechos 9:31.)]

21 Porque si Dios no perdonó a las ramas naturales, a ti tampoco te eximirá. — Si Dios no eximió a los hijos de Abraham, Isaac y Jacob, a quienes amaba, toma cuidado en cuanto a tu fidelidad, por si tú no seas eximido. Así como no toleró incredulidad y suficiencia propia en los judíos, tampoco lo hará con los gentiles.

22 Mira, pues, la benignidad y la severidad de Dios; — Dios es conocido por dos cualidades aparentemente contradictorias. Una es Su bondad, misericordia, lástima; la otra es severidad, ira, venganza.

la severidad ciertamente para con los que cayeron, — Sobre los judíos, quienes, a pesar de toda su bondad, y misericordia hacia ellos, las maravillas y rescates que El les había mostrado por muchos años, se dan vuelta contra El y rehúsan confiar en El y obedecerle, les visitó con severidad e ira. Los trajo a destrucción como pueblo.

pero la benignidad para contigo, — Sobre los gentiles, quienes por medio de sus padres estaban sin Dios y sin esperanza en el mundo, habían creído en Cristo, y Dios les había dotado con Su bondad y misericordia.

si permaneces en esa benignidad; pues de otra manera, tú también serás cortado. — Si siguen en el canal de fidelidad en que Su misericordia corría; de otro modo, serían cortados, y entonces Su ira caería sobre ellos. [Estos versos son marcados por advertencias repetidas y enfáticas a los creyentes gentiles contra una apostasía del estado de favor con Dios, como los judíos habían caído, después del mismo ejemplo de incredulidad. Y la advertencia es igualmente apropiada y es necesaria para los creyentes del tiempo presente.]

23 Y aun ellos, si no permanecen en incredulidad, serán injertados, — Mientras que advierte a los gentiles que si no siguen en Su bondad serán cortados, mantiene la seguridad a los judíos que si ellos se tornan de su incredulidad que los cortó, entonces Dios los injertaría otra vez.

pues poderoso es Dios para volverlos a injertar. — [No han pecado de tal manera que Dios no pueda restaurarlos consistentemente con sus atributos morales.]

24 Porque si tú fuiste cortado del que por naturaleza es olivo silvestre, y contra naturaleza fuiste injertado en el buen olivo, ¿cuánto más éstos, que son las ramas naturales, serán injertados en su propio olivo? — Si los gentiles fueron cortados del olivo silvestre, ¿cuánto más las ramas naturales serán injertadas de nuevo en su propio árbol? [Si los judíos cambiaran su actitud hacia Dios y hacia Cristo, Dios puede, consistentemente con los principios de Su administración, cambiar Su actitud hacia ellos e injertarlos en su favor una vez más. El no quiere que nadie se pierda, sino que todos vengan al conocimiento de la verdad en Cristo y sean salvos. Con este fin El injertó el olivo silvestre al buen olivo.]

10. PREDICCION DE LA RESTAURACION DE LOS ISRAELITAS AL FAVOR DIVINO
11:25-36

25 Porque no quiero, hermanos, que ignoréis este misterio, — Un misterio no era algo que no se podía explicar o entenderse, sino algo no revelado y desconocido. Ya no es un misterio después que ha sido explicado por un hombre inspirado. Era un misterio, o secreto, que el endurecimiento había venido sobre una parte de los judíos hasta que el evangelio fuese predicado completamente a los gentiles.

para que no os tengáis por sensatos en vuestra propia opinión: — Si no entendían esto, podrían ser sabios en su propia opinión para pensar que ellos se habían encomendado a sí mismos a Dios para suplantar a los judíos en su favor.

que ha acontecido a Israel endurecimiento en parte, hasta que haya entrado la plenitud de los gentiles; — En cuanto a cuándo "haya entrado la plenitud de los gentiles" es una pregunta difícil de contestar. Por eso recibe diferentes respuestas de diferentes personas. Creo que todos están de acuerdo que "los gentiles" significa que el evangelio debe ser predicado a todos los gentiles y que tendrían las mismas oportunidades que habían disfrutado los judíos. Si habrán de rechazar estas oportunidades y privilegios como los judíos lo habían hecho, es una cuestión sobre la cual difieren los estudiantes. Por un tiempo pensaba que aceptarían la verdad, y que "la plenitud" significaba que todos vendrían a aceptar a Cristo. Ahora pienso que es probable que rechazarán a Cristo como lo hicieron los judíos. Tengo muy poca confianza en las interpretaciones humanas de profecía no cumplida, porque cuando veo el cumplimiento dado por Dios, difiere tanto de lo que yo habría dicho significaba que no tengo confianza ni en mis propias interpretaciones o la de otros de lo que aún no se ha cumplido.

26 y así todo Israel será salvo, — No puede ser verdad que "todo Israel" aquí significa toda la gente judía. "Israel" parece ser aquí en la conclusión del argumento para ser usado en el sentido limitado — para aplicar a aquellos que creen en Jesús y andan en los pasos de Abrahán — porque ya había dicho: "Porque no todos los que descienden de Israel son israelitas, ni por ser descendientes de Abrahán, son todos hijos" (9:6, 7.) "Pues no es judío el que lo es exteriormente, ni es circuncisión la que se hace exteriormente en la carne; sino que es judío el que lo es en lo interior, y la circuncisión es la del corazón, en espíritu, no en letra; la alabanza del cual no viene de los hombres, sino de Dios." (2:28, 29.) "Sabed, por tanto, que los que son de fe, éstos son hijos de Abraham." (Gálatas 3:7.) Así que "todo Israel" aquí significa todos los que creen en Jesucristo, tanto judíos como gentiles. Los judíos, como nación, fueron sacados para abrir el camino para los gentiles para entrar entre las ramas fieles de los israelitas; así, pues, todo creyente, tanto judío como gentil, que constituye el verdadero Israel de Dios, será salvo. Los incrédulos dejaron de ser contados como Israel.

como está escrito: Vendrá de Sión el Libertador, que apartará de Jacob la impiedad. — "Jacob" no puede aquí significar la casa de Israel según la carne, sino el verdadero Israel de Dios que cree en Cristo. De éstos, Jesucristo, el Libertador, apartará la impiedad.

27 Y éste será mi pacto con ellos, cuando yo quite sus pecados. — Este resultado, que todos los que aceptarían a Cristo serían rescatados del pecado, es el convenio que Dios hizo con ellos, y este convenio es completado con ellos cuando El quite sus pecados.

28 Por lo que atañe al evangelio, son enemigos por causa de vosotros; — "Ellos" aquí y en los siguientes versículos parece referirse a la nación judía. Son enemigos del evangelio para que los gentiles puedan tener su entrada.

pero en cuanto a la elección, son amados por causa de los padres. — Era en las personas de Abraham, Isaac, y Jacob que la elección divina de Israel fue originalmente realizada y por medio de ellos que los judíos son amados. Ellos están en favor como el pueblo escogido de Dios por medio del cual Cristo vino. [Este sentimiento muy bien pudo haber sido expresado en las palabras de Moisés: "Con todo, sólo de tus padres se agradó Jehová con amor, y escogió su descendencia después de ellos, a vosotros, de entre todos los pueblos, como hoy se hace evidente." (Deuteronomio 10:15.)]

29 Porque los dones y el llamamiento de Dios son irrevocables. — Dios, habiendo llamado a la familia de Abraham y dándole el honor de producir el Mesías, nunca se arrepintió de tal llamamiento como para quitárselo, no obstante sus frecuentes pecados y rebeliones contra El. Esto es dicho en explicación de la declaración hecha que eran amados por causa de sus padres. [Este verso no contradice tales pasajes como Génesis 6:6; Jeremías 18:10; pues, aunque Dios no puede cambiar, muchos de sus dones son condicionales en la conducta del hombre; por lo tanto, el cambio en el hombre es seguido por un cambio correspondiente en el trato de Dios hacia él. Este cambio en la acción de Dios es prácticamente el mismo a nosotros como si Dios hubiese cambiado Su propósito, y, por lo tanto, es a veces así descrito. Esta aparente contradicción surge de la imperfección del pensamiento e idiomas humanos. El carácter de Dios es la garantía de cumplir Sus promesas; pero la parte de cada hombre en el cumplimiento depende de su fe.]

30 Pues como vosotros también en otro tiempo erais desobedientes a Dios, — Esto se refiere al estado anterior de idolatría e incredulidad de los gentiles, y que el evangelio fue predicado a ellos, y que llegaron a ser obedientes a él.

pero ahora habéis alcanzado misericordia por la desobediencia de ellos, — Su recepción del evangelio, y así obteniendo misericordia, era en consecuencia de que los judíos lo rechazaron.

31 así también éstos ahora han sido desobedientes, [Los judíos fueron desobedientes a Dios al no creer en Su Hijo. Antes ellos habían sido obediente a Dios, y los gentiles eran desobedientes; pero ahora el caso está invertido.]

para que por la misericordia concedida a vosotros, ellos también alcancen misericordia. — [Como el rechazo del evangelio por los judíos probó ser una bendición a los gentiles, así, en cambio, su recepción por los gentiles ha de probar ser una bendición para los judíos a los gentiles; ahora debe de ir de los gentiles a los judíos. Así los judíos han de obtener misericordia por medio de la misericordia mostrada a los gentiles.]

32 Porque Dios encerró a todos en desobediencia, para tener misericordia de todos. — Dios ha encerrado a todos en desobediencia en incredulidad, para poder extender los términos de misericordia a todos. [Todos por igual dependen en la misericordia de Dios. Pablo dice (Gálatas 3:22) que aquellos que así están encerrados en desobediencia y bajo pecado nunca experimentarán el beneficio de la misericordia de Dios, y consecuentemente, siempre permanecen en la esclavitud del pecado sólo que lleguen a ser creyentes en Cristo. Consecuentemente, si la misericordia se hará una realidad o no depende en la fe en Cristo. Con esto, todos la pueden alcanzar; sin ella, nadie puede.]

33 ¡Oh profundidad de las riquezas de la sabiduría y del conocimiento de Dios! ¡Cuán inescrutables son sus juicios, e insondables sus caminos! — Inefablemente sabia y profunda es la sabiduría que podría de tal manera arreglar que el castigo de los judíos por su incredulidad abriría el camino para los gentiles para creer en Cristo, y que la recepción de los gentiles sería un medio para volver a traer a Israel a Dios. [Así habrían de ser ayudas mutuas hasta que todos sus intereses serían mezclados y la raza humana sería unida en el amor del mismo evangelio y el servicio del mismo Dios y Salvador. Por lo tanto, cuando este profundo y maravilloso plan es contemplado y su historia trazada del principio a su fin, con razón que el apóstol estaba fijado en admiración de la sabiduría asombrosa de El quien lo divisó y quien ha hecho que todos los eventos subordinados para su establecimiento y esparcimiento entre los hombres.] Tal sabiduría es inescrutable por los seres humanos, pero es una explosión de maravilla y deleite al contemplar una gloriosa revelación de sabiduría y bondad sobrepasando todo lo que el corazón del hombre podría haber concebido.

34 Porque ¿quién penetró en el pensamiento del Señor? — ¿Quién de su propia sabiduría ha conocido la mente de Dios? [Los diseños de Dios son impenetrable hasta que El mismo los revele a los apóstoles y profetas y por medio de ellos a Su pueblo. En cuanto a aquellos a quienes Dios iluminó sobre el tema de Sus diseños, Pablo mismo dice: "Porque ¿quién conoció la mente del Señor, para que pueda instruirle? Mas nosotros tenemos la mente de Cristo." (1 Corintios 2:16.)]

¿O quién fue su consejero? — ¿Con quién ha tomado consejo Dios para llegar a Sus conclusiones? [Nadie puede decir que los dones de Dios son el retorno de dones recibidos. Estas palabras ponen a un lado mérito humano. La acción galardonada y el galardón son igualmente dones de Dios. Por lo tanto, toda obra nos hace deudores a Dios, no Dios a nosotros. (Efesios 2:10.)]

35 ¿O quién le dio a él primero, para que le fuese recompensado? — Todo lo que el judío o el gentil recibe de Dios es de la gracia de Dios, no para pagar los favores del hombre.

36 Porque de él, y por él, y para él, son todas las cosas. — Todas las cosas que somos o tenemos son de y proceden de y son dadas por Dios para que traigamos a El servicio y honor.

A él sea la gloria por los siglos. Amén. — El es digno de gloria ahora y para siempre.

VI. EXHORTACIONES E INSTRUCCIONES PRACTICAS FUNDADAS SOBRE LAS EXPOSICIONES SIGUIENTES
12:1 a 15:13

1. EJECUCION HORTATORIA DE LOS DEBERES CRISTIANOS DE UN CARACTER GENERAL Y OFICIAL
12:1-8

1 Así que, hermanos, os exhorto — La expresión "así que" conecta la exhortación a la consagración a Dios con toda la discusión de los capítulos siguientes, culminando en la declaración de la misericordia de Dios que a todos abarca en 11:32.

por las misericordias de Dios, — La misericordia de la cual se habla con frecuencia en el capítulo 11, como abrazando tanto a judíos como a gentiles en una común salvación, es aquí descrita por una palabra muy fuerte, expresando la compasión más tierna.

a que presentéis vuestros cuerpos — Habrían de detener y mantener en suspenso todos los apetitos sensuales y lujurias y consagrar todas sus facultades y habilidades al servicio de Dios. [Significa dejando de mantener. (Hechos 20:24.) Deja a Dios que tome posesión completa no sólo de tu espíritu y alma, sino también de tu cuerpo físico. Cédele cada miembro. Otra vez, significa dejando de luchar, poner todo sobre Aquel que puede guardarte de la caída. Esto es, en realidad, una vida de abnegación. Esto da una idea vaga de lo que es no pertenecer a uno mismo — una lección del corazón, una lección larga y amarga. Pero esto es algo difícil para aprender: que en todo, desde este momento y para siempre, no sólo no hemos de obtener nuestra propia voluntad, pero hemos de desear no obtenerla — tener la voluntad y ser controlado por otro, totalmente y sin cesar. Esto es, en realidad, morir a este mundo.]

como sacrificio vivo, — [El cuerpo santificado puede ser llamado un "sacrificio vivo," porque su vida natural no es consumada como en un sacrifico común, pero es presentado a Dios "
"vivo de entre los muertos." Hay en cada sacrificio una muerte, y en este sacrificio una muerte al pecado, del cual se levanta una nueva vida de justicia ante Dios. Así el "sacrificio vivo" es aquello en que, aunque la vida natural no es perdida, una nueva vida de santidad es ganada. (6:13.)]

santo, — Bajo la ley mosaica animales libres de mancha eran presentados y dedicados a Dios; bajo la nueva dispensación un servicio más noble y espiritual debe ser dado; no la oblación de animales, sino la consagración de nosotros mismos. "Porque habéis sido comprados por precio; glorificad, pues, a Dios en vuestro cuerpo." (1 Corintios 6:20.)

agradable a Dios, — Esos servicios serán aceptables a Dios, y sólo esos, que El designa. (Véase Colosenses 2:20-23.) Cuando nuestros cuerpos de hecho están llenos de vida; cuando son guardados libres del pecado y ocupados activamente en hacer la voluntad de Dios, entonces como ofrendas son aceptables a El. [El agradar a El debe de ser nuestra meta mayor; el hecho de que le agradamos es nuestro mayor galardón.]

que es vuestro servicio de adoración espiritual. — Otro rendimiento, según otras versiones, justificable según el idioma original, "que es vuestro culto racional" — es decir, puesto que habían sido redimidos de la muerte por la sangre de Jesucristo, era razonable que debieran dar sus vidas a rendir tal servicio.

2 No os adaptéis a las formas de este mundo, — Ser adaptado (conformado) a este mundo es buscar el bien mundano, para seguir fines mundanos, guiados por la sabiduría del mundo. [Por "este mundo" da a entender todo el mundo de los impíos como contrastados con los seguidores de Cristo; el orden temporal de las cosas en donde predomina el pecado. Es falso, impuro y turbulento, gran confusión de espíritus caídos, luchando unos contra otros y con Dios. Como tal, este mundo está eternamente en oposición a él. Además de las clases más groseras de males sensuales y espirituales, este mundo tiene una multitud de poderes refinados y sutiles de enemistad contra la divina voluntad. Hay, además de los deseos de la carne, y la codicia de los ojos, la vanagloria de la vida, pompa, comodidad, lujos, y el agradarse a sí mismo; y hay, además, la auto-adoración soberbia, la auto-contemplación desdeñosa del hombre secular intelectual. Y con esto viene también una muchedumbre de pecados menos elevados — frivolidad, amor al placer, sed por el dinero, una hambre por popularidad y sus éxitos degradantes. Estas cosas roban al corazón y hacen a los hombres falsos para el Maestro. Ser adaptados al mundo es ser como hombres no renovados en temperamento y en la vida.]

sino transformaos por medio de la renovación de vuestra mente, — Ser "transformados" es ser cambiados de seguir los fines mundanos por la renovación de la mente, dirigiéndola por motivos evangélicos a nuevos canales de fines espirituales. [En otras palabras, la mente, en vez de conformarse según este mundo, debe ser cambiada de tal manera en creencia, deseo y propósito como para guiar a una vida diferente al mundo en los detalles dados. La mente, antigua y no renovada, se conforma a la vida del mundo; la mente renovada rehúsa a causa del antagonismo entre ella y el mundo. La mente renovada lleva a una vida nueva.]

para que comprobéis cuál es la voluntad de Dios: lo bueno, lo que le agrada, y lo perfecto. — Prueba por experiencia lo que la buena, agradable y perfecta voluntad de Dios hará para hacernos felices y traernos el bien. Antes que obedecieran el evangelio habían buscado en su vida diaria gratificar sus apetitos lascivos y pasiones. La súplica es ahora que ya no debieran practicar estos hábitos licenciosos, pero probar el bien de la voluntad de Dios al practicar sus preceptos. [La mente debe ser renovada para poder juzgar correctamente la voluntad de Dios. Las cosas que entran y hacen la vida cristiana son las cosas para ser juzgadas, y no por su voluntad en general. Es Su voluntad con respecto a lo que, en la conducta cristiana, es en sí buena, lo que es agradable porque está bien, lo que es perfecto, o sin falla o defecto. En cuanto a estas cosas Dios tiene una voluntad expresa, y para juzgar correctamente la mente debe ser renovada.]

3 Digo, pues, por la gracia que me ha sido dada, — La gracia dada a Pablo de la cual habla es el conocimiento otorgado sobre él por el Espíritu, que lo habilitó para hacer la obra de un apóstol.

a cada cual que está entre vosotros, que no tenga más alto concepto de sí que el que debe tener, — Por el conocimiento y sabiduría otorgados a él, advierte que nadie debiera poner una estimación demasiado alta sobre su don espiritual sobre sí mismo o sobre su propia habilidad natural. Al hacerlo lastimaría a sí mismo, la causa de Cristo, y el mundo. Cristo habló contra la misma cosa cuando advirtió a Sus discípulos a no tomar los primeros asientos cuando fueran invitados a una fiesta, pero los más bajos, y declaró que "cualquiera que se enaltece, será humillado; y el que se humilla, será enaltecido." (Lucas 14:11.) Si un hombre es modesto y humilde en su comportamiento, otros lo honrarán. Los miembros más humildes de la sociedad son más necesitados para el alivio y bienestar de la sociedad que los más ricos y educados. La prosperidad y bienestar de la comunidad dependen más del cocinero, carnicero, y obrero que del hombre más sabio y elocuente o de la mujer más de moda y refinada en la sociedad.

sino que piense de sí con cordura, — [Pensar "con cordura" es de formar o manifestar una estimación correcta de nosotros mismos y de nuestros dones y la realidad de los dones de otros. Una estimación correcta nunca puede ser otra más que una que sea humilde, puesto que lo que sea bueno en nosotros no es de nosotros mismos, sino de Dios.]

conforme a la medida de fe que Dios repartió a cada uno. — Esto no puede significar la fe producida por el oír de la palabra de Dios

(10:17), en el ejercicio de la cual uno llega a ser un hijo de Dios (Gálatas 3:26, 27); pero significa la fe en cada uno que le califica para recibir y de usar bien los dones que Dios le dio para la instrucción, gobierno, confirmación, dirección, y extensión de la iglesia en la edad apostólica. Esta fe era dada en diferentes medidas y proporciones, de acuerdo a la determinación sabia de Dios. Esta es la fe a la cual Jesús aludió cuando dijo: "Si tenéis fe como un grano de mostaza, diréis a este monte: Pásate de aquí allá, y se pasará; y nada os será imposible." (Mateo 17:20.) Y Pablo alude a ello cuando dice: ""Si tuviese tanta fe como para trasladar montañas, pero no tengo amor, nada soy." (1 Corintios 13:2.) [Pero lo que aquí llama la atención Pablo no es la naturaleza y fuerza de esta fe, pero que, en todos sus grados, es un don de Dios; y siendo un don divino, nadie puede jactarse de él, como si fuera una facultad de su propia mente.]

4 Porque así como en un solo cuerpo tenemos muchos miembros, — La iglesia aquí es comparada al cuerpo humano, con sus diferentes miembros todos unidos en un cuerpo espiritual. Aquellos que están en el cuerpo espiritual de Cristo deben tener el mismo cuidado por los otros que los miembros terrenales tienen unos para con los otros. Somos miembros unos de los otros, así que somos miembros de un cuerpo de Cristo nuestro Señor. Así que al realizar nuestra relación espiritual en Cristo, veremos el bien uno del otro. A los que habían crecido muy despacio y eran inmaturos en carácter Pablo escribió: "Os di a beber leche, y no alimento sólido; porque aún no erais capaces, ni sois capaces todavía, porque aún sois carnales; pues habiendo entre vosotros celos, contiendas y disensiones, ¿no sois carnales, y andáis según el modo humano?" (1 Corintios 3:2, 3.)

pero no todos los miembros tienen la misma función, — Cada miembro ejecuta una obra diferente y llena un oficio distinto de los otros. Pablo dice: "Antes bien, los miembros del cuerpo que parecen más débiles, son los más necesarios; y a aquellos del cuerpo que nos parecen menos honrosos, a éstos vestimos con más honra; y los que en nosotros son menos decorosos, se tratan con más decoro." (1 Corintios 12:22, 23.)

5 Así también nosotros, siendo muchos, somos un solo cuerpo en Cristo, mas siendo cada uno por su parte miembros los unos de los otros. — [Los miembros del cuerpo humano, y la función de cada miembro es peculiar a sí mismo; y como todos son esenciales, nadie puede reclamar superioridad sobre los otros.] Así que la iglesia, compuesta por muchos miembros, constituye el cuerpo espiritual en Cristo. En esto cada miembro tiene su oficio apropiado y obra para hacer, y por virtud de ser todos miembros de un cuerpo son miembros unos de los otros, cada uno dependiente sobre la vida y la fidelidad de los otros para su propia vida y actividad espiritual. Por lo tanto, cada uno debe ver constantemente para el bien de los demás.

6 Y teniendo diferentes dones, según la gracia que nos es dada, — Habilidades naturales y oportunidades son dones de Dios dotados y poseídos por cada persona. Naturalmente, los hombres difieren en sus capacidades y oportunidades. Uno por capacidad y gusto es adecuado para una clase de obra, otro para otra clase. Cuando Dios dio un don espiritual, no era para implantar una nueva facultad o gusto, sino para guiar e iluminar y usar aquellos que ya tenía. Así los mismos gustos y habilidades se encuentran en los hombres inspirados que ya poseían por naturaleza, guiados e iluminados por el Espíritu Santo. Dios dio estos dones de acuerdo a Su gracia. Eran distribuidos por los mismos dones obrando por el Espíritu en cada uno, "repartiendo a cada uno en particular según su voluntad." (1 Corintios 12:11.) Para cada don era dado a cada persona para el bien de todos. De acuerdo a la fuerza de su fe habría de trabajar, usando su don como su fe le daba la habilidad.

si es el de profecía, úsese conforme a la proporción de la fe; — El don de profecía es usualmente entendido ser una habilidad milagrosa para predecir el futuro. Como estos eran maestros de la palabra, vino a aplicar en el Nuevo Testamento a los maestros. Aun entre los inspirados el conocimiento dado por el Espíritu era en proporción a la fe. Así también entre los no inspirados la fuerza de fe es la medida de la habilidad para enseñar y para servir. Pablo los amonesta a no ir más allá del don otorgado a ellos — no buscar de decir más de lo que fue revelado. Esto aplica igualmente a los maestros no inspirados, y les advierte no ir más allá de lo enseñado en las Escrituras y enseñar lo que su propia sabiduría pueda sugerir ser verdad. Al enseñar hay que confinarse a lo que es revelado en la palabra de Dios. De esto Macknight dice: "El significado del apóstol, por lo tanto, es que los que gozaban de la inspiración profética no se habrían de imaginar que porque algunas cosas fueron revelados a ellos pueden hablar de todo, pero que, al profetizar, habrían de confinarse a lo que había sido revelado a ellos. La misma regla hemos establecido en Efesios 4:7."Con esto están de acuerdo las instrucciones y las admoniciones aquí dadas por el apóstol. Cada uno habría de confinarse a la línea de trabajo que los dones le habilitaban para hacer.

7 o si de servicio, en servir; — El "ministerio" aquí era la obra de los diáconos, o aquel que sirve en distribuir la comunión de los santos a los pobres. Esta es una admonición que cada uno debe ser fiel y diligente en el negocio para el cual es equipado. No significa que el hombre que ayuda a los pobres no ha de usar de su oportunidad para enseñar el evangelio o de hablar una palabra de consuelo y ánimo. Pablo dice: "Porque los que han ejercido bien el diaconado, obtienen para sí una posición honrosa, y mucha confianza en la fe que es en Cristo Jesús." (1 Timoteo 3:13.) Es decir, la obra del diácono fielmente ejecutada desarrolla un alto grado de poder espiritual y gran coraje en la fe. No han de estar insatisfechos con la obra a la cual están adaptados y buscar una que ellos consideran más honorable o eficiente.

o el que enseña, en la enseñanza; — Había maestros especialmente dotados en la iglesia. Era una orden más baja que los apóstoles, profetas, o evangelistas, y ellos eran amonestados a trabajar con diligencia de acuerdo a su don. Habrían de enseñar el evangelio revelado por los apóstoles a los inconversos, y las lecciones de verdad a los miembros del cuerpo de Cristo. Uno podría estar dotado en una línea especial, sin embargo, en necesidad de instrucción en otras. (Véase 1 Corintios 14:29-31.) Uno que servía fielmente en un don más bajo podría ser confiado con otro más alto. Pablo, escogido para ser un apóstol desde el principio, sirvió en un tiempo como un maestro (Hechos 13:1), y después le fue otorgada una medida apostólica del Espíritu Santo. Al usar fielmente los dones más bajos se equipó para uno más alto.

8 el que exhorta, en la exhortación; — La exhortación era un poder para persuadir y animar a otros para trabajar, y de aconsejar, confortar, y consolar a aquellos que están en sufrimiento. Este es un talento muy útil y peculiar. Es natural con algunos. Bernabé era un "hijo de exhortación," o uno dotado con este talento (Hechos 4:36.) El tenía un talento de esa clase y un don correspondiendo a ese talento. No era un talento tan alto como algunos otros, pero aquellos así dotados habrían de usarlo para la honra de Dios y para el bien del hombre.

el que reparte, con sencillez; — [La palabra "sencillez" es traducida por algunos como "liberalidad" podría también significar "sencillez de corazón." (Efesios 6:5; Colosenses 3:22.) El significado aquí evidente es: corazón abierto, manifestándose por liberalidad, libre de pretensión o egoísmo.] No se debe de hacer de una manera pretenciosa u ostentosa, para ser visto de los hombres. Jesús dice: "Cuando, pues, des limosna, no hagas tocar trompeta delante de ti, como hacen los hipócritas en las sinagogas y en las calles, para ser alabados por los hombres." (Mateo 6:2.)

el que preside, con solicitud; — El que dirige — dirige en los asuntos de la iglesia — debe hacerlo con diligencia, prontitud y sinceridad. [En un sentido más general la palabra es aplicada a uno que gobierna su propia casa e hijos. (1 Timoteo 3:3-5, 12.)]

el que hace misericordia, con alegría. — El que muestra misericordia, que lo haga sin quejarse o de mala gana, pero con gozo y buen espíritu, mostrando que el servicio es voluntario y dado con gusto. [Alegría en la dispensación de asistencia misericordiosa parece doblar en valor, y seguramente tiende a una recepción mucho más dispuesta de consejo espiritual de parte del que es ayudado.]

2. EXHORTACIONES PARA AMAR Y A LOS VARIOS DEBERES POR EL CUAL ES EJEMPLIFICADO
12:9-21

9 El amor sea sin fingimiento. — Que sean todas las demostraciones y profesiones de amor sean sinceras y sin pretensión o hipocresía. Amor fingido es odio en disfraz. El amor era tan prevalente y caracterizaba tan fuertemente a la iglesia primitiva que los que no lo tenían era tentados a simularlo.

aborreced lo malo, — Ved con horror y temor y retrocede de cada mala obra como de un veneno mortal. El hacer mal es el veneno del alma. Desarregla para el cielo y educa para la ruina eterna. Un hombre no puede amar y honrar el bien del corazón sin detestar el mal. Debe de aborrecerlo en él mismo así como en otros. Si es mal que el debe de aborrecer, él lo aborrecerá más en sí mismo que en otros. David dice: "Por tus mandamientos he adquirido inteligencia; por eso, odio todo camino de mentira." (Salmo 119:104.) El aborrecer el mal no lleva consigo el odiar a malhechor. El tratará de rescatarlo del mal. Así que el hombre que se ama a sí mismo y aborrece el mal buscará rescatarse a si mismo de hacer el mal. El cristiano no tiene derecho de ser neutral entre el bien y el mal. El está bajo la misma obligación de oponerse al mal que en el mantener el bien. Pero debe de hacerlo de la manera apropiada.

adheríos a lo bueno — Sigue lo que es bueno, porque es salud para el alma y equipa para gozar de las bendiciones y glorias eternas.

10 Amaos entrañablemente los unos a los otros con amor fraternal; — Los cristianos deben cultivar los sentimientos de afecto amable uno al otro en un espíritu verdadero de amor fraternal. a admonición de amor fraternal es repetida con frecuencia por los apóstoles. "Permanezca el amor fraternal." (Hebreos 13:1.) "Habiendo purificado vuestras almas en la obediencia a la verdad, mediante el Espíritu, para un amor fraternal no fingido, amaos unos a otros entrañablemente, de corazón puro." (1 Pedro 1:22.) [El deber es uno que el Salvador tuvo la intención de ser considerado como el distintivo del discipulado. El dijo: "En esto conocerán todos que sois mis discípulos, si tenéis amor los unos con los otros." (Juan 13:35.) Tal es el amor que los discípulos son mandados a cultivar uno para con los otros. Este amor abraza la universalidad fraternal de los redimidos.]

en cuanto a honor, dando la preferencia los unos a los otros. — No busques el honor más alto para ti mismo, pero en asuntos pequeños y grandes busca conferir el honor sobre tu hermano en vez de tomarlo para ti mismo. [En vez de esperar que otros nos honren, debemos de guiarlos a manifestación de estima y respeto.]

11 En lo que requiere diligencia, no perezosos; — En todo negocio el cristiano debe de ser diligente en hacerlo bien y pronto. Indolencia, pereza, desidia, y ociosidad son condenados tanto en el Antiguo como en el Nuevo Testamento. Salomón dice: "Todo lo que esté al alcance de tu mano, esmérate en hacerlo según tus fuerzas." (Eclesiastés 9:10.) Todos deben trabajar para que no les falte nada, vivir honestamente, pagar lo que debes a otros, y tener para dar a los que necesitan. La ociosidad es una conducta desordenada. (2 Tesalonicenses 3:7.)

fervientes en espíritu, sirviendo al Señor; — Lanza tu alma a tu trabajo para que lo hagas tanto bien como rápidamente. La diligencia es especialmente necesitada en el servicio del Señor. [Esta cláusula es opuesta a mera excitación en nuestra diligencia; el espíritu mismo debe ser movido. En lo que hagamos, no sólo hay que ser activos, pero el tener un entusiasmo espiritual, que es promovido por el conocimiento que todo lo que hagamos, por más humilde que sea, ha de ser consagrado a Dios, para ser subordinado a la causa de Cristo.]

gozosos en la esperanza; — Al cristiano es dada una esperanza exaltada de gloria eterna con Dios. Esto transciende de tal manera la importancia de todas las pruebas terrenales, problemas, desilusiones, y aflicciones que en las horas más negras puede encontrar base para su júbilo. "A quien amáis sin haberle visto, en quien creyendo, aunque ahora no lo veáis, os alegráis con gozo inefable y glorioso." (1 Pedro 1:8.) Somos exhortados a ver más allá de las presentes pruebas y aflicciones y, a pesar de todas ella, "Regocijaos en el Señor siempre." (Filipenses 4:4.) Un espíritu desconfiado, lamentador, y descorazonado que siempre ve lo malo no está de acuerdo con la voluntad divina.

sufridos en la tribulación; — Cuando las pruebas y aflicciones vienen sobre nosotros, debemos aprender a soportarlas pacientemente, porque el maestro inspirado dice: "Hermanos míos, tened por sumo gozo cuando os halléis en diversas pruebas, sabiendo que la prueba de vuestra fe produce paciencia. Mas tenga la paciencia su obra completa, para que seáis perfectos y cabales, sin que os falte cosa alguna." (Santiago 1:2-4.) Un espíritu lamentador y criticón no está en armonía con el espíritu de

Cristo. El cristiano puede ser paciente bajo tales pruebas, sabiendo que al aguantarlas pacientemente el carácter es completado, perfeccionado, y equipado para morar con Dios.

constantes en la oración; — En nuestras pruebas y sufrimientos, así como las horas en paz y prosperidad, nada agrada más a Dios como la oración, constante, sincera, confiada y fiel. La siguiente exhortación es dada en diferentes formas y frecuentemente repetida en las Escrituras: "Orad sin cesar." (1 Tesalonicenses 5:17.) "Quiero, pues, que los hombres oren en todo lugar, levantando manos santas, sin ira ni contienda." (1 Timoteo 2:8.)

13 compartiendo las necesidades de los santos; — El cristiano debe de estar listo y gozoso para dar asistencia al hermano necesitado. Así como Dios lo ha bendecido, debe usar de su bendición para ayudar a su hermano necesitado. El es el administrador de Dios; y si no usa las bendiciones dadas a él, se cambiará en maldición sobre él. Debe de hacer las necesidades de ellos como sus necesidades hasta el punto completo de su habilidad para aliviarlas. Se nos dice, "A Jehová presta el que da al pobre" (Proverbios 19:17); y, "En cuanto lo hicisteis a uno de estos mis hermanos más pequeños, a mí me lo hicisteis"; y aquellos que rehusaron hacer esto oirán la sentencia: "Apartaos de mí, malditos al fuego eterno preparado para el diablo y sus ángeles" (Mateo 25:40, 41).

practicando la hospitalidad. — "No os olvidéis de la hospitalidad, porque por ella algunos, sin saberlo, hospedaron ángeles" (Hebreos 13:2.) Pablo, al dar las calificaciones que daba derecho a una viuda el ser tomada bajo el número de las sostenidas por la iglesia, dice: "Si ha practicado la hospitalidad." (1 Timoteo 5:10.) Ser anfitrión del discípulo más humilde de Jesús es hacerlo a Jesús. (Mateo 25:40.) [Los cristianos de los días apostólicos consideraban una parte principal de su deber mostrar hospitalidad a los forasteros. Estaban, de hecho, tan dispuestos a ejecutar este deber que los mismos paganos los admiraban por ello.]

14 Bendecid a los que os persiguen; bendecid, y no maldigáis. — El espíritu de Cristo es de retornar mal por bien. "Amad a vuestros enemigos, bendecid a los que os maldicen, haced bien a los que os aborrecen, y orad por los que os ultrajan y os persiguen; para que así lleguéis a ser hijos de vuestro Padre que está en los cielos." (Mateo 5:44, 45.) El cristiano debe de hacer bien por mal — dar bendición por maldición. Hacerle bien es hacer lo que le beneficia — ayúdale para que llegue a ser un mejor hombre. No es siempre lo que le agrada o le gratifica, pero lo que le ayuda. El cristiano siempre debe buscar lo que hace bien a todos. Significa que debemos de tratar con el hombre en amor y con justicia. Decirle en una manera amable pero con un espíritu firme sus males, y buscar de llevarlo al bien. Esto no es difícil de hacer cuando nos traemos bajo el verdadero espíritu de Cristo. El Padre y Jesús, en tratar con los hombres, son nuestros modelos perfectos en estas cosas. [Es el deber del cristiano de enseñar así y vivir de tal manera como para encomendarse a sí mismo a la consciencia de cada hombre en la vista de Dios (2 Corintios 4:2), y así constreñir el respeto interno de aun los malos por su sinceridad y consistencia; pero un espíritu decidido y una vida sincera cristiana siempre va a evocar alguna forma de oposición de un mundo impío. El antagonismo radical del mundo hacia Cristo es tan real y profundo ahora como cuando los hombres exclamaron, "¡Crucifícale; crucifícale!" aunque no siempre será en la misma forma de expresión por todas partes.]

15 Gozaos con los que se gozan; llorad con los que lloran. — Una amable, fraternal simpatía para con otros, tanto en sus gozos como en sus tristezas, un deseo para su bien, para rescatarlos del pecado y del mal, debiera gobernar en nuestros corazones. Si así es, vamos a regocijarnos en el bienestar y felicidad de otros. A veces envidiamos los que tienen éxito y prosperan, y despreciamos quienes que fracasan y están en necesidad; a veces simpatizamos con los pobres, pero envidiamos a los prósperos. Todo esto está mal. Un espíritu de amabilidad fraternal hacia todos que nos hará gozarnos con los que tienen éxito y tener tristeza con los desafortunados es el espíritu de Cristo. Esto es lo que Pablo quiso decir al hacernos todas las cosas a todos los hombres. Se podía poner a sí mismo en tal simpatía completa con ellos que sentía sus dificultades y se gozaba cuando ellos tenían ocasiones de gozo. Podía sentir el suspiro del hermano y con él soportar una parte. Cristo tenía lástima por el hombre en su estado perdido, inútil y pecaminoso y sentía por sus ayes.

16 Tened unanimidad de sentimientos entre vosotros; — Ser del mismo espíritu amable y simpatizante hacia todos, ricos y pobres, es el verdadero espíritu de Cristo. (Ser unidos en sentimiento, intereses, y objetivos; que no haya discordia o desacuerdo.]

no con altivez de sentimientos, — No buscar por las posiciones altas en la vida. [La consideración humana digna de tener es lo que uno es en vez de donde uno está.]

sino condescendiendo con los humildes. — Condesciende para considerar con favor y asóciate con hombres de bajo estado.

No seáis sabios en vuestra propia opinión. — No seas hinchado con el sentido de tu propia sabiduría. Que cada hombre piense con cordura sobre sus propias habilidades. Es bueno desconfiar en uno mismo. Demasiada confianza en uno mismo lleva a la presunción, que es ofensiva a Dios y al hombre. Cuando los hombres conciben la idea que ellos son sabios, entonces están indispuestos a ver hacia Dios por sabiduría. Siguen sus propias vanaglorias. Por lo tanto, el Espíritu dice: "Pues mirad, hermanos, vuestro llamamiento, que no sois muchos sabios según la carne, ni muchos poderosos, ni muchos nobles." (1 Corintios 1:26.) Estas clases todas sienten su sabiduría y grandeza terrenal, y por lo tanto no sienten y realizan la necesidad de buscar por ni depender en la sabiduría de Dios para ser guiados y ayudados. Este sentimiento no sólo estorba al hombre en llegar a ser cristiano, pero si llega a ser uno, estorbaría su confianza en Dios después de serlo. El fracaso de confiar en Dios lleva a uno a depender en provisiones de su propia sabiduría. La mayor parte de los fracasos en religión y en el comercio viene por una estimación demasiada alta de uno mismo. [Esto prohibe aquello que destruiría la unidad y el amor. Ambición egoísta en la iglesia es fatal a una perfecta consideración mutua; especialmente si uno actúa como si uno debiera ser la cabeza de cada negocio, y que nada podría hacerse si no es consultado o empleado para ello.]

17 No paguéis a nadie mal por mal. — Jesucristo, tanto por ejemplo como por precepto, enseño que nadie debiera recompensar mal por mal a su vecino. Si alguien te ha hecho mal, sopórtalo pacientemente y retorna bien por mal. Jesús oró para que Su Padre perdonara aquellos que le habían crucificado.

procurad lo bueno delante de todos los hombres. — Considera hacer cosas de tal manera que será considerado honorable por todos los hombres. Esto es para no permitir que se hable mal de tu bien. [Aquí está un precepto de celo leal del honor celestial del Maestro. Su siervo ha de ser noblemente indiferente al pensamiento y palabra del mundo en donde él está seguro que Dios y el mundo son antagónicos. Pero ha de ser atentamente sensitivo a la observación del mundo en donde el mundo, familiarizado con la palabra del Señor y consciente de su verdad y bien, está viendo, maliciosamente, o podría ser anhelosamente, para ver si gobierna la práctica de sus profesos seguidores. En vista de esto, el cristiano nunca estará contento aun con la satisfacción de su propia consciencia. Determinará no sólo el hacer el bien, pero ser visto al hacerlo. Será veraz no sólo a un empuje momentáneo, por ejemplo; asegurará que las pruebas de su fidelidad serán abiertas. No sólo tendrá la buena intención hacia otros; asegurará que su forma y apariencia, sus tratos e intimidades, sin lugar a duda respirarán el aire cristiano.]

18 Si es posible, en cuanto dependa de vosotros, estad en paz con todos los hombres. — Usa todos los medios posibles para vivir en paz con todos los hombres; por causa de la paz, sacrifica todo, salva la verdad y el bien. [Que esto a veces es imposible lo muestra la vida de Pablo

(Hechos 13:45; 14:19; 17:5, 13; 18:6, 12; 19:23), pues toda su vida fue una contención activa y ardiente contra el pecado y el error. Pero nuestra responsabilidad se extiende tan lejos como nuestra habilidad para guardar la paz.]

19 No os venguéis vosotros mismos, amados, sino dejad lugar a la ira de Dios; — Estaban soportando mucho sufrimiento de sus enemigos, y él muy tiernamente les exhorta a sufrir con paciencia la ira así descargada sobre ellos.

porque escrito está: Mía es la venganza, yo pagaré, dice el Señor. — Dios, en su denegación aquí, usará a los malos para vengar los males echados sobre sus hijos; pero especialmente en el día del juicio pagará con la misma moneda a los malhechores por todos los males descargados sobre ellos. Déjalo en las manos de Dios para castigar a los malhechores. Pablo así lo practicó. El, en varias ocasiones, reclamó los derechos de ciudadano romano para protegerse de castigo ilegal; pero nunca persiguió a sus perseguidores por males descargados sobre él.

20 Así que, si tu enemigo tiene hambre, dale de comer; si tiene sed, dale de beber; — Si tu enemigo sufre o está en necesidad, hazle un bien; alivia sus necesidades en una manera amable sin ostentación.

pues haciendo esto, amontonarás sobre su cabeza carbones encendidos. — Al hacerlo harás que se sienta mal y le pese en su propio corazón el mal que te ha hecho; derretirás su enemistad y lo cambiarás en un amigo. El castigo más atroz a un hombre es de hacerlo sentir que él ha hecho mal a uno que le ama, y déjalo a su propia consciencia y a Dios para castigar al mal.

21 No seas vencido por el mal, — No dejes que el mal hecho a ti te abrume de tal manera como para llevarte hacer el mal en retorno. Si permites ser provocado a la venganza, estás cediendo al enemigo — vencido por aquello que es malo.

sino vence con el bien el mal. — [Cuando enfrentas el mal con el bien, por lo menos has vencido al mal en ti mismo, si no se logra en el enemigo.]

3. DEBER DE SUJECION Y OBEDIENCIA A LA AUTORIDAD CIVIL
13:1-7

1 Sométase toda persona a las autoridades superiores; — Muchos mantienen que este pasaje se refiere a autoridades eclesiásticas, pero esta aplicación implica dificultades inexplicables para mi mente. Así que yo creo que "autoridades superiores" aquí se refiere a gobiernos civiles. Estar en sujeción es venir bajo la voluntad de otro, someterse uno, obedecer. La misma relación es expresada en lo siguiente: "Recuérdales que se sometan a los gobernantes y a las autoridades, que obedezcan, que estén preparados para toda buena obra" (Tito 3:1); y, "Por causa del Señor, someteos a toda institución humana, ya sea al rey, como a superior, ya a los gobernadores, como enviados por él para castigo de los malhechores y alabanza de los que hacen el bien." (1 Pedro 2:13, 14.) El término no lleva la idea de participación o gobierno, sino de sujeción al poder de otro. El grado de esta sumisión a gobiernos humanos es claramente definido por Jesús y los apóstoles. Cuando hubo contención en cuanto a quién sería el mayor, él les dijo: "Los reyes de las naciones se enseñorean de ellas, y los que sobre ellas tienen autoridad son llamados bienhechores mas no así vosotros." (Lucas 22:25, 26.) Sus discípulos seguramente que no podían servir en el reino terrenal, en donde los principios de servicio estaban en antagonismo directo a los principios que deben gobernar Sus siervos en Su reino. Pone en contraste al reino terrenal a este reino que él les encarga, así como su Padre le había encargado a El. Este reino sería gobernado por los principios que El proclamaba. Cuando los apóstoles habían sido encarcelados en Jerusalén por predicar el evangelio y fueron traídos ante el concilio y acusados con desobediencia a la orden de no predicar en el nombre de Jesús, "Respondiendo Pedro y los apóstoles, dijeron: Hay que obedecer a Dios antes que a los hombres" (Hechos 5:29): y puesto que los dos gobiernos estaban en conflicto, escogieron obedecer a Dios y sufrir las consecuencias.

porque no hay autoridad sino de parte de Dios, — Todo poder es por la voluntad de Dios. El lo permite. Un ejemplo de esto es dado en 1 Samuel 8:1-22. Los israelitas demandaron un rey. Dios testificó que al demandarlo lo rechazaban a El. Sin embargo, El ordenó que ellos tendrían que tener su deseo. Esto lo hizo para castigarlos por su rebelión en contra de El.

y las que hay, por Dios han sido establecidas. — Cuando los hombres rehúsan ser gobernados por Dios, deben ser gobernados por algún poder, y Dios ordena a otros gobiernos para castigarlos por rehusar el suyo.Así que todo poder, aun este gobierno romano, era de Dios. "Y las que hay" incluyendo este gobierno idólatra persiguiendo a la iglesia de Cristo, eran ordenados por Dios. Fueron ordenados para castigar a los malhechores y para tomar venganza sobre aquellos que hacían mal a su gente. Esto no implica que los cristianos debieran participar en el manejo de ellas. De hecho, Pablo acababa de decir (12:19) que los cristianos no debieran tomar venganza sobre los malhechores, que Dios vengará sus males. Las autoridades superiores son introducidas para ejecutar la ira sobre malhechores — es decir, el oficial civil es el agente señalado de Dios para hacer lo que El dice el cristiano no puede hacer. La orden de Dios es par usar personas para hacer el trabajo que según su carácter es adecuado para hacer. Usa a los malos para dar castigo a los malos. Usa al diablo para castigar los malos obstinados en el mundo venidero, y de tal manera manda los asuntos que en castigar a otros él, como el principal de los pecadores, será el recipiente del castigo más severo. El hecho que Dios ordena gobierno humano no es evidencia que es bueno para los cristianos participar en su administración; pero indica que es bueno para el propósito por el cual fue ordenado, y los cristianos deben someterse a él.

2 De modo que quien se opone a la autoridad, a lo establecido por Dios resiste; — Procurar resistir o derrumbar el gobierno civil como una institución de Dios para el castigo de malhechores sería resistir la ordenanza de Dios.

y los que resisten, acarrean condenación para sí mismos. — El gobierno de Roma fue usado para perseguir a los cristianos, y Dios de tal manera gobernó que la persecución no fuera más allá de lo era fue para su bien. "Ciertamente el furor del hombre te reporta alabanza; te ceñirás de él como un ornamento." (Salmos 76:10.) Dios desecha la maldad, rebelión y animosidad contra El y Sus hijos, y la ira que va más allá de esto El refrenará. Es malo, pues, para los cristianos resistir o buscar para derrumbar o destruir el poder ordenado por Dios, y aquellos que resisten caerán bajo la condenación de este poder y de Dios mismo.

3 Porque los magistrados no están para infundir temor al que hace el bien, sino al malo. — Todas las persecuciones que vinieron sobre los cristianos, aun en los días de Nerón, eran necesarias para promover su bienestar verdadero y eterno. Fueron para su bien en los cursos que persiguieron — en las posiciones en que se pusieron ellos mismos. En los diferentes cursos no hubieran sido necesitados para su bien. Un bien principal era para destetarlos de los reinos del mundo. ¿Cómo pueden este gobernante malo ser un terror para las obras malas y no serlo para con las buenas obras? Porque Dios permite sólo cierta cantidad de aflicción sobre sus hijos como para promover su verdadero bien.

¿Quieres, pues, no temer a la autoridad? Haz lo bueno, y tendrás alabanza de ella; — Las cosas esenciales para todo gobierno callado y estable son tales como para aun hacer de hombres malos en autoridad preferir bondad, tolerancia, e industria — las cualidades inculcadas por la religión cristiana — a un espíritu turbulento, desordenado y rebelde — el concomitante de pecado e impiedad. Y es sólo cuando hay animosidad hacia los hombres buenos a causa de su fidelidad a principios, o a partidos que son ofensivos, y son perseguidos por sus principios, que aun los gobernantes tiránicos no animarían y galardonarían al espíritu callado y ordenado en preferencia a uno que sea desordenado y malo. Todo gobierno, pues, es un terror a los malhechores y no a los buenos.

4 porque es un servidor de Dios para tu bien. — Lo que es, es ordenado por Dios, y es bueno para la cosa por lo cual fue ordenada por Dios para castigar pecado, y a aquellos que usa para afligir a los que son ministros de Dios para ejecutar la ira. El infierno es una ordenanza de Dios para castigar en el estado futuro a aquellos que persisten en el pecado y rebelión sobre la tierra, y es bueno para el propósito por el cual Dios lo ordenó; y no es bueno para cualquier otro propósito. El diablo es el ministro de Dios para gobernar en el infierno, para castigar a los rebeldes tercos, y a los pecadores. El infierno y el diablo son tanto una institución y ministro de Dios como el cielo y Jesucristo lo son. No son igualmente buenos para la misma cosa, para cada uno es bueno para lo que Dios lo ordenó. Sería una necedad en extremo para que uno concluya que puesto que el infierno es una ordenanza de Dios, que es un buen lugar para entrar, o porque el diablo es un ministro de Dios que es un buen ser para seguir. El diablo es un ministro de ira por medio del cual Dios castiga a los malhechores. Hace bien al cristiano al desanimar del camino que lleva a la ruina. Jesús es un ministro y el cielo es una ordenanza de Dios que animan a la virtud y a la santidad.

Pero si haces lo malo, teme; porque no en vano lleva la espada, pues es servidor de Dios, vengador para castigar al que practica lo malo. — Así como Dios ordena ministros de ira así como para misericordia, El ordena instituciones de ira así como instituciones de misericordia — Su iglesia — y pide al mundo a entrar, hacer misericordia, y recibir misericordia. Aquellos que aceptan la invitación actúan y viven en ella; es ordenada para ellos. Para aquellos que rehúsan entrar y llegar a ser ministros de misericordia, El ordena instituciones adiestradas para su carácter rebelde, en que laboran, mientras que rechazan la institución de misericordia de Dios para sus hijos. Estas instituciones de ira Dios ha ordenado para ira. Serán destruidas después de cumplir con su propósito aquí. La gente que las edifican lo hacen sin estar conscientes que Dios las ha ordenado para la destrucción de sus edificadores — de aquellos que rehúsan Su gobierno de misericordia. Dios ordena para gente tales instituciones según se las merecen. Si rehúsan obedecer el gobierno de Dios, El ordena que serán gobernados por el gobierno opresivo del hombre mismo, del cual el diablo es la gran cabeza. Por lo tanto, Dios ordena a estos gobiernos de ira para los hijos de ira. Entonces, la idea es que los poderes referidos son poderes civiles.

Son ordenados de Dios como instrumentos de ira para los hijos de ira; que los hijos de Dios deben someterse a ellos como tales, y no esforzarse para destruirlos por medio de la violencia. Cuando, en la providencia de Dios, ya no sean necesitados más, El los destruirá — causará que se destruyan y se coman uno al otro. Ningún cristiano, pues, puede ser participante de ellos, por si acaso llegue a ser partícipe de sus ayes. Sumisión callada y pasiva que no envuelva violación a las leyes del reino espiritual es la medida y el límite de su conexión con ellos.

5 Por lo cual es necesario estarle sometidos, no solamente por razón del castigo, sino también por causa de la conciencia. — Puesto que los poderes civiles son ordenados de Dios, el cristiano ha de ser sujeto, no sólo por el temor del castigo, sino como una obligación que debe a Dios, para que pueda guardar una buena conciencia hacia Dios. Una conciencia sin ofensa a Dios es guardada al hacer todos los mandamientos que hay que hacer, siempre y cuando no manden una desobediencia a Dios.

6 Pues por esto pagáis también los tributos, — Puesto que Dios lo manda, y para mantener una buena conciencia hacia Dios, se debe pagar el tributo o los impuestos.

porque son funcionarios de Dios, dedicados continuamente a esto mismo. — Son los ministros señalados por Dios, atendiendo continuamente sobre el trabajo de castigar a los malhechores y guardar el orden entre los desordenados. El gobierno humano es ordenado de Dios para gobernar y castigar a los que no son sujetos a Dios. Es usado y operado por ellos.

7 Pagad a todos lo que debéis: Dar a todos lo que les pertenece en la posición que ocupan.

al que tributo, tributo; — Pagar impuestos a los gobernantes. Esto fue lo que hizo Cristo, aunque al hacerlo se clasificó como un extranjero y no como un hijo del gobierno humano — el mismo gobierno concerniente al cual Pablo ahora escribe a los cristianos en Roma.

al que impuesto, impuesto; — "Impuesto", en aquel tiempo como en la actualidad, se refería a los impuestos sobre artículos de comercio traídos de otras naciones. Siempre ha habido la disposición de parte de los hombres para evitar este impuesto, pero Pablo instruye que los cristianos deben pagarlo como un deber a Dios. Ni pueden pasar contrabando como para evitar el ojo del aduanero ni tampoco inducirlo al soborno como se hace con frecuencia por los hombres.

al que respeto, respeto; Deben mostrar un temor adecuado de violar la ley y un respeto apropiado a aquellos a quienes el temor es debido.

al que honor, honor. — Los gobernantes de la tierra, aunque hombres malos, tienen el derecho de respeto y honor. El cristiano de poner el ejemplo al honrarlos.

4. LA MORTALIDAD ES ASEGURADA Y LA LEY ES CUMPLIDA POR AMOR.
13:8-10

8 No debáis a nadie nada, sino el amaraos unos a otros; — Esta es una extensión del precepto de pagar los impuestos y los derechos de aduana y dar honor a quien es debido. Les instruye a pagar todas las deudas y obligaciones, privadas así como públicas, y que no hay que deber a ningún hombre nada — no contraer alguna obligación con alguno salvo lo que el amor impone. Esto seguramente prohibe ponerse en deuda y estar bajo obligaciones pecuniarias a nuestros prójimos. Las obligaciones que el amor a nuestros prójimos incurren son duraderas.

porque el que ama al prójimo, ha cumplido la ley. — El amor mantiene al hombre bajo obligaciones que la ley le impone. El amor a Dios le requiere hacer lo que la ley le requiere hacia Dios. Amor hacia su prójimo le requiere hacer hacia su prójimo justo lo que la ley de Dios le requiere hacer. Santiago dijo: "Si en verdad cumplís la ley regia, conforme a la Escritura: Amarás a tu prójimo como a ti mismo, bien hacéis." (Santiago 2:8.) "La ley regia," dada por Cristo es, "Así que, todo cuanto queráis que los hombres os hagan a vosotros, así también hacedlo vosotros a ellos" (Mateo 7:12); y amar a los enemigos es bendecir a los que os maldicen, hacer bien a los que os aborrecen, y orar por los que os ultrajan y persiguen.

El amor, pues, sin lugar a duda, hace bien a la persona. Cuando le hacemos bien, le amamos; no importa si el bien que le hacemos le agrada o no. Hacedle lo que la ley divina manda, y le hacemos bien. Frecuentemente le va a ofender. Que así sea, pero la ley demanda que le ayudemos, aunque nos persiga por ello. Ese fue el amor de Cristo hacia el hombre. El le amó, aunque Su amor excitó la ira y la enemistad del hombre. Amor es hacer bien al hombre, y la divina ley nos dice que es la única manera en que podemos hacer bien; por lo tanto, el amor "es el cumplimiento de la ley."

9 Porque lo de: No adulterarás, no matarás, no hurtarás, no dirás falso testimonio, no codiciarás, — La ley dada a Moisés requiere las cosas para hacer a otros que no traen mal, sino bien, a otros. Prohibe todo mal a su prójimo.

y cualquier otro mandamiento, en esta máxima se resume: Amarás a tu prójimo como a ti mismo. — Todos los deberes y obligaciones que el hombre debe a su prójimo son resumidos por Jesús en la declaración: "Amarás a tu prójimo como a ti mismo." Ha de tenerse el cuidado de no hacer mal al prójimo como el no hacerse mal a uno mismo. La observancia de estas leyes de Dios evitan que el hombre no le haga mal a su prójimo. Obedecer un mandamiento de Dios nunca trajo mal a hombre alguno.

10 El amor no hace mal al prójimo; así que la plenitud de la ley es el amor. — La perfección del amor es cumplir la ley de Dios en todas las cosas hacia Dios, hacia nuestro prójimo, y hacia nosotros mismos. Cumplir, o llegar a su plenitud, la ley de Dios en todas las cosas es amar — es el mayor bien posible para cada ser en el universo y es eterno en su naturaleza. El amor puede existir independientemente de las emociones o de lo carnal. Uno ve como su deber el hacer bien a su enemigo; devolver bien por mal, bendición por maldición. Todas sus emociones carnales y sentimientos pueden demandar retornar mal por mal, maldición por maldición. Con una voluntad resoluta refrenará estas emociones y le hace bien, una obra amable; ora por él; lo bendice. Podrá ser mecánico o externo como decimos; es decir, emociones carnales no entran en ello. Sin embargo es amor, amor del más alto; amor que brota totalmente del propósito y voluntad del espíritu — el hombre interior. Esta es la batalla entre la carne y el espíritu dentro del hombre. La carne demanda la injuria y el maldecir por maldecir; el espíritu lo bueno por lo malo.

5. EXHORTACION A UNA VIDA DE SANTIDAD BASADA EN LA CERCANIA DE LA ETERNIDAD
13:11-14

11 Y esto, dándoos cuenta del momento actual, — Esto se refiere a los deberes ya encargados, y los anima a vivir una vida santa y ejemplar.

que es ya hora de levantarnos del sueño; — Puesto que un día glorioso les había amanecido en su aceptación del evangelio, sobre ellos se ha puesto la grave responsabilidad de esfuerzo enérgico
y actividad en el servicio de Dios. La imagen de levantarse del sueño es usada con frecuencia para describir el despertar de un estado de inacción comparativa a uno de esfuerzo acérrimo. (Véase 1 Corintios 15:34; Efesios 5:14; 1 Tesalonicenses 5:6.)]

porque ahora la salvación está más cerca de nosotros que cuando creímos. — [La salvación no es del pecado, que los romanos ya tenían

(6:3, 4, 17), sino el cumplimiento de ella en la glorificación que les esperaba cuando el Señor viniese (1 Pedro 1:4, 5). La expectación constante del Señor es una actitud de mente que Cristo mismo encargó en sus repetidas advertencias. Esa expectación fue modificada desde el principio por la advertencia: "Pero de aquel día y de aquella hora nadie sabe, ni aun los ángeles del cielo." (Mateo 24:36.) En la mente de Pablo la expectación era vivaz (1 Corintios 15:52; 1 Tesalonicenses 4:17), pero la advertencia no fue olvidada (1 Tesalonicenses 5:1, 2; 2 Tesalonicenses 2:1). Debemos estar preparados para la luz del día eterno, así como alguien podría decir que la muerte siempre está cerca y vive en el poder de tal sentimiento, aunque la muerte es largamente postergada. El lenguaje aquí, así como en otras partes sobre este tópico, es adaptado a cada generación de creyentes quienes, no sabiendo el tiempo, pueden por lo menos decir que la salvación está más cerca.]

12 La noche está avanzada, y se acerca el día. — El día del rescate se acerca.

Desechemos, pues, las obras de las tinieblas, y vistámonos las armas de la luz. — Vamos, por lo tanto, a echar, o dejar de seguir, las obras que pertenecen a la vida de tinieblas e idolatría, y vistámonos con las obras que pertenecen al día.

13 Andemos como de día, honestamente; — Para vivir una vida de pureza y santidad en vez de lo que se llama "carnal" es lo que significa aquí. [Evita cada palabra o acción que aun remotamente tiene tendencia al mal; hay que hacer lo mejor que podamos para encomendar nuestra fe a otros al recordar tales palabras como: "Así alumbre vuestra luz delante de los hombre,s de tal modo que vean vuestras buenas obras, y glorifiquen a vuestro Padre que está en los cielos" (Mateo 5:16); "Absteneos de toda especie de mal" (1 Tesalonicenses 5:22); o "Mirad, pues, con diligencia cómo andéis, no como imprudentes, sino como sabios, aprovechando bien el tiempo, porque los días son malos" (Efesios 5:15, 16.)]

no en orgías y borracheras, no en lujurias y lascivias, no en contiendas y envidia, — La vida que conviene para el día de la vida del evangelio es aquí puesta en contraste con lujurias, borracheras, y lascivias degradantes, contiendas y envidias que pertenecen a la vida idólatra de tinieblas. Sólo una vida de responsabilidad hacia Dios puede rescatar al hombre del gobierno degradante de las lujurias carnales y de las pasiones.

14 sino vestíos del Señor Jesucristo, — Se visten de El en deseo, propósito, profesión, y en obligación del convenio, en su bautismo. "Pues todos sois hijos de Dios mediante la fe en Cristo Jesús; porque todos los que habéis sido bautizados en Cristo, os habéis revestido de Cristo."

(Gálatas 3:26, 27.) Pero realmente se vistieron de él en su vida subsiguiente. Así que, somos hechos uno con Cristo en conversión, en sentimiento, en emociones, en principio, así como en interés en el convenio; pero aun estos están aun en germen, y el convertido es un mero "bebé" en Cristo. (Hebreos 5:13.) "Hijitos míos, por quienes vuelvo a sufrir dolores de parto, hasta que Cristo sea formado en vosotros." (Gálatas 4:19.) "Porque os celo con celo de Dios; pues os he desposado con un solo esposo, para presentaros como una virgen pura a Cristo." (2 Corintios 11:2.) Pero el crecimiento a comunión completa con Cristo es el resultado de cultivo paciente. "Por tanto, de la manera que recibisteis al Señor Jesucristo, andad así en él, arraigados y sobreedificados en él, y consolidados en la fe, así como fuisteis enseñados, abundando en acciones de gracias." (Colosenses 2:6, 7.) Hay una vida espiritual genuina en el que en verdad ha sido convertido, pero está en la "novedad de vida" — la vida de infancia. Debe de ser alimentado, nutrido, y adiestrado hasta que se alcance la hombría completa, porque nos vestimos de él en vida y carácter al vivir la vida que El vivió.

y no hagáis caso de la carne para satisfacer sus concupiscencias. — [La palabra "carne" es aquí usada para denotar las propensidades corruptas del cuerpo que él había especificado en el verso anterior. Es el asiento de todos los pecados mencionados, y es un manojo de lujurias. La gratificación de la carne era el objetivo principal entre los romanos. Viviendo en lujos y lujurias, hicieron el gran objetivo de estudio el multiplicar y prolongar los medios de la indulgencia licenciosa. Pero los que están en Cristo no premeditan para su gratificación, porque ellos "han crucificado la carne con sus pasiones y deseos." (Gálatas 5:24.) Los que son de El tienen necesidades diarias por las cuales Dios ha hecha provisión amplia. (Filipenses 4:19; Mateo 6:8, 33; Lucas 12:30, 31.) Los verdaderos deseos son pocos, y con un corazón dispuesto a ser puro y bajo el control de Cristo, los deseos necesarios de la vida son satisfechos con facilidad.]

6. LA INCULCACION DE LIBERTAD CRISTIANA Y TOLERANCIA FRATERNAL, EN CUANTO A ASUNTOS DE OPINION
14:1-12

1 Recibid al débil en la fe, — La fe de un hombre es débil cuando está molesta sobre cuestiones no enseñadas y dudosas. Aquel cuya fe no está fijada y firme ha de ser aceptado con la esperanza de que su fe se hará fuerte y firme con el uso.

pero no para contender sobre opiniones. — Era el deber de los cristianos recibir a estas personas de conciencias débiles y mórbidas, pero no para la discusión de cuestiones dudosas. Es pecaminoso estorbar la paz y la armonía de cristianos sobre cuestiones sobre las cuales nada se ha enseñado. La discusión continua sobre cuestiones de este carácter destruirá la armonía y celo de cualquier congregación, y Pablo instruye a la iglesia no permitirlo. La naturaleza de estas cuestiones es dada en los siguientes versículos. Son cuestiones sobre las cuales Dios no ha dado enseñanza y que no tienen que ver con el carácter del hombre.

2 Porque uno cree que se puede comer de todo; — Su fe le permite comer carne así como legumbres. No tiene escrúpulos por ninguno de los dos. [Su alcance y posesión de las enseñanzas de Cristo es tan fuerte que reconoce lo indiferente que son en realidad tales cuestiones.]

otro, que es débil, come legumbres. — Otro tiene dudas sobre el comer carne. Es una conciencia mórbida y débil, creciendo de una fe débil, que se molesta sobre esta cuestión. En todas las edades algunas personas se han persuadido por una causa u otra que es malo comer carne. Su fe no les permite comerla; por eso, es llamada una fe "débil." Pero nada se encuentra en la Biblia que muestra que Dios se desagrada con sus hijos por comer carne.

3 El que come, no menosprecie al que no come, — Dios ha dado evidencia clara que no hay pecado contra aquel que come carne. Sin embargo, El no lo requiere, pero permite a cualquier hombre, que lo vea propio, vivir sin ello. Así que, el que come carne no debe menospreciar o rehusar comunión por un hombre que lo rehúsa.

y el que no come, no juzgue al que come; — Ni tampoco el que no come debe rechazar al cristiano que come carne.

porque Dios le ha recibido. — Dios no ha dado ley para que el hombre se dirija sobre este asunto; así que cada hombre es dejado para seguir su propio juicio o preferencia en la cuestión. Si alguno quiere comer, nadie lo debe estorbar; si no quiere comer, nadie le debe obligar a comer. Que cada uno sea persuadido en su propia mente sobre estas cuestiones sin instrucción. En donde Dios no ha dado ley o reglamento que condene a un hombre, nadie lo puede condenar.

4 ¿Quién eres tú para juzgar al criado ajeno? — Cuando el amo no ha dado una regla para gobernar a su criado, nadie más lo puede hacer.

Para su propio señor está en pie, o cae; — Tiene que dar cuenta sólo a su propio señor.

pero estará firme, porque poderosos es el Señor para sostenerle en pie. — Si es fiel en la obediencia a las leyes dadas por Dios, Dios le sostendrá a pesar de sus peculiaridades sobre cuestiones concerniente a las cosas en que Dios no ha dado ley.

5 Uno hace diferencia entre día y día; otro juzga iguales todos los días. — Otro asunto sin enseñanza y dudoso es la observación de otros días no apartados por Dios para adoración. La observación del primer día de la semana, el día del Señor, puesto aparte por Dios, no es una cuestión dudosa o indiferente. En donde Dios ha decidido, no puede haber duda. Pero mucho pensaron que estaba bien observar otros días, tales como luna llena y otros días que habían sido sagrados bajo la ley de Moisés. Los que quieran observar estos días lo pueden hacer, si los usan en verdadera adoración al Señor, pero no tienen derecho obligar a otros observarlos. Si un hombre desea dedicar el sábado para adorar a Dios, lo puede hacer; pero no debe interferir con la adoración que Dios ha ordenado para el día del Señor, ni tampoco lo debe imponer sobre otros.

Que cada uno esté plenamente convencido en su propia mente. — La regla en estos asuntos, en cosas no mandadas por Dios, pero que son permisibles, que cada uno sea persuadido o satisfecho en su propia mente y actúe por sí mismo. Pero no debe obligar a otros hacer cosas que Dios no ha mandado, para el estorbo de la iglesia. El hacer esto es pecado, y el hombre no ha de ser recibido si crea disturbios al insistir sobre otros el hacer cosas no requeridas por Dios.

6 El que hace caso del día, lo hace para el Señor; y el que no hace caso del día, para el Señor no lo hace. El que come, para el Señor come, porque da gracias a Dios; — El que observa el día lo gasta en la adoración a Dios. Esto es agradable a Dios.

y el que no come, para el Señor no come, y da gracias a Dios. — Otro no hace caso del día, o, no come carne, algo no requerido por Dios; sin embargo, al no hacerlo, honra y sirve a Dios, da gracias, y Dios lo acepta, no importando como actúa sobre cuestiones indiferentes.

7 Porque ninguno de nosotros vive para sí, y ninguno muere para sí. — Todos vivimos o morimos para Dios, si le servimos, no sólo para nosotros mismos. Esto a veces es interpretado para significar que lo que hacemos afecta a otros así como a nosotros mismos. Esto es cierto, pero este pasaje enseña que o vivamos o muramos, pertenecemos al Señor. No podemos estar sin el Señor vivamos o muramos. [Ningún cristiano se considera como su propio amo, o con la libertad de regular su conducta de acuerdo a su propia voluntad, o para sus propios medios. El es un siervo de Cristo, y, por lo tanto, se esfuerza para vivir de acuerdo a Su voluntad y para Su gloria.]

8 Pues si vivimos, para el Señor vivimos; — Al vivir de acuerdo a la voluntad de Dios, vivimos al Señor, en Su servicio y para Su honra y para promover Su gloria.

y si morimos, para el Señor morimos. Así pues, ya sea que vivamos, o que muramos, del Señor somos. — Al morir, morimos para El; así que, viviendo o muriendo, somos del Señor. [Toda nuestra existencia terrenal, nuestra vida y aun nuestra muerte, es un servicio para nuestro Señor y Amo. Ni la vida ni la muerte pueden hacer cesar nuestra pertenencia a El. ¡Y como conforta el pensamiento que, mientras que no podamos hacer muchas cosas o grandes cosas para Dios, le podemos servir en las cosas pequeñas, y en nuestros actos cotidianos! Cuando trabajamos con nuestras mentes o trabajamos con nuestras manos, y ganamos nuestro pan con el sudor de nuestra frente — sí, podemos hacer todo para la gloria de Dios. Si vivimos o morimos, pertenecemos a Cristo y le servimos.]

9 Porque Cristo para esto murió y resucitó, y volvió a vivir, para ser Señor, así de los muertos como de los que viven. — Cristo vivió y murió, luego resucitó y vivió otra vez, para mostrar que El es Señor, o Gobernante, de tanto los vivos como los muertos. Los hombres no salen de Su dominio cuando mueren, ni cuando son resucitados. Así que, o viven o mueran, son los siervos del Señor. Jesús vivió y mostró Su poder sobre todos los que viven. El, de hecho, fue al sepulcro, y mostró Su poder sobre la muerte, fue resucitado, ascendió al trono de Su Padre, y fue coronado, "Rey de reyes, y Señor de señores." Es Señor sobre todos. Vivimos para El, morimos para El.

10 Pero tú, ¿por qué juzgas a tu hermano? O tú también, ¿por qué menosprecias a tu hermano? — Ha estado hablando de cosas indiferentes. No hay que condenarse uno al otro en estas cosas. Dios le juzgará y a su propio Amo debe responder. Así que en estos asuntos de disputa dudosa, si es bueno comer carne o vivir en comida de legumbres, si hay que apartar días para la adoración que Dios no ha apartado, o sobre otras cuestiones sin instrucción e indiferentes, ¿por qué rechazar a nuestro hermano que difiere con nosotros?

Porque todos compareceremos ante el tribunal de Cristo. — Todos estaremos ante el tribunal de Cristo, quien juzgará a cada hombre de acuerdo a Su ley.

11 Porque escrito está: Vivo yo, dice el Señor, que ante mí se doblará toda rodilla, y toda lengua confesará a Dios. — La conexión muestra que esto habría de pasar en conexión con, o como un resultado de, todos estando ante el tribunal de Dios. La promesa que cada rodilla se doblará y toda lengua confesará depende del hecho de estar ante el juicio de Dios. Así que, entiendo, que el efecto del juicio será que toda rodilla se doblará y cada lengua confesará que Jesús es Señor y Cristo. Una confesión no hecha hasta entonces será muy tarde para salvar. Todos los que le confiesan verdaderamente en esta vida serán salvos.

12 De manera que cada uno de nosotros dará a Dios cuenta de sí. — Esta es la conclusión general de lo que se ha dicho. Recalca el pensamiento que cada hombre dará cuenta de sí mismo. La voluntad revelada de Dios será la norma de juicio. No habrían, pues, de interferir con ni molestar uno al otro en asuntos de indiferencia, o sin instrucción por Dios.

En asuntos de indiferencia Dios no dio instrucción. Cuando Dios por precepto o ejemplo ha dado instrucción en referencia a un asunto, esto muestra que no es un asunto de indiferencia, sino de nombramiento divino. Por ejemplo, Dios ha señalado el primer día de la semana para la observancia de la Cena del Señor. La observancia de la Cena es fijado en ese día. No se puede observar la Cena en algún otro día. Pero si uno desea dedicar otro día en el servicio a Dios en otras maneras — leyendo la palabra de Dios, orando, ayunando — tiene la libertad de hacerlo; nadie tiene el derecho de poner objeción. Dios no ha dado dirección en cuanto a esto. Así que Dios ha ordenado a Su iglesia como el medio de lograr Su servicio y de esparcir el evangelio. Eso lo quita de asuntos de indiferencia y lo pone bajo la operación divina. Comiendo o no comer carne es puesto entre cosas de indiferencia.

7. LA LEY DEL AMOR FRATERNAL ES MAS ANCHO QUE EL SENTIMIENTO PERSONAL
14:13-23

13 Así que, ya no nos juzguemos más los unos a los otros, — Cuando Dios da una ley para regular acciones o conducta, El juzga, no nosotros. Cuando nosotros levantamos reglas en donde Dios no ha ordenado, nosotros juzgamos, no Dios. Aquí somos amonestados a no condenar o juzgar uno al otro en cosas indiferentes.

sino más bien decidid no poner tropiezo u ocasión de caer al hermano. — Esto tenía referencia especial a comer carne ofrecida a un ídolo. Aquellos que son fuertes, que saben que un ídolo no es nada y que pueden comer la carne sin referencia alguna al ídolo, lo podrían hacer sin lastimarse a ellos mismos; pero si al comer, el hermano débil, cuya conciencia aún está tierna hacia el ídolo, quien aún no ha perdido toda reverencia hacia el ídolo, lo llegara ver comiendo libremente cosas para el ídolo, podría por ello tomar valor para comer en un espíritu de adoración al ídolo y por ello ser llevado de vuelta a la idolatría. Un hombre por cuyo ejemplo lleva a otro al pecado, peca contra su hermano débil y contra Cristo, quien murió por él. Este principio tiene una aplicación amplia. Un hombre podría tomar una trago de bebida fuerte y poder controlar su propio apetito como para no ser llevado al exceso; pero si su acto de beber, lleva a un hermano débil, que no puede gobernar su apetito, para participar y caer, luego sería una piedra de tropiezo, o una ocasión de caída, en el camino de su hermano. "De esta manera, pues, pecando contra los hermanos e hiriendo su débil conciencia, pecáis contra Cristo." (1 Corintios 8:12.) Herir aquí no significa lastimar los sentimientos, sino debilitar sus conciencias en cuanto al bien y hacerlos tolerar el mal. Sobre este punto debemos juzgar nosotros mismos y no podemos tener demasiado cuidado.

14 Yo sé, y estoy persuadido en el Señor Jesús, de que nada es inmundo en sí mismo; — Todo lo creado por Dios es para un propósito bueno y traerá bien al hombre si es usado como tuvo la intención Dios.

mas para el que piensa que algo es inmundo, para él lo es. — Un hombre debe de actuar de acuerdo a su mejor juicio. El hacer esto es ser concienzudo, o el guardar una limpia conciencia. La conciencia no determina el bien o el mal de las cosas. El juicio lo determina, y la conciencia es el sentir o principio innato que demanda que el hombre debe actuar de acuerdo a ello y da testimonio si lo hace o no. Un hombre que estima una cosa como inmunda, y la usa igual, va en contra de su propio juicio. Su conciencia da testimonio a este hecho, y no es veraz a sí mismo. Un hombre que no es veraz a sí mismo no puede ser veraz con nadie en el universo. Dios demanda que el hombre sea veraz a sí mismo, que viva con una buena conciencia como lo hizo Pablo, luego le puede servir con una buena conciencia. Dios no acepta servicio de una conciencia contaminada y licenciosa, y conocer el bien y seguir el mal la contamina.

Los que más ofenden a Dios son aquellos que comprometen la verdad y contaminan sus conciencias. El hombre que adora con un instrumento musical, creyendo que está mal, ser un pecado contra Dios, es un peor hombre que el que adora con él, creyendo que está bien. Entonces, pues, un hombre no debe hacer lo que cree que está mal. Entonces, si el hombre cree que el órgano está mal, ensucia su propia conciencia en aprobarlo por palabra o por hecho y se presenta inhabilitado para el servicio de Dios. Los hombres que son veraces a sus conciencias son lo que el mundo necesita y en los cuales Dios se agrada. Un hombre que cree que es correcto reunirse en el día del Señor, y no lo hace, hace violencia a su conciencia y está en gran peligro de destruir su propia alma. No debemos de contemplar el mal; debemos de practicar el bien.

15 Pero si por causa de la comida tu hermano es contristado, ya no andas conforme al amor. — Esto usualmente es interpretado: Si lastima los sentimientos de otro u ofende su sentido del bien. Es malo agraviar sin necesidad a un hermano o hacer violencia a su sentido de bien, pero esto es totalmente otro asunto diferente. Significa: Si tu actúas de tal manera, de tal forma comes carne como para guiar a tu hermano hacia el pecado, de manera que cae o tropieza y su bienestar eterno es puesto en peligro, no andas conforme al amor hacia él.

No arruines con tu comida a aquel por quien Cristo murió. — No uses tus privilegios, especialmente los de placer carnal, como para guiar a tu hermano a la destrucción. No vayas a asociaciones y participes de placeres que lo guiarían a tentaciones que él no puede soportar. Hacer esto sería contrariar la muerte de Cristo y derrotar los fines de Su muerte por el hecho de comer carne. Debes estar dispuesto a negarte a ti mismo estas gratificaciones carnales en vez de nulificar los sufrimientos de Cristo por él.

16 No sea, pues, vituperado vuestro bien; — No uses tus privilegios y derechos para traer mal a otros, o que puede dar ocasión para hablar mal de lo que haces. Esta es una advertencia muy necesitada. Los hombres hacen bien en ocasiones de tal manera que da una mala impresión, es mal representado, se habla mal de ello, y produce malos resultados. [Como cristianos fuertes en la fe, podemos tener libertad de hacer muchas cosas que los débiles pueden pensar que está mal; pero si por hacer esas cosas sujetamos a nuestra libertad a crítica no amistosa, debemos refrenarnos. Es mejor parecer no libres de que nuestra libertad lleve al mal.]

17 porque el reino de Dios no es comida ni bebida, — El reino de Dios no es para proveer comida y bebida, ni es para gratificar nuestro sabor de estas cosas, ni será promovido el reino de Dios por el comer una clase de comida u otra. No debiéramos, por lo tanto, por causa de la comida o de la bebida, actuar de tal manera como para neutralizar y derrotar los fines de la muerte de Cristo.

sino justicia, — Haciendo el bien y viviendo bien, animando trabajo activo en el camino de justicia: Esto es puesto en contraste con hacer cosas no enseñadas.

paz — Hay que seguir o practicar las cosas que promueven la paz, en contraste con disputas de cuestiones sin instrucción.

y gozo en el Espíritu Santo. — Gozándonos en seguir las enseñanzas del Espíritu Santo, que da el gozo que el Espíritu en su misión trae sobre cada hombre que es fiel y veraz a la ley de Dios. [Estas son cuestiones importantes del reino, y, por lo tanto, asuntos de mayor preocupación para nosotros, y no cuestiones indiferentes y triviales de comida y bebida. Pero así como fue en el reino en aquellos días, así lo es todavía. Hay una clase grande de profesados cristianos que nunca terminan con escrúpulos de conciencia sobre cuestiones sin instrucción, pero que nunca han sabido nada ni les importa saber nada sobre justicia, paz y gozo. Ellos, claro, son siempre justos para sí mismos, y su paz y gozo nunca debe de ser consultado; pero en cuanto a otros, no tienen cuidado.]

18 Porque el que en esto sirve a Cristo, agrada a Dios, y es aprobado por los hombres. — Aquel que sirve a Dios al seguir justicia, paz, y gozo en el Espíritu Santo, que guió a Cristo, o que sigue Su ejemplo al negarse a sí mismo para salvar al hombre del pecado, es agradable ante Dios, y es aprobado por hombres buenos, o hace aquello que edifica y beneficia a los hombres.

19 Así que, sigamos lo que contribuye a la paz, — Puesto que estas cosas son verídicas, no sigamos tras cuestiones sin instrucción que engendran contienda, sino busquemos lo que trae verdadera paz duradera y armonía al ayudar y beneficiar a todos. No veamos a la gratificación egoísta, pero a lo que beneficia a todos.

y a la mutua edificación. — El significado original era edificar. Vino a referirse a la enseñanza, puesto que es la forma usual de edificar intelectual, moral y espiritualmente. Pero viene de la idea de edificarlos para hacerlos fuertes por medio de la enseñanza de las cosas enseñadas por Dios en contraste con las especulaciones sin instrucción de los hombres.

20 No destruyas la obra de Dios por causa de la comida. — Aunque tú puedas por tu conocimiento superior comer carne ofrecida a los ídolos sin lastimarte, no la comas; cede tu derecho en vez de destruir la obra de Dios en tu hermano débil. La misma lección es enseñada en la instrucción dada a los corintios: "Si algún incrédulo os invita, y queréis ir, de todo lo que se os ponga delante comed, sin más averiguaciones por motivos de conciencia. Mas si alguien os dice: Esto fue sacrificado a los ídolos; no lo comáis por causa de aquel que lo declaró, y por motivos de conciencia" (1 Corintios 10:27, 28.) Por esto muestra que un hombre puede comer de lo sacrificado a un ídolo; pero si alguien dice que fue ofrecido a un ídolo, debe de refrenarse de ello por causa de los que le acompañan. En algunos casos es correcto que uno regule su conducta por la conciencia de otro — es decir, por la conciencia del hermano débil o por el incrédulo que come con uno. No comas, por si acaso sea animado a comer en adoración a un ídolo. Luego agrega: "Así pues, ya sea que comáis, que bebáis, o que hagáis cualquier otra cosa, hacedlo todo para la gloria de Dios. No seáis tropiezo ni a judíos, ni a gentiles, ni a la iglesia de Dios, como también yo en todas las cosas agrado a todos, no procurando mi propio beneficio, sino el de los demás, para que sean salvos." (1 Corintios 10:31-33.)

En realidad, todas las cosas son limpias; pero es malo que el hombre haga tropezar a otros con lo que come. —— Todas las cosas son puras para comer en sí, pero es pecado para cualquiera que coma de tal manera como para guiar a otros al pecado, o causarles que tropiecen.

21 Bueno es no comer carne, ni beber vino, ni nada en que tu hermano tropiece, o se escandalice, o se debilite. —— De los casos presentados, esta práctica verdad general es sacada. Enfatiza el principio que es bueno para un cristiano no comer carne ni bebida, que lleve al débil a la ruina, ni cualquier cosa por la cual el hermano tropiece, o sea guiado al pecado, o sea debilitado. Este es un principio que el Espíritu Santo ha puesto para guiar a los hijos de Dios. Enseña que Cristo se negó a Sí mismo para salvarnos; que dejó el cielo, con todos sus gozos y glorias, para ayudarnos. Debemos estar dispuestos a ceder nuestros privilegios de carácter carnal y temporal para ayudar al hermano débil. Mucho se dice en la Biblia sobre el tema de los usos del vino y bebidas fuertes. El Espíritu Santo, sabiendo todo lo que se enseña sobre el tema, da esta última entrega de Dios para guiar a los hombres de todos los tiempos. En ello hay seguridad para nosotros y para nuestro prójimo y honor para Dios. Aunque el hombre piense que puede beber con moderación sin lastimarse, está bajo la obligación de refrenarse de ello, por si por su ejemplo el hermano débil sea llevado a beber. Al guiarlo para hacer lo que lo lleva a su ruina peca contra Cristo. Destruye la obra de Dios. Yo conocí a un joven cristiano que llegó a ser un esclavo de los licores. Tenía gran amistad con el predicador e iba con él a muchos lugares. Se le ofreció bebida alcohólica. La rehusó varias veces. Rehusó tocarla. Una noche él y el predicador se hospedaron con un anciano de la iglesia. A la siguiente mañana el anciano le ofreció licor. Rehusó tomarlo. El predicador tomó. Dentro de pocos días andaba revolcándose en el lodo. El predicador y el anciano pecaron contra él, destruyeron la obra de Dios, y guiaron a aquel por el cual Cristo murió a la ruina. Y así en todos los caminos que llevan al pecado.

22 ¿Tienes tú fe? Tenla para contigo delante de Dios. —— Si tienes tú fe que te permite comer la carne ofrecida a un ídolo, guarda la fe para ti mismo por causa de tu hermano. No la uses como para guiar a otros al pecado y así condenarte a ti mismo.

Dichoso el que no se condena a sí mismo en lo que aprueba. — El hombre que no se condena a sí mismo es feliz en lo que practica.

23 Pero el que duda, se hace culpable, si come, porque no lo hace por fe; — El que come la carne ofrecida a un ídolo, o hace cualquier otra cosa que tenga duda si es de Dios, está condenado en hacerlo. Las convicciones de nuestros corazones deben de ser respetadas, deben ser honradas. Dios no acepta la adoración sólo que sea hecha de corazón y con plena fe. Uno que habitualmente viola sus convicciones del bien pronto pierde todo sentido del bien, endurece su corazón, y hace su reformación imposible. Cuando hacemos cosas no mandadas por Dios como servicio a El, actuamos de nuestra propia sabiduría humana, o por tradición humana, y substituimos esto por la voluntad de Dios. Esto es pecado. El que tenga duda sobre cualquier servicio requerido de Dios, debe refrenarse de ello. Debe guardarse en el lugar seguro. Substituir la voluntad y encomendaciones del hombre por la voluntad de Dios es el pecado imperdonable.

y todo lo que no proviene de fe, es pecado. — Lo que hagamos religiosamente que es basado sobre la opinión y no sobre la fe es pecado. Ningún hombre puede rendir algún servicio o introducir alguna orden en el servicio de Dios por fe sólo que sea ordenado de Dios. Introducir cualquier cosa es actuar sobre sabiduría y opinión de los hombres y no sobre la fe en Dios; por lo tanto, es pecaminoso. La idea que el hombre puede actuar sobre la opinión en el servicio de Dios es la raíz de todas las prácticas erróneas en el mundo religioso. El hombre es requerido para actuar con fe en religión, no con opinión.

8. CONCLUSION DE LA EXHORTACION AL AMOR MUTUO Y A LA CLEMENCIA FORTIFICADA POR EL EJEMPLO DE CRISTO
15:1-13

1 Así que, los que somos fuertes debemos soportar las flaquezas de los débiles, y no agradarnos a nosotros mismos. — Esta es una continuación del mismo tema del último capítulo. Allí hizo ver el peligro para el débil que pudiera ser llevado a la idolatría al ver al "fuerte" comiendo de la carne ofrecida en sacrificio a algún ídolo. Ahora habla de los que son fuertes quienes saben "que un ídolo nada es en el mundo, y que no hay más que un Dios." (1 Corintios 8:4.) Los que tenemos este conocimiento podemos comer sin conciencia del ídolo. "Pero no en todos hay este conocimiento; porque algunos, habituados hasta aquí a los ídolos, comen como sacrificado a ídolos, y su conciencia, siendo débil, se contamina." (1 Corintios 8:7.) Estos son los débiles, y los que son fuertes deben sobrellevar los achaques de los débiles al dejar de comer carne que los llevaría a la idolatría. "Porque si alguno te ve a ti,que tienes conocimiento, sentado a la mesa en un lugar de Ídolos, la conciencia de aquel que es débil, ¿no será estimulada a comer de lo sacrificado a los ídolos?" (1 Corintios 8:10.) Así son llevados a la idolatría. Sobrellevad sus flaquezas es dejar de comer a causa de sus debilidades, como si nosotros mismos fuésemos débiles. Es ponernos en el lugar de ellos, sentir sus debilidades, y actuar de tal manera como para sacarlos de la tentación. Esto es un ejemplo de llegar a ser todas las cosas a todos los hombres para que podamos salvar a algunos (1 Corintios 9:22), y no para hacer cosas para gratificar a nosotros mismos.

2 Cada uno de nosotros agrade a su prójimo para lo que es bueno con miras a su edificación. — El agradar aquí es puesto en contraste con contristar. (14:15.) Eso significa llevar al pecado lo que le contristaba; así que esto se refiere más al hacer lo que le ayuda, y así agradarle por edificarle e instruirlo en la verdad de Dios. Cuando aprende la verdad y la practica, le traerá fuerza y gozo. [Este deseo de agradar al vecino es un sentimiento para ser alabado, pero hay que participar de él de acuerdo a estas dos reglas: (1) En formas correctas ante Dios, y (2) que atiende a la edificación de nuestro vecino — su edificación en justicia y carácter cristiano. Hemos de notar que hay una forma incorrecta de agradar a nuestro vecino así como una forma correcta. (Gálatas 1:10; 1 Tesalonicenses 2:4.) Debemos esforzarnos para agradarle sólo cuando sea para su bien — sólo, también, en obediencia a la voluntad divina.]

3 Porque ni aun Cristo se agradó a sí mismo; — Jesús es presentado como un ejemplo que cristianos debieran siempre seguir. Jesús no buscó el agradarse a sí mismo al hacer lo que era agradable a su carne, pero llevó las debilidades de otros. [El bien de otros fue la gran característica de su vida.]

antes bien, como está escrito: Los vituperios de los que te vituperaban, cayeron sobre mí. — Tomó los vituperios de todos los que le aceptaban. Llevó los azotes que nosotros merecíamos. Dejó los cielos y sufrió para ayudarnos. Llegó a ser débil según la carne para que llegásemos a ser fuertes espiritualmente. Se hizo mortal para que llegásemos a ser inmortales. Así que debemos pasar por alto los placeres carnales temporales para poder traer goces espirituales eternos para otros. [Este pasaje es citado para traer el ejemplo de Cristo sobre nosotros. En cuanto a agradarse a sí mismo, Cristo hizo todas las cosas y soportó todas las cosas por causa de Dios, aun hasta el punto de recibir sobre sí mismo, en su propia persona, los vituperios dirigidos a Dios. Pero ¿cuándo y cómo recibió Cristo los reproches dirigidos a Dios? Porque el odio con el cual el judío incrédulo persiguió a Cristo fue causado por su profunda separación de Dios, como El dice: "El que me aborrece a mí, aborrece también a mi Padre." Era porque El exhibía, como nunca lo había hecho nadie, el carácter santo de Dios, que El podría decir: "Pero ahora las han visto, y me han aborrecido a mí y también a mi Padre." (Véase Juan 15:23, 24.)]

4 Porque las cosas que se escribieron en el pasado, para nuestra enseñanza se escribieron, — El Antiguo Testamento está lleno de ejemplos mostrando que a través de abnegación y sufrimiento paciente para el honor de Dios y para el bien del hombre, bendiciones y felicidad vinieron a los siervos de Dios. Son registrados para enseñarnos cómo Dios trata con los hombres — cómo El aplica Sus propias leyes. Ningún hombre puede tener un conocimiento claro de cómo Dios aplicará Sus leyes sin estudiar las lecciones que El ha dado en el Antiguo Testamento. Los ejemplos de Abraham, Isaac, Jacobo, Moisés, David, y Salomón son dados para enseñarnos cómo Dios trato con los hombres bajo Sus leyes. Todos Sus tratos con los hombres son instructivos para nosotros y ayudan para aprender nuestro deber y cómo Dios considerará nuestras acciones bajo Sus leyes. Los tratos de Dios con los infieles son tan buenos como Sus tratos con los justos. Su condenación de Caín es tan instructiva para nosotros como su bendición sobre Abel. Eso es dado como una advertencia contra servir a Dios de una forma no mandada por El; esto, como ánimo para servir a Dios como El manda. El hombre necesita la advertencia contra el mal y el ánimo para el bien. Con ambos, ha sido imposible para mantenerlo por largo tiempo en el camino derecho y angosto. [El Antiguo Testamento es rico, en realidad, en mandamientos para perseverar y para ser de buen ánimo, y en ejemplos de hombres que fueron hechos valientes y pacientes por el poder de Dios en ellos al confiar en Su palabra.]

a fin de que por medio de la paciencia y de la consolación de las Escrituras, tengamos esperanza. — Esta seguridad nos da esperanza y nos permite con gozo soportar las pruebas presentes.

5 Y el Dios de la paciencia y de la consolación os dé entre vosotros un mismo sentir según Cristo Jesús, — Que el Dios, que es paciente y amplio en perdonar, y que da paciencia y consolación en las pruebas y abnegaciones, les dé la misma mente para sufrir por y ayudar uno al otro que Jesucristo tuvo que ayudar al hombre en el pecado y la ruina. [Dejar que cada uno se conforme a Cristo para que todos sean de una mente. Porque tal, armonía, paciencia y consuelo se necesitan. Sólo el Dios de paciencia y consuelo puede producir estos, pero El los produce al través de las Escrituras. Ningún comentario aquí equivale a las propias palabras de Pablo: "Completad mi gozo, siendo de un mismo sentir, teniendo el mismo amor, unánimes, sintiendo una misma cosa. Nada hagáis por rivalidad o por vanagloria; antes bien en humildad, estimando cada uno a los demás como superiores a sí mismo; no poniendo la mira cada uno en lo suyo propio, sino cada cual también en lo de los otros. Haya, pues, entre vosotros los mismos sentimientos que hubo también en Cristo Jesús" (Filipenses 2:2-5), cuando se humilló a sí mismo por nosotros.]

6 para que unánimes, a una voz, glorifiquéis al Dios y Padre de nuestro Señor Jesucristo. — Que, siendo así unidos en simpatía y amor uno para con el otro, el fuerte ayudando a soportar las flaquezas de los débiles, los débiles regozijándose en la ayuda de los fuertes, sean todos, como un hombre, con una voz y una boca, glorificar a Dios.

7 Por tanto, acogeos los unos a los otros, como también Cristo nos acogió, para gloria de Dios. — En cuanto a la diferencia concerniente a las cosas indiferentes, recíbanse uno al otro, el débil, el fuerte, cada uno ayudando en las flaquezas del otro, así como Jesús nos recibió a pesar de nuestras debilidades y nos ayuda en nuestras flaquezas para promover la gloria de Dios. Los versos siguientes indican que esta exhortación puede aplicarse a la unidad y a la simpatía entre cristianos judíos y gentiles, como los versículos anteriores se aplica al débil y al fuerte. [La bienvenida de compasión que Cristo nos da a todos que llegamos a ser obedientes al evangelio individualmente debe ser perpetuamente reproducida en la bienvenida de buena voluntad y ternura que dan uno al otro en todas las relaciones de la vida. Y si hay algunas concesiones para hacer, alguna antipatía para vencer, alguna injuria para perdonar, una cosa debe de levantarnos sobre todas estas molestias — el pensamiento que estamos por medio de esto trabajando para la gloria de Dios, quien nos recibió por medio de la gracia de nuestro Señor Jesucristo. El amor mutuo debe reinar soberanamente entre el pueblo del Señor.]

8 Pues os digo, que Cristo Jesús se puso al servicio de los de la circuncisión para mostrar la verdad de Dios, — Cristo vino de la simiente de Abraham, Isaac, y Jacobo. [Debe cumplir con el convenio de la circuncisión tanto en Su Persona como en Su obra; debe haber "nacido bajo la ley, para que redimiese a los que estaban bajo la ley, a fin de que recibiésemos la adopción de hijos." (Gálatas 4:4, 5.)]

para confirmar las promesas hechas a los padres, — [Las promesas a los padres todas caían dentro de los límites del pacto de la circuncisión (Génesis 17:14-21), y Cristo vino para confirmarlas.] Cumplió todas las promesas de Dios hechas de un Príncipe y de un Salvador para redimir y un Rey para reinar sobre su pueblo para siempre.

9 y para que los gentiles glorifiquen a Dios por su misericordia,
— La iglesia romana estaba compuesta tanto de judíos como de gentiles.
Establece que vino Jesús en cumplimiento de las promesas hechas a los
padres judíos, pero estas promesas también extendieron misericordia a los
gentiles. Desde el principio las profecías de la venida del Mesías dijeron
que vendría también a los gentiles (Génesis 12:3), trayendo misericordia
y salvación a ellos. Es un comentario triste en el egoísmo de la
humanidad que los judíos, con todas estas promesas en sus Escrituras de
bendición a los gentiles, fracasarían en verlas, y habrían de ser tan
obstinados cuando la puerta fue abierta a los gentiles como para rehusar
de admitirlos a los privilegios del reino de Dios.

**como está escrito: Por tanto, te confesaré entre los gentiles, y
cantaré a tu nombre.** — Pablo sintió necesario citar estas promesas y
profecías para reconciliar los judíos a la recepción de los gentiles. Cita
Salmos 18:49 y lo aplica a Cristo. David, personificando a Cristo, dice:
"Por tanto yo te confesaré entre las naciones, oh Jehová, y cantaré a tu
nombre." Jesús, en la persona de Sus siervos entre los gentiles, alabaría
y honraría a Dios. [Cuando David se representa entre los gentiles, como
confesando a Dios y cantando entre ellos, prefigura que el tiempo vendría
cuando judíos y gentiles se aceptarían mutuamente, y que serían tan
completamente uno como para reconocer el mismo Dios y cantar los
mismos cantos.]

10 Y otra vez dice: Alegraos, gentiles, con su pueblo. — Esta es de
la profecía de Moisés (Deuteronomio 32:43), mostrando que él en su
último canto predijo que los gentiles se juntarían en alabanza y gozo con
su pueblo, los judíos.

**11 Y otra vez: Alabad al Señor todos los gentiles, y ensalzadlo
todos los pueblos.** De los Salmos (117:1) él cita que fue predicho que los
gentiles, en común con todo su pueblo, serían traídos para alabadle. [Esta
es prueba conclusiva que no sólo los judíos, sino también todas las
naciones, habrían de compartir en la redención del Mesías.]

**12 Y otra vez dice Isaías: Vendrá la raíz de Isay, y el que se
levantará a regir a los gentiles; los gentiles esperarán en él.** — De
Isaías (12:10) hay una promesa más específica — de la raíz de Isay
saldría un príncipe para reinar sobre los gentiles, y que en El pondrían su
confianza y esperanza. Todo de lo cual fue citado para probar que los
gentiles juntamente con los judíos habrían de ser herederos de salvación
a través de Cristo, y que judíos y gentiles habrían de ser uno en Cristo.

**13 Y el Dios de la esperanza os llene de todo gozo y paz en el
creer, para que abundéis en la esperanza** — Pablo, habiendo referido
a la esperanza de los gentiles en Cristo, con una de sus divergencias

características, ora que Dios llene a todos, judíos y gentiles, con esperanza y paz por medio de la fe en Dios, para que tengan el gozo que trae la esperanza abundante. [La palabra griega por "llene" es una palabra gráfica y muy fuerte, originalmente aplicada en la alimentación y engorde de animales en la casilla de un establo; usada también de las multitudes alimentadas con panes y peces. (Mateo 14:20.) Expresa satisfacción completa.]

por el poder del Espíritu Santo. — Por medio del Espíritu Santo que Dios había dado como arras para fortalecer su fe y permitirles tener esperanza en Jesús.

VII. CONCLUSION DE LA EPISTOLA CON ALUSIONES PERSONALES Y SALUDOS CRISTIANOS
15:14 a 16:27

1. REFERENCIAS PERSONALES AL APOSTOL MISMO, DANDO ALGO DE REPORTE SOBRE LABORES Y DISEÑOS
15:14-33

14 Pero estoy convencido de vosotros, hermanos míos, de que vosotros mismos estáis llenos de bondad, — Les asegura de su confianza en su bondad y conocimiento y habilidad para instruir y amonestar uno al otro.

llenos de todo conocimiento, y capacitados también para amonestaros los unos a los otros. — Los diferentes dones espirituales, entre ellos, concedían la habilidad para dar este conocimiento e instrucción. Sin duda muchas personas dotadas habían ido a Roma para asistir en la conversión de la gente.

15 Mas os he escrito, hermanos, en parte con atrevimiento, como para reavivar vuestros recuerdos, por la gracia que de Dios me es dada — No obstante, su conocimiento y bondad, él, por virtud de ser un apóstol, se siente en libertad y obligado a escribirles y recordarles estas verdades. Tenían el orden bajo de dones que revelaban la verdad a ellos, pero, como Timoteo, tenían que ser recordados para excitar el don que estaba en ellos, por si se enmoheciera y lo perdieran. Los dones espirituales crecen si se usan, pero son debilitados al no usarse.

16 para ser ministro de Jesucristo a los gentiles, — La gracia dada a él, que le daba atrevimiento para escribirles, era que fue dotado como apóstol de los gentiles.

administrando el evangelio de Dios, — Para predicar el evangelio a los gentiles y así prepararlos para que puedan ser una ofrenda aceptable a Dios, aprobada, y santificada por el Espíritu Santo dado a ellos.

para que los gentiles le sean ofrenda agradable, santificada por el Espíritu Santo. — Se ofrecieron a sí mismos a Dios por medio de la fe en Cristo. [Pablo proclamaba el evangelio a los hombres, y a aquellos que lo obedecían Dios les daba el Espíritu Santo (Hechos 5:32), y así llegar a ser una ofrenda adecuada a Dios.]

17 Tengo, pues, de qué gloriarme en Cristo Jesús en lo que a Dios se refiere. — Como un apóstol a los gentiles por medio de la obra de Jesucristo lo había habilitado para lograr entre ellos en las cosas que pertenecían a su conversión a Dios, tenía algo en que gloriarse en Cristo Jesús.

18 Porque no me atreveré a hablar sino de lo que Cristo ha hecho por medio de mí para la obediencia de los gentiles, con la palabra y con las obras, — Antes de mostrar la obra por la cual se gloría en Cristo Jesús, él dice que no hablará de las cosas que Dios no ha traído por medio de él tanto por medio de la palabra como por la obra para hacer a los gentiles obedientes a Dios. Los otros de cuya obra no se jactará se piensa ser aquellos a quienes él convirtió, que habían hecho mucha obra de la cual él podría reclamar parte, pero no lo haría. [Se confinaba estrictamente a su propia obra.]

19 con potencia de señales y prodigios, en el poder del Espíritu de Dios; Por medio del poder dado a él por el Espíritu Santo que ejercía sobre las almas de los hombres al hacer señales y prodigios probaba que la causa por la cual él abogaba era de Dios. [Por los tres términos — "potencia," señales," y "prodigios" — Pablo no quiere decir tres clases de acciones, pero son usados para describir el mismo fenómeno. Los milagros que él hizo eran grandes potencias, porque eran hechos por el poder inmediato de Dios; señales, porque mostraban la aprobación de Dios de lo que Pablo hacía en conexión con ellos; y prodigios, porque excitaban maravilla en aquellos que los presenciaban.]

de manera que desde Jerusalén, y por los alrededores hasta Ilírico, — Jerusalén es especialmente mencionada por ser el centro, de acuerdo a las direcciones del Señor (Lucas 24:47), en donde los apóstoles iniciaron su labor y en donde Pablo mismo fue recibido en su comunión (Hechos 9:26, 27). Ilírico es un distrito que queda en la costa oriental del Mar Adriático.

No hay mención en los Hechos de que Pablo haya predicado en esa nación; para al describir el circuito de las labores de Pablo en Macedonia, Lucas emplea la expresión comprensiva, "Y después de recorrer aquellas regiones." (Hechos 20:1, 2.) Podemos concluir, pues, que una de esas "partes" fue Ilírico, que colindaba con Macedonia — y con más razón porque la cronología de esta porción de la vida de Pablo le permite asignar el tiempo suficiente de tres o cuatro meses sólo para estas labores en esa parte antes de seguir a Corinto. Así el apóstol y la historia, tan incompletas y obscuras aparte el uno del otro, forman el todo perfecto al juntarlos, y que por una combinación de circunstancias de las cuales Pablo y Lucas no habrán tenido pensamiento cuando escribieron sus diferentes registros.]

todo lo he llenado del evangelio de Cristo. — Había predicado el evangelio en toda su plenitud en dondequiera que había ido. Al reportar su obra, Lucas dice: "Y Pablo, como acostumbraba, fue a ellos, y por tres sábados discutió con ellos, basándose en las Escrituras, explicando y demostrando que era necesario que el Cristo padeciese, y resucitase de los muertos; y que Jesús, a quien yo os anuncio, decía él, es el Cristo." (Hechos 17:2, 3.) A los ancianos en Efeso él dijo: "Cómo no me retraje de anunciaros nada que fuese útil y de enseñaros, públicamente y por las casas, testificando solemnemente a judíos y a gentiles acerca del arrepentimiento para con Dios, y de la fe en nuestro Señor Jesucristo...Por tanto, yo os pongo por testigos en el día de hoy, de que soy limpio de la sangre de todos; porque no he rehuido anunciaros todo el consejo de Dios." (Hechos 20:20-27.) Eso es predicar el evangelio con su plenitud.

20 Y de esta manera me esforcé por predicar el evangelio, no donde el nombre de Cristo ya hubiese sido pronunciado, — Se había esforzado para predicar el evangelio en donde aún no se había hecho. Pablo demostró el espíritu que entre más grande la destitución, más fuerte era el llamamiento para predicar el evangelio. En el verso 23 declara que todos los lugares alrededor de él en Corinto habían oído el evangelio y la razón por la cual quería salir de allí e ir a campos en donde no se había oído. El espíritu de Pablo debiera ser imitado por todos los que hoy conocen el evangelio. Entre más grande la destitución en donde la gente está dispuesta a oír, mayor la obligación de ir. Lo contrario a esto, la mayor parte de los predicadores buscan las iglesias más fuertes y los lugares que han sido convertidos con más plenitud.

para no edificar sobre fundamento ajeno, — En donde el nombre de Cristo era desconocido era el lugar que tenía el reclamo más grande sobre Pablo. Era como Cristo en esto. Si todos los predicadores tuvieran ese espíritu, la iglesia tendría paz y todo el mundo pronto tendría el evangelio.

21 sino, como está escrito: Aquellos a quienes nunca les fue anunciado acerca de él, verán; y los que nunca han oído de él, entenderán. — Isaías (52:15) predijo que el espíritu del evangelio sería de ir a aquellos en las tinieblas para que pudieran tener la verdad, y el curso de Pablo estaba en armonía con la voluntad de Dios.

22 Y por esta causa me he visto impedido muchas veces de ir a vosotros. — Esta determinación de su parte de predicar el evangelio a aquellos ignorantes de la verdad lo había llamado a tantos campos tenebrosos que lo había detenido de ir a Roma, como se había propuesto muchas veces.

23 Pero ahora, no teniendo ya más campo en estas regiones, y deseando desde hace muchos años ir a vosotros, — Pero el evangelio habiendo sido proclamado en todas las regiones alrededor de Corinto por

Pablo y sus colaboradores, estaba listo para visitarlos en Roma, como había deseado ya por muchos años.

24 cuando vaya a España — El propósito de Pablo era hacer una gira a España como un nuevo campo misionero. [Era muy natural que esta provincia romana, en donde muchos judíos vivían y a donde, quizás, ningún otro maestro más que él probablemente iría, reclamaría su atención.]

iré a vosotros; porque espero veros al pasar, — En su camino hacia ese lugar esperaba pasar por Roma para verlos.

y ser encaminado allá por vosotros, — Esto podría significar que él esperaba de ellos que lo asistieran con los gastos del viaje, y quizás ser acompañado en su camino por miembros de la iglesia romana. (Véase Hechos 15:3; 20:38; 21:5; 1 Corintios 16:6, 11; 2 Corintios 1:16; Tito 3:13; 2 Juan 6.)

una vez que haya disfrutado de vuestra compañía por un poco. — Anticipaba ser espiritualmente renovado por su compañía [pero en las palabras "por un poco" insinúa que no se podrá quedar lo suficiente como para ser satisfecho completamente con tan agradable comunión]. No tenemos evidencia de que Pablo haya hecho el viaje a España. Esto, con su visita a Roma como prisionero en vez de como él anticipaba, demuestra que el Espíritu no le reveló estos asuntos concerniente a sus labores personales.

25 Mas ahora voy a Jerusalén para el servicio de los santos. — El estaba ahora en Corinto en camino a Jerusalén con una colecta enviada a los santos pobres. (Véase Hechos 19:21; 24:17.) [Este viaje en sí a Jerusalén era en realidad, en el propósito de Dios, su manera de ir a Roma.]

26 Porque Macedonia y Acaya tuvieron a bien hacer una colecta para los pobres que hay entre los santos que están en Jerusalén. — Las iglesias en Acaya y Macedonia habían contribuido para los santos pobres en Judea. Timoteo y Erasto (Hechos 19:22) habían sido enviados para animar la colección de este fondo. Los datos son presentados más completamente en 1 Corintios 16:1, 2; 2 Corintios 8:1; 9:2-15. Las iglesia de Galacia y Asia también estaban involucradas en esta obra; y cuando Pablo y sus compañeros llegaron a estos puntos en su viaje a Jerusalén, fueron acompañados a Jerusalén por aquellos que fueron enviados por las iglesias con sus contribuciones. Algunos de éstos permanecieron con él en sus prisiones y le acompañaron a Roma. (Hechos 21:29; compárese Hechos 19:29.)

27 Pues les pareció bien, y son deudores a ellos; — Las iglesias de los gentiles tenían gusto en ayudar a sus hermanos judíos en sus necesidades. Se les debía a ellos, porque por medio de la instrumentalidad de los judíos los gentiles habían recibido el evangelio.

porque si los gentiles han sido hechos participantes de sus bienes espirituales, deben también ellos servirles con sus bienes temporales. — El dar a ellos el conocimiento del evangelio era mucho mayor beneficio que ayuda temporal, no importando que tan grande haya sido aquella necesidad.

28 Así que, cuando haya concluido esto, y les haya entregado este fruto, — Esta dádiva llevada a las iglesias en Judea era el fruto de la religión cristiana. Este espíritu ayudador es una peculiaridad de la religión de Jesucristo. Ninguna enseñanza general de sacrificio para el bien de otros se encuentra en otro lugar más que entre la gente bajo la influencia de la enseñanza de Jesucristo. Este fruto era la prueba del amor de los cristianos gentiles por sus hermanos judíos y para Dios.

pasaré entre vosotros rumbo a España. — El propósito de Pablo era, al completar su obra en la entrega a las iglesia en Judea la ofrenda de los gentiles para ellos, ir luego a España, y pasaría por Roma en el camino.

29 Y sé que cuando vaya a vosotros, llegaré con abundancia de la bendición del evangelio de Cristo. — Esto fue intentado tanto como cumplimiento a su condición espiritual como una promesa a un poder espiritual con un grado más alto. El estaba listo para otorgarles un grado más alto del Espíritu sobre ellos que el que habían recibido, pero para poder concedérselo tenían que estar preparados para ello. El les había dicho: "Porque anhelo veros, para comunicaros algún don espiritual, a fin de que seáis consolidados...Muchas veces me he propuesto ir a vosotros (pero hasta ahora he sido estorbado), para tener también entre vosotros algún fruto, como entre los demás gentiles." (1:11-13.)

30 Pero os ruego, hermanos, por nuestro Señor Jesucristo y por el amor del Espíritu, que ayudéis con vuestras oraciones a Dios por mí, — En esto Pablo expresa su confianza en la eficacia de las oraciones de los hermanos. El continuamente, en labores y peligros en que fue expuesto, sentía la necesidad de y pedía las oraciones de sus hermanos a su favor. Les rogaba, como amaban al Señor Jesucristo y Su causa y eran movidos por el amor que el Espíritu inspiraba en sus corazones, a orar por él. El Espíritu despertaba amor en sus corazones al enseñar el amor que Jesús les había mostrado. Si Pablo, el apóstol inspirado, sentía la necesidad de las oraciones de los hermanos a su favor y para el adelanto de su obra, ¡cuánto más deberían los cristianos sentir la necesidad de recibir y ofrecer oraciones los unos para con los otros!

31 para que sea librado de los desobedientes que están en Judea,
— El primer punto en que deseaba sus oraciones era que pudiera ser
librado de aquellos que no creían en Judea. Iba en camino con las
ofrendas de los cristianos gentiles para sus hermanos judíos; y, mientras
que las pruebas largas y temibles que tendría que sufrir aún no se le
habían hecho conocer, aún él percibía que los incrédulos lo perseguirían
amargamente al llegar a Judea. Por lo tanto, pide las oraciones de los
hermanos en Roma, para que pueda ser librado de su furia.

**y que la ofrenda de mi servicio a los santos en Jerusalén sea
acepta;** — Temía que el sentimiento judío contrario que existía entre los
cristianos de Judea podría llevarlos a rechazar la ofrenda de los cristianos
gentiles que él y sus compañeros traían. Esto hubiera sido de desánimo,
puesto que estaba ansioso para perfeccionar la ligadura de hermandad
fraternal entre los cristianos judíos y gentiles. El envío gustoso de esta
ofrenda (2 Corintios 8:1-34) era el sello del amor fraternal de parte de los
gentiles. La aceptación sería el sello de la ligadura fraternal de parte de
los judíos. Pablo estaba ansioso de que fuera aceptada. Pidió las oraciones
de los cristianos en Roma para lograr este fin. La ofrenda fue aceptada
con gusto. (Hechos 21:17-20.)

[Si Pablo tan fervientemente pidió por las oraciones de la iglesia en
Roma, ¡cuánto más habrá reclutado a aquellos de las iglesias en Acaya y
Macedonia, quienes eran participantes inmediatos en el ministerio a los
santos en Judea! Tenemos el espectáculo de un hombre que era
considerado con sospecha por gran parte de sus hermanos, obteniendo de
otros, quienes estaban involucrados con él en el mismo reproche, una
contribución abnegada para las necesidades temporales de un partido
desafecto; y entonces, temiendo por si sus desafecciones eran tan grandes
como para causarlos rechazar el don, hace un llamado a todos los
contribuyentes a unirse en oración persistente para que no fuera rechazada
la contribución. Ningún ejemplo de benevolencia desinteresada puede
encontrarse en la historia de los hombres. El cumplimiento de la empresa
estaba de acuerdo con la magnanimidad de su principio.]

32 para que llegue a vosotros con gozo por la voluntad de Dios,
— Pablo indica que el fracaso de los hermanos judíos para recibir en un
espíritu cristiano la ofrenda de los hermanos gentiles estorbaría su gozo
y destruiría la bendición anticipada. Lo entristecería tanto que no podría
disfrutar el gozo de su visita a la iglesia en Roma, compuesta tanto de
cristianos judíos como gentiles. El hacer y el recibir esta ofrenda sería el
sello de la unidad en Cristo de judíos y gentiles.

y que encuentre algún descanso juntamente con vosotros. —
[Evidentemente que él esperaba con ansias a su entrevista con los

cristianos en Roma como una sazón de relevo del conflicto y del trabajo. En Jerusalén fue abrumado por judíos incrédulos e incomodado por cristianos judaizantes; en la mayor parte de los otros lugares fue cargado con el cuidado de las iglesias; pero en Roma, que veía como un lugar de descanso en vez de un campo de labor, esperaba juntar fuerza para la prosecución de sus labores apostólicas en tierras aún más lejanas.]

33 Y el Dios de paz sea con todos vosotros. Amén. — Ora que Dios, quien mora en paz y concede Su paz sobre sus siervos, sea con ellos.

2. ENCOMENDACION DE FEBE
16:1, 2

1 Os recomiendo a nuestra hermana Febe, — La tradición dice que esta carta fue llevada por Febe desde Corinto hasta la iglesia en Roma. Esta recomendación estaría bien de acuerdo con la idea de que ella llevó la carta, y que la introdujo y la recomendó a los cristianos en Roma. Cencrea estaba a una corta distancia al sureste de Corinto.

la cual está al servicio de la iglesia en Cencrea; — Algunos piensan que ella era una diaconisa reconocida públicamente, pero no encontramos apoyo en las Escrituras para ninguna clase así. Sin embargo, muchas mujeres se dedicaron voluntariamente, de una manera femenina, a enseñar y ayudar a los que predicaban, cuidando de los enfermos y haciendo cualquier obra que se les presentaba. Febe era una de esta clase de mujeres. Pablo la recomendó como cristiana a los hermanos en Roma.

2 que la recibáis en el Señor, como es digno de los santos, — Recibidla como los siervos de Dios deben recibir a una hermana digna en una tierra extranjera.

y que la ayudéis en cualquier cosa en que necesite de vosotros; — Había ido para algún negocio, y una mujer en una ciudad extraña podría tener necesidad de ayuda; y les pide que la ayuden porque es digna.

porque ella ha ayudado a muchos, y a mí mismo. — Había socorrido a Pablo cuando él tuvo necesidad, y a muchos otros. Esto indica el carácter del servicio que ella dio a la iglesia.

3. SALUDOS DIRIGIDOS A LOS CREYENTES EN ROMA
16:3-16

3 Saludad a Priscila y a Aquila, mis colaboradores en Cristo Jesús, — Pablo primeramente conoció a esta pareja en Corinto, poco después que habían llegado de Roma a consecuencia de una orden de

Claudio mandando a todos los judíos salir de Roma. "Se acercó a ellos, y como era del mismo oficio, se quedó con ellos, y trabajaban juntos, pues el oficio de ellos era hacer tiendas." (Hechos 18:2, 3.) Cuando Pablo se fue de Corinto, diez y ocho meses después, Priscila y Aquila le acompañaron a Efeso en su camino a Siria. Allí permanecieron; y cuando Apolos vino a Efeso, "aunque solamente conocía el bautismo de Juan...le tomaron aparte y le expusieron más exactamente el camino de Dios." (Hechos 18:24-26.) En que tiempo se hicieron cristianos no se sabe. Cuando se escribió 1 Corintios todavía estaban en Efeso, y en su casa se reunía una congregación. (1 Corintios 16:19.) Ahora están en Roma otra vez.

4 que expusieron su vida por mi; — En algún tiempo habían arriesgado sus vidas por Pablo. Cristo murió por ellos; ellos estaban dispuestos a morir para que su siervo viviese.

a los cuales no sólo yo doy gracias, sino también todas las iglesias de los gentiles. — Pablo les da gracias. Sus servicios en la edificación de las iglesias entre los gentiles habían sido tales que todas las iglesias de los gentiles sentían gratitud hacia ellos. La mención frecuente del nombre de Priscila primero sugiere la idea a algunos que ella era la más sincera e inteligente de los dos.

5 Saludad también a la iglesia de su casa. — En los principios del evangelio los discípulos del Señor se juntaban en casas privadas, y esta pareja digna y laboriosa de cristianos inteligentes y maestros, proveían en su propia casa lugar para la asamblea de los santos para la adoración. Así que Pablo envía saludos a los que se reunían en su casa. Es posible que había otros cristianos y maestros que pertenecían a su casa que constituían el núcleo de la iglesia en donde quiera que iban. Pablo se habrá reunido con algunos de ellos en otros lugares.

Saludad a Epéneto, amado mío, que es el primer fruto de Acaya para Cristo. — Epéneto bien pudo haber sido uno de ellos, puesto que era el primero en Asia en llegar a ser cristiano. Pablo había tenido parte en su conversión en Efeso cuando primeramente fue a predicar allí. Nada más se sabe de Epéneto.

6 Saludad a María, la cual ha trabajado mucho por vosotros. — No sabemos nada de esta María salvo lo que se dice aquí de ella. Había sido particularmente útil en la iglesia romana.

7 Saludad a Andrónico y a Junias, mis parientes — Es más probable que fueron realmente parientes, miembros de su familia, no meramente judíos.

y mis compañeros de prisiones, — En alguna ocasión habían estado en prisión con él. [Esto no es improbable, por dos veces ((2 Corintios 6:5; 9:23) él habla de encarcelamientos como si fueron común con él.]

los cuales son insignes entre los apóstoles, — Eran bien y favorablemente conocidos por los apóstoles, y considerados como dignos de su afecto y confianza.

y que también fueron antes de mí en Cristo. — Le precedían en su obediencia al evangelio.

8-12 Saludad a Amplias, amado mío en el Señor. Saludad a Urbano, nuestro colaborador en Cristo Jesús, y a Estaquis, amado mío. Saludad a Apeles, aprobado en Cristo. Saludad a los de la casa de Aristóbulo. Saludad a Herodión, mi pariente. Saludad a los de la casa de Narciso, los cuales son del Señor. Saludad a Trifena y a Trifosa, lasa cuales trabajan en el Señor. Saludad a la amada Pérsida, la cual ha trabajado mucho en el Señor. — De las personas mencionadas en estos versículos nada sabemos, salvo lo que aquí es revelado. Eran todos anteriormente sus colaboradores en el evangelio en los campos de labor. Halaga a cada uno según lo que él piensa merece. Eran hombres y mujeres que habían dado todo por Cristo y habían ido a Roma para difundir el evangelio en esa gran ciudad capital del mundo.

13 Saludad a Rufo, escogido en el Señor, — Como "escogido en el Señor" puede decirse apropiadamente de todo fiel cristiano; la aplicación especial a Rufo implica excelencia peculiar.

y a su madre y mía. — Ella le había mostrado en alguna ocasión todo el cuidado de una madre, y, por lo tanto, él sentía hacia ella todos los afectos de un hijo.

14 Saludad a Asíncrito, a Flegonte, a Hermes, a Patrobas, a Hermas, — Absolutamente nada se sabe de estas personas.

y a los hermanos que están con ellos. — Esto indica que los cristianos en Roma estaban separados en diferentes grupos, probablemente trabajando en diferentes puntos de la ciudad para edificar la obra del Señor.

15 Saludad a Filólogo, a Julia a Nereo y a su hermana, a Olimpas, — Nada se sabe de estos cristianos excepto sus nombres.

y a todos los santos que están con ellos. — Posiblemente éstos, con otros en este verso, se reunían y adoraban. Los aquí mencionados que había conocido en otros lugares, con los pocos discípulos en Roma cuando llegó a la ciudad, indica que había habido un esfuerzo predispuesto entre los cristianos en Acaya, Macedonia, y Asia Menor para un gran número de hombres y mujeres dedicadas para ir a Roma con el propósito de hacer un esfuerzo unido para enseñar el evangelio a la gente allí. Pablo iría por vía de Jerusalén, luego a Roma y a España. Otros fueron directamente a Roma para involucrarse en el trabajo. [Es muy probable que algunos de estos amados hermanos formaban una parte de los dos grupos quienes algunos tres años después, fueron a la Vía Apia — unas treinta millas a las Tres Tabernas; y la otra cuarenta millas al Foro de Apio — a encontrar al amado apóstol, ahora viniendo a ellos como "embajador en cadenas" de Cristo. Era natural que cuando vio a la pequeña multitud de cristianos que diera gracias a Dios y tomara valor de esta prueba de su afecto y devoción, y que aquí al final su alma estaba llena de gozo y su espíritu cansado encontró descanso.]

Saludaos los unos a los otros con un beso santo. — Algunos consideran esto como un mandamiento para saludar uno al otro al encontrarse con un beso. Pero ningún mandamiento del Señor es tratado así. Todos los mandamientos y ordenanzas de Dios con mandados por Jesucristo, repetidos por los apóstoles, y luego incorporados en el cuerpo de las enseñanzas del Espíritu Santo, y no dejados simplemente para los saludos al final de las cartas a las iglesias. No tenemos ejemplo de que los apóstoles lo practicaban. Nunca se menciona en el cuerpo de las cartas, pero se da al final, entre los incidentes y los saludos a individuos. El beso era el saludo del Oriente, y el apóstol advierte que debiera ser un beso puro y santo. No mandó que el beso sería el modo del saludo. Entre cristianos, advierte, el beso debiera ser puro y santo.

Os saludan todas las iglesias de Cristo. — [Pablo estaba en comunicación con la mayoría de las iglesias; todas sentían interés en los creyentes de Roma; y si, como es probable, su intención de ir allí era conocida, ¡cuán natural que estas iglesias pidieran ser recordadas a los hermanos allí! Como conocía bien los creyentes en Roma, que no había visitado, ¡cuánto más calificado estaba para hablar por las muchas iglesias de Cristo que él mismo había plantado!]

4. UNA ADVERTENCIA CONTRA TODOS LOS QUE CAUSAN DIVISIONES Y OFENSAS
16:17-20

17 Y os ruego, hermanos, que os fijéis en los que causan divisiones y tropiezos que desdicen de la doctrina que vosotros habéis aprendido, — Ningún mal mayor, de acuerdo a las Escrituras, pueden venir sobre las iglesias que las divisiones que se levantan de la introducción de enseñanzas y prácticas no requeridas por Dios. La verdad fundamental de la Biblia es que sólo Dios tiene el derecho la de dirigir y guiar la fe y servicio de Sus hijos. Todo lo que se agregue a la obra o adoración de Dios por el hombre es una usurpación ante la vista de Dios, y debe de ser resistido. Cosas que entran en la adoración de Dios deben de ser distinguidas de las cosas indiferentes y de las meras conveniencias usadas para ayudar a los hombres en ejercer el servicio de Dios que los hacen confortables durante la adoración. Estos no constituyen parte del servicio, pero son ayudas al hombre mientras que hacen el servicio, no añadiduras a él. Todas las añadiduras al servicio de Dios son pecaminosas y causan divisiones. Dios ha prohibido cualquier cosa que sea agregada a lo que El ha requerido. No puede haber más duda que el uso del instrumento instrumental en conexión con la adoración de Dios, ya usado como parte de la adoración o como un acompañamiento atractivo, es sin autorización de Dios y viola la prohibición frecuente de no agregar o quitar nada de los mandamientos del Señor. Destruye la diferencia entre lo santo y lo profano, cuenta a la sangre del Hijo de Dios impura, y atropella bajo los pies la autoridad del Hijo de Dios. No ha sido autorizado por Dios o santificado con la sangre del Hijo.

y que os apartéis de ellos. — Todo el que agregue a los nombramientos de Dios causa divisiones contrarias a la palabra de Dios. Pablo ordena a los hermanos en Roma a marcar, tomar nota de los tales, y evitarlos — evitarlos al rehusar el reconocerlos como hermanos y no asociarse con ellos. Este requisito es imperativo y necesario para preservar la armonía y la unidad de las iglesias de Cristo.

18 Porque tales personas son esclavas, no de nuestro Señor Jesucristo, — Cosas no enseñadas en las Escrituras no pueden ser enseñadas en la adoración u obra de la iglesia como servicio a Jesucristo. El traer cosas no enseñadas en el servicio es ponerlas con sus autores al par con los mandamientos de Dios y con Dios mismo.

sino de sus propios vientres, — Aquellos que traen cosas no mandadas por Dios a los servicios de Dios deben hacerlo para hacerse populares o para edificar una iglesia mundana fuerte. Esto es servir a los deseos carnales.

y con suaves palabras y lisonjas engañan los corazones de los ingenuos. — [Estos obreros de divisiones y ofensas, como quiera que sean sus pretensiones y homilías, finas y agradables, no servían sinceramente a Cristo, más bien servían a sus propios fines egoístas y sensuales, y la mira de todas sus palabras, amables y plausibles, es sólo para engañar a aquellos ingenuos quienes lerdamente lo sospechan en otros.]

19 Porque vuestra obediencia ha venido a ser bien conocida de todos, — El reporte de la obediencia de los cristianos en Roma se había esparcido por todas las porciones del Imperio Romano.

por lo cual me gozo de vosotros; — Se gozaba porque habían alcanzado una reputación tan espléndida.

pero quiero que seáis sabios para el bien, e inocentes para el mal. — Les previene que él los quiere sabios y preparados en lo que es bueno, mientras que los quiere ignorantes y sin preparación en lo malo. El pecado es de tan horrible semblante que no es bueno estar muy familiarizado con él. [Sed profundos en la sabiduría de fe humilde; estad contentos en no estar familiarizados con una sabiduría cuya raíz es el mal; pues un hombre no necesita ser malo, y no le hace falta una experiencia personal en la práctica del mismo, para ser sabio sobre ello. La vida pura, engendrada de una fe pura, sabe mejor lo que es el pecado. Las tinieblas no pueden revelar a las tinieblas.]

20 Y el Dios de paz aplastará en breve a Satanás bajo vuestros pies. — Si hacen como han sido dirigidos en evitar a aquellos que causan divisiones, y evitan a los preparados en el mal, ser sabios y sed preparados en el bien, luego Dios en breve aplastará a Satanás bajo vuestros pies. No entiendo esto como una referencia a un tiempo específico de triunfo, sino a una verdad general que si una congregación de cristianos evitarían a los maestros que no son fieles a Dios y son sabios y fieles a Su servicio, luego Dios en breve les permitirá triunfar sobre el malo.

La gracia de nuestro Señor Jesucristo sea con vosotros. — El ora para que el favor que pertenece a Jesucristo habite con ellos.

5. SALUTACIONES DE LOS COLABORADORES DE PABLO
16:21-23

21 Os saludan Timoteo mi colaborador; — Timoteo era el bien conocido colaborador de Pablo, quien le acompañó en sus viajes y compartió todos sus peligros; por lo tanto, lo califica como "colaborador."

y Lucio, — Lucio de Cirene es mencionado (Hechos 13:1) como uno de los profetas y maestros en Antioquía que fueron llamados para separar a Pablo y a Bernabé para la obra entre los gentiles. Este probablemente es el mismo.

Jasón — Este es probablemente la misma persona que fue el anfitrión de Pablo y Silas en Tesalónica, y quien, por causa de eso, fue acusado ante los magistrados por amparar a presuntos sediciosos.

y Sosípater, mis parientes. — Este se supone ser el mismo con Sópater de Berea, mencionado en Hechos 20:4.

22 Yo Tercio, que he escrito la carta, os saludo en el Señor. — Tercio fue el amanuense de Pablo. Con poca frecuencia Pablo escribió sus epístolas con su propia mano. El se refiere a su haber escrito la carta a los gálatas como algo fuera de lo usual: "Mirad con qué letras tan grandes os escribo de mi propia mano." (Gálatas 6:11.) Al final de sus cartas, para autenticarlas, usualmente escribió con su propia mano la salutación: "Yo Pablo os escribo esta salutación de mi propia mano" (1 Corintios 16:21); "La salutación es de mi propia mano, de Pablo, que es la señal distintiva en toda carta mía; así escribo" (2 Tesalonicenses 3:17).

23 Os saluda Gayo, hospedador mío y de toda la iglesia. — Gayo es mencionado como uno que fue bautizado en Corinto por sus propias manos. (1 Corintios 1:14.) Con él se estaba quedando Pablo cuando la carta fue escrita. Es probable que hospedaba a viajeros cristianos que venían a Corinto.

Os saluda Erasto, tesorero de la ciudad, — Mientras que esto puede significar el tesorero del gobierno de la ciudad, podría también ser un administrador de la iglesia en la ciudad. Todo el contexto tan directamente concierne asuntos de la iglesia que esto parecería más razonable, y, como encontraremos por consideración adicional, más en armonía con lo demás que sabemos de Erasto y de la relación del gobierno a la iglesia. Esta carta fue escrita mientras que el gobierno perseguía a la iglesia, y es fuera de razón contender que el gobierno, mientras que buscaba aniquilar a la iglesia, debiera, en una ciudad tan prominente y de influencia como era Corinto, teniendo comunicación con todas partes del imperio, tolerar un cristiano tan activo y sincero como la historia muestra a Erasto estuviera en una posición tan importante como tesorero de la ciudad. Además de esto, Erasto es introducido a nosotros en el tiempo que Pablo "enviando a Macedonia a dos de los que le ayudaban, Timoteo y Erasto, él se quedó por algún tiempo en Asia." (Hechos 19:22.) De esto es evidente que Erasto, igual que Timoteo, acompañaba a Pablo en sus viajes misioneros. No sabemos por cuanto tiempo permanecieron en la misión macedónica, pero sin duda por algún tiempo, puesto que su viaje parece haber sido para completar una visita intencionada de Pablo, que había sido demorada por algún tiempo. Después de despacharlos, él permaneció en Asia por un tiempo, sin duda a través del invierno y hasta la siguiente temporada de navegación. Después de escapar del tumulto en Efeso, "salió para ir a Macedonia" (Hechos 20:1), en donde sin duda se juntaron Timoteo y Erasto con él. De allí procedió a Grecia, de la cual Corinto era la ciudad principal. Más que probable que Erasto le acompañó a Corinto y estaba con él durante la jornada de tres meses (Hechos 20:3), tiempo en el cual esta carta se escribió, en que es llamado "tesorero de la ciudad." ¿Es alguno tan crédulo como para creer que, después de dos años de ausencia en una jornada de predicar el evangelio, dentro de tres meses después de su llegada en esta ciudad pagana habría sido hecho su tesorero? Algunos años después de esto Pablo dijo: "Erasto se quedó en Corinto." (2 Timoteo 4:20.) Más que probable que esto no se hubiera dicho si Corinto fuera su hogar, pero indica que después de viajar como ministro del evangelio hizo su parada final en Corinto. Si la expresión realmente significa el tesorero de la organización de la ciudad, habrá sido en consecuencia de que había tenido esa posición antes de su conversión, como llamamos a un juez por su título después de que expira el tiempo de sus funciones. Pero yo creo que sencillamente significa que era un administrador de la iglesia en la ciudad de Corinto.

y el hermano Cuarto. Cuarto no es mencionado en ninguna otra parte. Pudo haber sido conocido por los hermanos en Roma.

6. DOXOLOGIA FINAL
16:25-27

25 Y al que puede consolidaros — Los encomienda a Dios, quien tiene el poder para hacerlos estables, inmóviles de Cristo y de la verdad como la es en El. [Este es el fin para el cual Pablo deseaba impartirles algún don espiritual. (1:11, 12.)]

según mi evangelio — Cuando los romanos finalmente llegasen a estar fijos y establecidos en su fe, Pablo deseaba ver que esa fe estuviese en paralelo exacto con su evangelio. Ya había llamado al evangelio una "forma," o "molde." (6:17.) Dios puede por medio de él poner Su estampa sobre su pensamiento, sentimiento y vida, de manera que en todos éstos nunca habrá divergencia de él. Una iglesia es establecida cuando reverentemente cree y dice de todo — Dios, Cristo, pecado y Satanás, salvación, muerte y vida — lo que el evangelio revela. [El corazón es tan inestable, hay tanta enseñanza falsa, y Satanás busca tan persistentemente para socavar; que sólo Dios tiene el poder para establecer para que no haya desvío. (1:16; 1 Pedro 1:5; Judas 24, 25.)]

y la predicación de Jesucristo, — [No lu predicación que Cristo hizo, sino la predicación que lo respeta, o que lo tiene como su objeto — "Jesucristo, y a éste crucificado." (1 Corinto 2:2.)]

según la revelación del misterio, — La predicación de Jesucristo concordaba con la revelación de Dios a Pablo de un misterio. Un misterio era una verdad espiritual que no podía ser explicada excepto por revelación directa. Pero después que fue explicada por un hombre inspirado, ya no era más un misterio. La suma del misterio abrazaba la unión de judíos y gentiles al mismo nivel en Cristo. La relación del judío con el gentil era la cuestión de más interés en la iglesia en los días de Pablo. [Nada podía estar establecido hasta que estuviera establecido. Esta cuestión casi dejó en naufragio a las iglesias en Galacia.]

en silencio desde tiempos eternos, — Las numerosas edades que han pasado entre la creación del hombre y la aparición de Cristo.

26 pero que ha sido manifestado ahora, y que mediante las Escrituras de los profetas, — ["Ahora" está en contraste con el tiempo en que el misterio fue guardado en secreto. "Misterio que en otras generaciones no fue dado a conocer a los hijos de los hombres, como ahora ha sido revelado a sus santos apóstoles y profetas por el Espíritu: que los gentiles son coherederos y miembros del mismo cuerpo, y copartícipes de la promesa en Cristo Jesús por medio del evangelio." (Efesios 3:5, 6.) Los apóstoles aquí son llamados "profetas," puesto que son los portadores de una nueva revelación. Sus escritos, pues, seguramente que son proféticos; porque un profeta no es primordialmente, pero sólo accidentalmente, uno que predice el futuro, siendo más bien uno que, habiendo sido enseñado de Dios, anuncia Su voluntad. (Deuteronomio 18:18.) Pablo siente que la carta que acaba de escribir tiene este carácter, y que se clasifica entre los medios que Dios está usando para cumplir con la publicación de la nueva revelación. Es, por lo tanto, de esta misma carta, así como otras que habían procedido de su pluma, que él está hablando en este pasaje.]

según el mandamiento del Dios eterno, — [Este mandamiento de Dios era el mandamiento de cumplir con Su eterno propósito en la palabra de Su Hijo cuando El dijo: "Toda autoridad me ha sido dada en el cielo y sobre la tierra. Por tanto, id, y haced discípulos en todas las naciones, bautizándolos en el nombre del Padre, y del Hijo, y del Espíritu Santo." (Mateo 28:18, 19.) El misterio de que judíos y gentiles fuesen uno en Cristo no sólo fue manifestado a los apóstoles, sino manifestado con autorización.

se ha dado a conocer a todas las gentes para obediencia de la fe, — Para la obediencia a la cual conduce la fe en Dios.

27 al único Dios sabio, sea gloria mediante Jesucristo para siempre. Amén. — Esto concluye todas las grandes ideas de la Epístola. El poder del evangelio que Pablo fue comisionado a predicar; la revelación en ella del eterno propósito de Dios; sus contenidos, fe, y obediencia; su esfera, "todas las naciones" de la tierra; su autor, "el único Dios sabio," — cuya sabiduría es así vindicada — sobre todos estos puntos sobre los cuales continuamente moró. Esta explosión de alabanza elevada es un final muy adecuado a esta carta maravillosa.]